中咨研究系列丛书
工程咨询专业分析评价方法及应用丛书

工程项目节能评价理论方法及应用

主　编　李开孟
副主编　徐成彬　詹　伟

中国电力出版社
CHINA ELECTRIC POWER PRESS

内 容 提 要

本书系统地阐述了工程项目节能评价的理论框架、操作方法、政策规定及在工程咨询实践中的具体应用,内容包括我国能源利用现状与节能政策概述、节能评价的理论基础及政策工具、投资项目节能评价总体要求、节能评价主要内容及通用方法、工业项目节能评价、建筑项目节能评价、交通运输项目节能评价、综合能源服务与节能管理和工程项目节能评价案例研究。

本书可作为各类工程咨询机构、发展改革部门、项目业主单位、节能管理及咨询机构相关领域专业人员开展专业学习、业务进修及继续教育用书,也可作为高等院校相关专业研究生和本科生教材使用。

图书在版编目(CIP)数据

工程项目节能评价理论方法及应用/李开孟主编. —北京:中国电力出版社,2020.7
(工程咨询专业分析评价方法及应用丛书)
ISBN 978-7-5198-4569-8

Ⅰ. ①工… Ⅱ. ①李… Ⅲ. ①工程项目管理-节能-评价-研究 Ⅳ. ①F284

中国版本图书馆 CIP 数据核字(2020)第 065476 号

出版发行:中国电力出版社
地　　址:北京市东城区北京站西街 19 号(邮政编码 100005)
网　　址:http://www.cepp.sgcc.com.cn
责任编辑:安小丹(010-63412367)　马雪倩
责任校对:黄　蓓　常燕昆
装帧设计:张俊霞
责任印制:吴　迪

印　　刷:北京天宇星印刷厂
版　　次:2020 年 7 月第一版
印　　次:2020 年 7 月北京第一次印刷
开　　本:787 毫米×1092 毫米　16 开本
印　　张:14.75
字　　数:356 千字
印　　数:0001—1500 册
定　　价:68.00 元

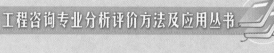
丛 书 总 序

现代咨询企业怎样才能不断提高核心竞争力？我们认为，关键在于不断提高研究水平。咨询就是参谋，如果没有对事物的深入研究、深层剖析和深刻见解，就当不好参谋，做不好咨询。

我国的工程咨询业起步较晚。以 1982 年中国国际工程咨询公司（简称中咨公司）的成立为标志，我国的工程咨询业从无到有，已经发展成具有较大影响的行业，见证了改革开放的历史进程，并且通过自我学习、国际合作、兼容并蓄、博采众长，为国家的社会经济发展做出了贡献，同时也促进了自身的成长与壮大。

但应该清醒地看到，我国工程咨询业与发达国家相比还有不小差距。西方工程咨询业已经有一百多年的发展历史，其咨询理念、方法、工具和手段，以及咨询机构的管理等各方面已经成熟，特别是在研究方面有着深厚基础。而我国的工程咨询业尚处于成长期，尤其在基础研究方面显得薄弱，因而总体上国际竞争力还不强。当前，我国正处于社会经济发生深刻变革的关键时期，不断出现各种新情况、新问题，很多都是中国特定的发展阶段和转轨时期所特有的，在国外没有现成的经验可供借鉴，需要我们进行艰辛的理论探索。全面贯彻和落实科学发展观，实现中华民族伟大复兴的中国梦，对工程咨询提出了新的要求，指明了发展方向，也提供了巨大发展空间。这更需要我们研究经济建设，特别是投资建设领域的各种难点和热点问题，创新咨询理论和方法，以指导和推动咨询工作，提高咨询业整体素质，造就一批既熟悉国际规则，又了解国情的专家型人才队伍。

中咨公司重视知识资产的创造、积累，每年都投入相当的资金和人力开展研究工作，向广大客户提供具有一定的学术价值和应用价值的各类咨询研究报告。《中咨研究系列丛书》的出版，就是为了充分发挥这些宝贵的智力财富应有的效益，同时向社会展示我们的研究实力，为提高我国工程咨询业的核心竞争力做出贡献。

立言，诚如司马迁所讲"成一家之言""藏诸名山，传之其人"。一个人如此，一个企业也是如此。既要努力在社会上树立良好形象，争取为社会做出更大贡献，同时，还应当让社会倾听其声音，了解其理念，分享其思想精华。中咨公司会向着这个方向不断努力，不断将自己的研究成果献诸社会。我们更希望把"中咨研究系列丛书"这项名山事业坚持下去，让中咨的贡献持久恒长。

《中咨研究系列丛书》编委会

前　言

中国国际工程咨询公司一直非常重视工程咨询理论方法及行业标准规范的研究制定工作。公司成立30多年来，接受国家发展和改革委员会（简称国家发展改革委）等有关部门的委托，以及公司自开课题开展了众多专题研究，取得了非常丰富的研究成果，部分成果以国家有关部委文件的方式在全国印发实施，部分成果以学术专著、论文、研究报告等方式在社会上予以推广应用，大部分成果则是以中咨公司内部咨询业务作业指导书、业务管理制度及业务操作规范等形式，用于规范和指导公司各部门及所属企业承担的各类咨询评估业务。中咨公司开展的各类咨询理论方法研究工作，为促进我国工程咨询行业健康发展发挥了重要作用。

进入 21 世纪，尤其是党中央、国务院提出贯彻落实科学发展观、实现中华民族伟大复兴的中国梦，并对全面深化改革进行了一系列战略部署，对我国工程咨询理念及理论方法体系的创新提出了更高要求。从 2006 年开始，中咨公司先后组织公司各部门及所属企业的 100 多位咨询专家，开展了包括 10 大领域咨询业务指南、39 个行业咨询评估报告编写大纲、24 个环节咨询业务操作规范及 10 个专业分析评价方法体系在内的 83 个课题研究工作，所取得的研究成果已经广泛应用于中咨公司各项咨询业务之中，对于推动中咨公司承担各类业务的咨询理念、理论体系及方法创新发挥了十分重要的作用，同时也有力地巩固了中咨公司在我国工程咨询行业的领先者地位，对推动我国工程咨询行业的创新发展发挥了无可替代的引领和示范作用。

工程咨询专业分析评价方法的创新，在工程咨询理念及理论方法体系创新中具有十分重要的地位。工程咨询是一项专业性要求很强的工作，咨询业务受到多种不确定性因素的影响，需要对特定领域的咨询对象进行全面系统的分析论证，往往难度很大。这就需要综合运用现代工程学、经济学、管理学等多学科理论知识，借助先进的科技手段、调查预测方法、信息处理技术，在掌握大量信息资料的基础上对未来可能发生的情况进行分析论证，因此对工程咨询从业人员的基本素质、知识积累，尤其是对其所采用的分析评价方法提出了很高的要求。

研究工程咨询专业分析评价关键技术方法，要在继承的基础上，通过方法创新，建立一套与国际接轨，并符合我国国情的工程咨询分析评价方法体系，力求在项目评价及管理的关键路径和方法层面进行创新。所提出的关键技术方法路径，应能满足工程咨询业务操作的实际需要，体现工程咨询理念创新的鲜明特征，与国际工程咨询所采用的分析评价方法接轨，并能对各领域不同环节开展工程咨询工作所采用的分析评价方法起到规范的作用。

本次纳入《工程咨询专业分析评价方法及应用丛书》范围内的各部专著，都是中咨公司过去多年开展工程咨询实践的经验总结，以及相关研究成果的积累和结晶。公司各部门及所属企业的众多专家，包括在职的和已经离退休的各位资深专家，都以不同的方式为这套丛书的编写和出版做出了重要贡献。

在丛书编写和出版过程中，我们邀请了清华大学经管学院蔚林巍教授、北京大学工业工程与管理系张宏亮教授、同济大学管理学院黄瑜祥教授、天津大学管理学院孙慧教授、中国农业大学人文学院靳乐山教授、哈尔滨工程大学管理学院郭韬教授、中央财经大学管理科学与工程学院张小利教授、河海大学中国移民研究中心陈绍军教授、国家环境保护部环境规划院大气环境规划部宁淼博士、中国科学院大学工程教育学院詹伟博士等众多国内知名专家参与相关专著的编写和修改工作，并邀请美国斯坦福大学可持续发展与全球竞争力研究中心主任、美国国家工程院 James O. Leckie 院士、执行主任王捷教授等国内外知名专家学者对丛书的修改完善提出意见和建议。

本次结集出版的《工程咨询专业分析评价方法及应用丛书》，是《中咨研究系列丛书》中的一个系列，是针对工程咨询专业分析评价方法的研究成果。中咨公司出版《中咨研究系列丛书》的目的，一是与我国工程咨询业同行交流中咨公司在工程咨询理论方法研究方面取得的成果，搭建学术交流的平台；二是推动工程咨询理论方法的创新研究，探索构建我国咨询业知识体系的基础架构；三是针对我国咨询业发展的新趋势及新经验，出版公司重大课题研究成果，推动中咨公司实现成为我国"工程咨询行业领先者"的战略目标。

纳入《工程咨询专业分析评价方法及应用丛书》中的《工程项目节能评价理论方法及应用》，是专门针对工程项目节能评价理论方法的研究专著。能源是人类赖以生存和发展的物质基础，能源产业是经济发展的基础产业，能源消费的总量和结构直接关系到人类社会的可持续发展。我国正从高速增长阶段转向高质量发展阶段，处于转变发展方式、优化经济结构、转换增长动力的攻关期。节能是缓解能源约束、减轻环境压力、保障经济安全、实现可持续发展的必然选择。开展投资项目节能评价，对于优化能源供给结构，提高能源利用效率，建设清洁低碳、安全高效的现代能源体系意义重大。节能评价及其相关的工程咨询业务，是现代工程咨询业务体系的重要组成部分。

本书系统地阐述了工程项目节能评价的理论框架、操作方法、政策规定及在工程咨询实践中的具体应用，内容包括我国能源利用现状及有关节能的政策规定，节能评价的理论基础及方法框架，投资项目节能评价的具体要求、评价内容及主要方法，工业节能、建筑物节能、交通运输项目节能分析评价的基本思路及具体要求，以及综合能源服务的相关内容和节能管理相关制度规范要求，可作为各类工程咨询机构、发展改革部门、项目业主单位、节能管理及咨询机构相关领域专业人员开展专业学习、业务进修及继续教育用书，也可作为大专院校相关专业研究生和本科生教材使用。

本套丛书的编写出版工作，由研究中心具体负责。研究中心是中咨公司专门从事工程咨询基础性、专业性理论方法及行业标准制定相关研究工作的内设机构。其中，开展工程咨询理论方法研究，编写出版《中咨研究系列丛书》，是中咨公司研究中心的一项核心任务。

　　我们希望，工程咨询专业分析评价方法及应用系列丛书的出版，能够对推动我国工程咨询专业分析评价方法创新，推动我国工程咨询业的健康发展发挥积极的引领和带动作用。

编　者

二〇二〇年三月

目　　录

第一章

我国能源利用现状与节能政策概述

能源、原材料、水、土地等自然资源是人类赖以生存和发展的基础，能源产业是经济社会发展的基础产业，能源消费的总量和结构直接关系人类社会的可持续发展。人类进化发展的过程，其实就是一部不断向自然界索取能源的历史，能源成为社会文明程度的标志之一。能源是现代社会的血液，自工业革命以来，化石能源的大规模开发利用，有力地推动了人类文明的进步，使人类社会从农耕文明迈向工业文明，但也带来资源匮乏、环境污染、气候变化等突出问题。

我国正从高速增长阶段转向高质量发展阶段，处于转变发展方式、优化经济结构、转换增长动力的攻关期。节能是缓解能源约束、减轻环境压力、保障经济安全、实现可持续发展的必然选择。开展投资项目节能评价，有利于优化能源供给结构，提高能源利用效率，建设清洁低碳、安全高效的现代能源体系。

第一节　我国能源生产与消费

英国石油公司（BP）发布的《BP世界能源展望（2019年版）》显示，2018年全球一次能源消费量达到138.6亿t油当量[1]，同比增长2.9%，是自2011年以来增速最快的一年。其中各种化石能源品类消费均有所增长：煤炭消费增长1.4%，石油消费增长1.5%，天然气消费增长5.3%。全球化石能源消费增长导致碳排放量增加2%，达到336.8亿t的历史高位[2]。在过去30年间，中国工业能源需求增长了3倍，2018年消费总量达32.74亿t标准油（全球排名第一），预期在21世纪20年代中期见顶之后逐渐降低，其主要原因是节能政策驱动工业效率提升，同时中国经济正加速转型，即由能源密集型工业行业转向较低能源密集度的服务行业，对能源消费结构将会产生持续性的深远影响。

一、能源生产与消费

（一）能源生产

中华人民共和国成立70年以来，特别是改革开放40年以来，我国能源生产由弱到强，实现了大发展，生产能力大幅提升，初步形成了煤、油、气、可再生能源多轮驱动的能源生产体系，已成为世界能源生产第一大国，能源产业在调整能源结构、提高能源效率、保证能源安全等方面取得了显著成效。1978年，我国能源生产总量为6.3亿t标准煤，2018年一次能源产量达到37.7亿t标准煤，比1978年增长了5.0倍，年均增长4.58%，有力地支撑了我

---

[1]　按平均热值计算，1t原油当量相当于1.4286t标准煤。
[2]　英国石油公司（BP）.《BP世界能源展望（2019年版）》，bp.com.cn/energyoutlook2019。

国经济建设的快速发展。

中国资源禀赋相对较差。石油、天然气等优质能源短缺，对外依存度高；煤炭资源丰富，探明储量排名世界第 2 位；铀矿资源潜力巨大，但勘探程度较低，供给不足；可再生能源（不断再生并有规律地得到补充的能源，如太阳能、水能、风能、生物质能）储量充沛，但开发程度不高。"富煤、贫油、少气"的能源赋存特点，决定了我国以煤为主的能源结构和石油对外高依赖度的局面，能源生产结构中煤炭的比重长期保持在 70% 左右。为改善我国能源供应结构，我国加大了水电、核电和风电的开发建设，其比重显著增加；2013 年至 2018 年，水电、光伏、风电、生物质等可再生能源的占比从 8.3% 提高到 12.4%，平均每年提高 0.8%，也比全球情况快一倍；石油生产由于新增生产能力难以弥补老油田的产量递减，产量增加不明显，在能源生产结构中的比重逐渐减小。

总体上，我国近年能源生产在结构上由原煤为主加速向多元化、清洁化转变，发展动力由传统能源加速向新能源转变，能源供给的清洁低碳化成效显著，"一煤独大"局面出现了明显改变。2018 年我国能源生产结构（按热值核算）：原煤占 69.3%，原油占 7.2%，天然气占 5.5%，水电、核电和风电占 18%，见表 1-1。

表 1-1　　　　　　　　　　1978—2018 年我国能源生产总量及构成

年份	能源生产总量（万 t 标准煤）	占能源生产总量的比重（%）			
		原煤	原油	天然气	一次电力及其他能源
1978	62770	70.3	23.7	2.9	3.1
1980	63735	69.4	23.8	3.0	3.8
1985	85546	72.8	20.9	2.0	4.3
1990	103922	74.2	19.0	2.0	4.8
1995	129034	75.3	16.6	1.9	6.2
2000	138570	72.9	16.8	2.6	7.7
2005	229037	77.4	11.3	2.9	8.4
2010	312125	76.2	9.3	4.1	10.4
2015	361476	72.2	8.5	4.8	14.5
2016	346037	69.8	8.2	5.2	16.8
2017	359000	69.6	7.6	5.4	17.4
2018	377000	69.3	7.2	5.5	18.0

注　数据来源：《中国统计年鉴 2019》。

1. 能源生产总量指一定时期内全国（地区）一次能源生产量的总和，是观察全国（地区）能源生产水平、规模、过程构成和发展速度的总量指标。一次能源生产量包括原煤、原油、天然气、水电、核电及其他动力能（如风能、地热能等）发电量；不包括低热值燃料生产量、太阳热能等的利用和由一次能源加工转换而成的二次能源产量。

2. "一次电力及其他能源"指水电、核电、风电。

（二）能源消费

能源消费总量指一定地域（行政或地理区域）内，国民经济各行业和居民家庭在一定时期消费的各种能源的总和。改革开放以来，在能源转型变革政策的大力推动下，我国能源消费整体呈现稳定增长态势，用能条件和水平不断提高。2018 年，我国能源消费总量 46.4 亿 t

标准煤（按热值核算），比 1978 年增长 7.1 倍，年均增长 5.4%。

　　40 年来，我国能源消费稳定增长，消费结构持续优化，能源消费弹性系数总体保持较低水平。煤炭占能源消费总量比重总体呈现下降趋势，由 1978 年的 70.7% 下降到 2018 年最低的 59.0%，下降 11.7%，煤炭消费总量从 42.4 亿 t 的历史峰值下降到 2018 年的 39 亿 t，绝对量减少了 3.4 亿 t，为全球的温室气体减排作出了重要贡献；石油占比在波动中呈现先降后升、再降再升趋势，1978 年最高为 22.7%，2018 年为 18.9%，下降 3.8%；天然气、一次电力及其他能源等清洁能源消费占比持续提高，天然气由 1978 年的 3.2% 提高到 2018 年的 7.8%，一次电力及其他能源由 1978 年最低的 3.4% 提高到 2018 年最高的 14.3%，分别提高 4.6% 和 10.9%。1978—2018 年我国能源消费总量及构成详见表 1-2。

表 1-2　　　　　　　　　　　　1978—2018 年我国能源消费总量及构成

年份	能源消费总量（万 t 标准煤）	占能源消费总量的比重（%）			
		煤炭	石油	天然气	一次电力及其他能源
1978	57144	70.7	22.7	3.2	3.4
1980	60275	72.2	20.7	3.1	4.0
1985	76682	75.8	17.1	2.2	4.9
1990	98703	76.2	16.6	2.1	5.1
1995	131176	74.6	17.5	1.8	6.1
2000	146964	68.5	22.0	2.2	7.3
2005	261369	72.4	17.8	2.4	7.4
2010	360648	69.2	17.4	4.0	9.4
2015	429905	63.7	18.3	5.9	12.1
2016	435819	62.0	18.5	6.2	13.3
2017	448529	60.4	18.8	7.0	13.8
2018	464000	59.0	18.9	7.8	14.3

　　注　数据来源：《中国统计年鉴 2019》。

　　　　1. 能源消费总量指一定地域内（国家或地区）国民经济各行业和居民家庭在一定时期消费的各种能源的总和。能源消费总量分为三部分，即终端能源消费量、能源加工转换损失量和能源损失量。

　　　　2. "一次电力及其他能源"指水电、核电、风电。

（三）我国能源发展特点与趋势

1. 我国能源消费新特征

在大力推进能源生产和消费革命、供给侧结构性改革的背景下，我国的能源消费呈现以下新特点。

（1）能源消费总量平稳增长，天然气和电力消费增长尤为突出。长期以来，我国以较低的能源消费增速支撑了经济的中高速增长，能源消费弹性系数持续维持在 0.5 左右的水平。2018 年我国全年能源消费总量 46.4 亿 t 标准煤计量当量（ton of coal equivalent，tce），同比增长 3.3%。从能源消费增速看，自 2012 年开始，我国能源消费同比增速持续下降，至 2015 年转向并开始回升，2018 达到新高，是自 2014 年以来增长最快的一年。

从能源消费品种看，在电煤（用来发电的煤）消费增长带动下，全国煤炭消费增速回升，消费量同比增长 1.0%；原油消费量增长 6.5%；天然气消费快速增长，2018 年同比增长 17.7% 左右。电力消费增长相对较快，2018 年全社会用电量约 6.8 万亿 kWh，同比增长 8.5%，创 近年新高。社会用电量增速显著提高，电能替代步伐加快。除了夏季用电负荷屡创新高原因，新兴产业与居民生活用电高速增长是全社会用电量持续快速增长的重要因素。

（2）能源消费结构不断优化，非化石能源比重逐步提升。随着产业结构和能源结构调整步伐加快，天然气及电力替代稳步推进，其他行业用煤呈下降趋势，尤其是居民用煤下降明显。2018 年，我国煤炭消费量占一次能源消费总量的 59.0%，依然具有经济性优势，但同比下降 1.4%。

天然气、水电、核电、风电等清洁能源消费量占能源消费总量的 22.1%，上升 1.3%，其中非化石能源（水电、核电、风电、生物质能、太阳能、地热等）占一次能源消费的比重达到 14.3%，同比提高 0.5%。

（3）单位 GDP 能耗稳步下降，能源利用效率持续提高。单位 GDP 能耗是用来评价能源利用效率的指标。改革开放以来，我国单位 GDP 能耗持续下降。按照 2010 年不变价格计算，2018 年我国单位 GDP 能耗 0.64t 标准煤/万元（2017 年为 0.65t 标准煤/万元），合 1.54t 油当量/万美元，是世界平均水平的 1.3 倍，是经济合作与发展组织（Organization for Economic Cooperation and Development，OECD，简称经合组织）国家平均水平的 1.5 倍。这表明我国经济发展对能源消费的依赖程度仍较高，降低单位 GDP 能耗的任务依然艰巨。

我国发电煤耗和炼油综合能耗处于世界先进水平并不断提高。2018 年我国重点耗能工业企业单位烧碱综合能耗下降 0.5%，单位合成氨综合能耗下降 0.7%，吨钢综合能耗下降 3.3%，单位铜冶炼综合能耗下降 4.7%，每千瓦时火力发电标准煤耗下降 0.7%。全国万元国内生产总值二氧化碳排放下降 4.0%。

（4）清洁能源替代范围不断扩大，可再生能源稳步发展。按照《清洁能源消纳行动计划（2018—2020 年）》，我国不断完善清洁能源消纳市场机制，鼓励清洁能源交易合同优先执行，优先清洁能源发电。2018 年，我国生产制造领域能源消费结构显著优化，天然气、电能、热能等清洁能源占终端能源消费量的比重约为 3.7%，同比提高约 2%；居民生活领域"以气代煤""以电代煤"积极推进，建筑终端天然气和电力消费比例分别为 14% 和 40%，比上年提高 1% 和 3%；交通领域以新能源汽车快速发展为契机，加快推动电动汽车充电基础设施建设，石油占交通能源消费比重下降 0.8%，电力的比重上升 1.0%。

在电力消费较快增长的拉动下，我国通过改善送出线路、优化调度机制、市场化交易等举措，可再生能源消纳水平稳步提高，弃风弃光问题一定程度得到了改善，但新能源发电成本仍普遍高于煤电等传统电力，产业发展还依赖于补贴扶持，可再生能源竞争力仍待提升。

（5）化石能源对外依存度攀升，需求增量主要依赖进口满足。随着我国能源开放性不断增强，近年利用国外能源资源能力持续提升。2018 年我国化石能源对外依存度进一步提高，煤炭对外依存度达到 7.1%，石油对外依存度达到 70%，天然气对外依存度达到 42.7%，

我国国内能源自给率长期保持在 70% 以上，国家能源安全风险可控。化石能源对外依存度攀升，主要是受天然气绿色发展战略、煤炭"上大压小"供给侧结构性改革等因素影响。此外，国内化石能源近年出现了产需增长不同步、进口量增加的现象。例如，2018 年国内原油产量为 1.9 亿 t，同比下降 1%，但受经济增长复苏和非国营企业原油进口配额指标大增的影响，原油需求增大。

2. 我国能源发展趋势分析

能源是国家繁荣和经济可持续发展的基础和支撑。自改革开放以来，煤炭支撑了国内生产总值实现年均 9%以上的速度增长。当前，我国经济进入高质量发展的新时代，能源供需形势正发生深刻变化，能源发展处于油气替代煤炭、非化石能源替代化石能源的双重更替期，新能源和可再生能源对化石能源，特别是对煤炭的增量替代效应明显，但煤炭在我国经济发展中的主体地位依旧不可动摇。

（1）能源消费总量和结构变化趋势。关于我国未来能源消费需求，国内专家学者研究较多。谢和平院士（2019）研究认为，2025 年中国能源消费需求为 55 亿～56 亿 t 标准煤。其中，煤炭、石油、天然气、非化石能源消费需求分别为 28 亿～29 亿 t 标准煤、11 亿 t 标准煤、6 亿 t 标准煤、10 亿 t 标准煤，分别占能源消费总量的 50%～52%、20%、11%、18%；在能源结构优化、产业结构调整、科技进步等因素影响下，煤炭消费占比由 2007 年最高 72.5%降至 2018 年 59%，2025 年进一步降到 50%～52%；充分考虑非化石能源发展潜力，其占比由 2018 年的 14.3%增加到 2025 年的 18%。根据国家发展改革委和国家能源局发布的《能源生产和消费革命战略（2016—2030）》，2030 年我国能源消费总量控制在 60 亿 t 标准煤以内。

（2）我国清洁能源增长速度将快于高碳能源。在我国能源正迈向高质量发展的新阶段，全国范围深入实施能源消费总量和强度"双控"，能源供给低碳化、市场化、分布式、智能化和跨界融合等特征越来越明显，化石能源消费增速将从中速逐步降至低速，新兴能源技术创新日新月异，清洁低碳能源技术经济性不断提高。2018 年，在天然气和可再生能源的引领下，全球一次能源消费迅速增长，导致碳排放量增长 2%，但可再生能源同比增长 14.5%，中国再次成为可再生能源增长的最大贡献者（3200 万 t 油当量），超过了整个经合组织（2600 万 t 油当量）的增长。在《巴黎气候协定》框架下，我国提出到 2030 年单位 GDP 的二氧化碳强度比 2005 年下降 60%～65%，2030 年前后二氧化碳排放达到峰值并努力早日达峰的目标。《能源生产和消费革命战略（2016—2030）》提出，到 2020 年和 2030 年，非化石能源占比分别提高到 15%和 20%，天然气比例也将分别提升到约 10%和 15%；展望 2050 年，非化石能源占比超过一半，建成能源文明消费型社会。在能源需求总量仍持续增长的同时，不断扩大清洁能源比例，意味着其必须保持远高于煤炭、石油等高碳能源的增速。

（3）市场化改革和开放将深入推进。随着我国能源政策方向的近年调整，油气改革政策频频出台，覆盖了上、中、下游各个环节。未来市场化改革的重点将集中在政策内容的深化落实方面，预计更多地采取市场化手段进行放管结合监管，基于"竞争中性"原则，对国有企业和民营企业一视同仁；在可再生能源领域，新增集中式陆上风电项目和未确定投资主体的海上风电项目全部通过竞争方式配置开发权，并力争实现不需要补贴发展；调整光伏发展节奏，控制年度享受补贴的光伏发电新增规模，降低补贴强度，今后所有普通光伏电站均须通过竞争性招标方式确定项目业主。中国正以更高水平的对外开放为全面深化改革注入新动能，能源领域国际合作是开放的重要内容，根据《外商投资准入特别管理措施（负面清单）》，我国取消了对外资投资的诸多限制，如取消了电网建设经营方面必须由中方控股的限制等。

（4）我国能源安全能够得到充分保障。自"一带一路"倡议提出以来，能源领域国际合作成果丰硕，一大批标志性能源项目顺利落地，中亚-俄罗斯、非洲、中东、美洲、亚太五大海外油气合作区已经初步建成，西北、东北、西南和海上引进境外资源的四大油气战略通道建设正快速推进，亚洲、欧洲和美洲三大油气运营中心已初具规模。2018 年，首届"一带一路"能源部长会议在苏州召开，发布了《共建"一带一路"能源合作伙伴关系部长联合宣言》，能源合作机制进一步完善。2019 年 4 月 25 日，在第二届"一带一路"国际合作高峰论坛期间，"一带一路"能源合作伙伴关系在北京正式成立，正成为推动国际能源合作的新平台，促进参与合作的国家在能源领域的共同发展、共同繁荣。随着"一带一路"能源合作的加深，中国能源供应现状将发生根本改变，能源供应安全得到充分保障。

二、能源经济效率

世界能源委员会（World Energy Council，WEC）1995 年将"能源效率"定义为"减少提供同等能源服务的能源投入"。据此，衡量能源效率的指标可分为能源物理效率和能源经济效率，其中，能源物理效率也称热效率，是在使用能源(开采、加工、转换、贮运和终端利用)过程中发挥作用的能源量与消耗的能源量之比。

能源经济效率，也称能源强度或单位产值能耗，是指单位经济量产出（或实物量、服务量）所需要消耗的能源量。分析国家、部门、各种服务、设备以及产品等不同层面的能源经济效率，可以采用相应的效率指标进行定义，即选择价值量指标来表示。例如，单位 GDP 能耗是反映一个国家的综合能源效率指标，即一次能源供应总量与国内生产总值（GDP）的比率；部门或行业能源效率指标可表示为价值量指标。

（一）我国历年单位 GDP 能耗指标

从国家或地区层面看，能源强度用于比较国家或地区经济发展对于能源利用程度，单位 GDP 能源强度是从国家层面分析单位 GDP 产出消耗的能源数量（标准煤）。单位国内生产总值（GDP）能源消耗指标说明一个国家经济活动中对能源的利用程度，反映经济结构和能源利用效率的变化。由于国内生产总值（GDP）是一个国家所有常住单位在一定时期内生产活动的最终成果，其价值测算是基于特定年份的可比价，因此单位 GDP 能耗指标必须明确基于哪个年份的可比价。

改革开放以来，随着我国节能减排政策完善和节能技术进步，我国万元 GDP 能源消耗量逐步下降低，见表 1-3。特别是自 2007 年国家统计局、国家发展改革委和能源办共同发布《单位 GDP 能耗统计指标体系实施方案》以来，我国能源生产和消费统计制度逐步完善，国民经济能源利用效率更加得到重视。

表 1-3　　　　　　我国 1980 年以来平均万元 GDP 能源消费量变化情况

年份	万元 GDP 能耗 （tce /万元）	万元 GDP 电力消费量 （万 kWh/万元）	GDP 可比价格计算年份
1980	13.14	0.66	按 1980 年可比价格
1985	10.08	0.54	按 1980 年可比价格
1990	8.85	0.56	按 1980 年可比价格
1990	5.23	0.33	按 1990 年可比价格
1995	3.90	0.30	按 1990 年可比价格
2000	2.89	0.26	按 1990 年可比价格
2000	1.47	0.13	按 2000 年可比价格
2005	1.63	0.16	按 2000 年可比价格

续表

年份	万元 GDP 能耗 （tce /万元）	万元 GDP 电力消费量 （万 kWh/万元）	GDP 可比价格计算年份
2005	1.40	0.13	按 2005 年可比价格
2010	1.13	0.13	按 2005 年可比价格
2010	0.88	0.10	按 2010 年可比价格
2015	0.71	0.10	按 2010 年可比价格
2015	0.63	0.08	按 2015 年可比价格
2016	0.60	0.08	按 2015 年可比价格
2017	0.57	0.08	按 2015 年可比价格
2018	0.55	0.08	按 2015 年可比价格
2019	0.54	0.08	按 2015 年可比价格

注　数据来源：《中国能源统计年鉴 2018》《中国统计年鉴 2019》和《中国 2019 年国民经济和社会发展统计公报》。

1. 2018 年万元 GDP 能耗（0.55t 标准煤/万元），是按照 2018 年万元 GDP 能耗（按 2015 年价格）比上年下降 3.1%计算的。

2. 2019 年万元 GDP 能耗（0.54t 标准煤/万元），是按照 2019 年万元 GDP 能耗（按 2015 年价格）比上年下降 2.6%（根据第四次全国经济普查结果修订）计算的。

（二）能源经济效率与产业结构密切相关

国民经济一、二、三产业的结构不同，相应单位 GDP 能源强度也不同。我国能源经济效率处于工业化的中后期，显著低于发达国家和世界水平。2018 年我国单位 GDP 能耗，比上年降低了 3.1%；2019 年我国节能降耗取得新成效，单位 GDP 能耗比 2018 年下降 2.6%。在我国单位 GDP 能耗下降的同时，单位 GDP 电耗近年却在反弹。2018 年我国单位 GDP 电耗为 760kWh/万元，同比上升 1.8%，主要原因是第三产业、居民生活和电能替代拉动电力消费快速增长。

单位 GDP 电耗的增减与产业结构的变化有着密切关系。改革开放以来，我国产业发展取得了跨越式的增长，初步建立了行业齐全、配套完善的工业体系。在产业结构方面，我国经济增长已经实现了由第一、二产业带动转变为由第二、三产业带动，三次产业国内生产总值（生产法）结构比例由 1978 年的 27.7:47.7:24.6 转变为 2019 年的 7.0:39.0:53.9，产业结构渐趋合理。

根据中国电力企业联合会（简称中电联）发布的《中国电力行业年度发展报告 2019》，2018 年第一、二、三产业用电量分别为 746 亿、47733 亿、10831 亿 kWh，其万元 GDP 电耗分别为 112.52、1289.62、229.98kWh。除了第二产业 2018 年单位 GDP 电耗同比有所下降之外，第一、三产业的单位 GDP 电耗均有所上升，主要原因是：第一产业的畜牧产品、渔业产品规模化生产逐步增多，带动畜牧业、渔业用电量；第三产业的信息传输、软件和信息技术服务业，批发和零售业，交通运输、仓储和邮政业等行业的用电量显著增加。此外，城镇化率和城乡居民电气化水平的持续提高，以及新一轮农网改造升级、居民取暖"煤改电"的大力推进，尤其是冬季取暖和夏季降温负荷快速增长，带动了城乡居民生活用电快速增长。"十三五"各地区能耗总量和强度"双控"目标见表 1-4。

表 1-4　　　　　　　　"十三五"各地区能耗总量和强度"双控"目标

地区	"十三五"能耗强度降低目标（%）	2015 年能源消费总量（万 t 标准煤）	2020 年
			"十三五"能耗增量控制目标（万 t 标准煤）
北京	17	6853	800
天津	17	8260	1040
河北	17	29395	3390
山西	15	19384	3010
内蒙古	14	18927	3570
辽宁	15	21667	3550
吉林	15	8142	1360
黑龙江	15	12126	1880
上海	17	11387	970
江苏	17	30235	3480
浙江	17	19610	2380
安徽	16	12332	1870
福建	16	12180	2320
江西	16	8440	1510
山东	17	37945	4070
河南	16	23161	3540
湖北	16	16404	2500
湖南	16	15469	2380
广东	17	30145	3650
广西	14	9761	1840
海南	10	1938	660
重庆	16	8934	1660
四川	16	19888	3020
贵州	14	9948	1850
云南	14	10357	1940
西藏	10	—	—
陕西	15	11716	2170
甘肃	14	7523	1430
青海	10	4134	1120
宁夏	14	5405	1500
新疆	10	15651	3540

注　西藏自治区相关数据暂缺。

资料来源：《国务院关于印发"十三五"节能减排综合工作方案的通知》（国发〔2016〕74 号）。

（三）能源经济效率发展趋势

《BP 世界能源展望（2019 年版）》表明，随着发展中国家作为主要能源消费市场的地位逐渐增强，世界能源消费模式正在转变。1990 年，经合组织国家能源消费占世界能源消费的 2/3，发展中国家仅占 1/3。在渐进转型情境下，在展望期（2040 年）内生活水平的提高将使全球能源需求增长约 1/3，而且增长部分的 2/3 是由印度、中国和其他亚洲国家贡献（21 世纪 20 年代中期，印度将超越中国成为世界最大的能源增量市场），其中工业和建筑能耗占能源消费增长的 3/4。

根据国际能源署（International Energy Agency，IEA）发布的《能源效率 2019》，2018 年全球一次能源强度增加了 1.2%，为 2010 年以来的最低水平。全球能源强度改善放缓的因素是多方面的。从短期因素看，在消费侧，中国能源密集型产业增加了在工业生产中的占比，一定程度上推高了对所有一次能源燃料的需求；美国寒冷的冬天和炎热的夏天带动了供热和制冷的能源使用；在供给侧，煤电发电量 2017 年和 2018 年分别增长 3%和 2.5%，更多的化石燃料发电增加了一次能源强度；从长期结构性因素看，虽然技术和工艺越来越高效，但结构性因素正在抑制这些技术效率提高对能源需求的影响，并减缓全球能源强度的改善。

近年来，一系列节能减排的政策措施的实施，加快了我国能源利用技术创新，提高了能源经济效率。2015 年全国万元国内生产总值能耗降低 2.01%，仅为 0.793t 标准煤，与发达国家相比仍存在较大差距。"十三五"期间（2016—2020 年），我国继续实行能耗增量控制目标（万 t 标准煤）（能源消费总量）和能耗强度"双控"行动，全国单位 GDP 能源消耗将比 2015 年累计降低 15%，并将能耗指标分解到各个省市（见表 1-4），促进实现国家和地方能耗"双控"目标任务。

（四）我国能源效率低下的原因分析

40 年来，我国在提高能源利用效率方面已做了大量工作，科技创新对能源结构优化的推动作用显著增强，能源清洁利用水平不断提高，非化石能源对煤炭的替代作用加强，节能降耗不断推进。但是，我国能源效率与国外先进水平还有很大的差距，单位 GDP 能耗、主要产品的能源单耗较高，主要源于我国产业结构、能源结构、技术结构、资源条件、管理和政策体制等方面的原因。

1. 产业结构原因

根据经典的工业化理论，随着一国（或地区）人均收入的提高，工业发展和经济结构将发生连续变化，人均收入的增长和经济结构的转换是工业化推进的主要标志。从人均 GDP 的角度看，2017 年中国人均 GDP 为 7329 美元（按 2010 年美元计），开始进入工业化后期。在我国完成工业化进程之前，第二产业比重仍会不断上升，特别是钢铁、化工、建材等行业为代表的重化工仍是经济发展的主要部分，同时我国的城市化进程还以较高的速度推进，对高耗能产品的需求在一定时期内呈持续增长态势，工业化和城市化本身意味着对能源依赖程度较高，造成我国经济能源效率指标与国外发达国家的很大差距；在我国的产业结构中，相对低能耗的第三产业特别是服务业的比重仍然较低。2018 年我国 GDP 为 90.03 万亿元，其中第三产业增加值为 46.96 万亿元，占 GDP 的比重为 52.16%，超过了日本 1970 年的水平。根据美国经济分析局网站公开的信息，2018 年美国 GDP 总量为 20.49 万亿美元，其中第三产业增加值高达 16.51 万亿美元，占 GDP 比重为 80.6%。因此，我国未来仍存在服务业过度赶超问题。

2. 能源结构原因

在我国一次能源消费结构中，优质能源（如天然气、石油）比重较低，以煤炭为主，能源转换效率较低，这是我国目前能源效率较低，甚至在今后较长时间内仍低于世界平均水平的主要原因之一。自中华人民共和国成立以来，煤炭消费占一次能源消费总量的比重总体呈下降趋势，但截至 2017 年，煤炭消费比重仍高达 60.4%，远高于世界平均水平 27.6%；2017年石油生产量为 27284 万 t 标准煤，消费量为 84412 万 t 标准煤，对外依存度为 68.0%，且石油消费占比为 18.8%，低于世界平均水平 33.0%。此外，天然气、一次电力及其他能源等清洁能源的消费比重也比世界平均水平低 18%。此外，我国能源分布不均衡，煤炭等资源在地理分布上是"西多东少""北富南贫"，这恰与我国地区经济发达程度呈逆向分布，煤炭基地远离煤炭消费市场，促使我国形成了西煤东调、北煤南运的煤炭消费格局，煤炭资源在运输和使用过程中浪费严重，总体上加大了能源消耗程度。

3. 技术结构原因

我国目前的技术结构梯度非常大，既有国际一流的高效低能耗先进技术，也大量存在落后技术，导致能源利用效率总体较低。改革开放以来，我国能源技术虽然取得了很大进步，但与世界先进水平相比还有很大差距。煤直接液化、煤间接液化、煤气化、煤油共炼、石油液化、天然气液化、核能发电等核心技术还没有达到国际先进水平；大型煤矿综合采掘装备、矿井生产系统装备、重大石油开采加工装备、特高压输电设备等先进设备还不能自主研发生产。技术和装备的落后，制约着能源利用效率的提高，2017 年，我国单位 GDP 能耗为 3.1t油当量/万美元，是美国单位 GDP 能耗的 2.38 倍，能源利用效率较低。

4. 资源条件原因

原料资源、地质赋存条件相对复杂是我国一些行业能耗较高的重要原因之一。例如，煤炭开采主要以井工为主，露天煤矿的开采量占煤炭总量不足 10%；其他主要煤炭生产国，多为露天开采，我国主力煤矿都进入深井作业，不少矿井深度超过 1200m。再如，我国的氧化铝冶炼工业受制于资源供给，主要以一水硬铝石为原料，熔出温度远高于国外采用的三水铝石，单位产品能源消耗也显著提高；原油开采也因大部分油田已处于开发后期，90%的油井需要消耗大量电力注水抽油；在纸浆生产中，草浆还占有相当比重等。

5. 管理和政策体制方面的原因

我国虽然颁布了《节约能源法》等法律法规，但还没有形成系统和完备的能源管理法规和标准规范体系，能源市场准入和价格形成机制不适应提高能源效率的需要。受政府行政干预，能源市场体系呈现单一能源市场分割的状况。例如，电力市场缺乏独立的调度机制，跨省区交易存在严重壁垒；石油开采实行严格的市场准入制度，开采权高度集中，且价格管制长期存在；天然气市场竞争无序，应急保障措施缺乏。由于过多的价格管制或税收等方式间接影响，能源价格机制失灵，不能反映能源的供需情况、稀缺程度以及生产成本。

第二节　国内外节能法规与政策变迁

制度是社会规则的集合，制度创新是能够让创新者获得追加或者额外收益的变革，制度创新的主体不仅仅是个人和企业，也可以是社会组织和政府。节约能源法规和标准规范包括国家、项目所属行业及地区对节能降耗的相关规定，是从源头控制能源消耗、提高能源综合利用效率的基本手段。

一、国外节约能源法规的发展

2000 年 9 月，世界 191 个成员国领导人在联合国总部一致通过了具有历史性意义的《联合国千年宣言》，郑重承诺将共同致力于实施八项千年发展目标（the millennium development goals，MDGs）。随着千年发展目标的执行期接近尾声，十五年后，即 2015 年 9 月，在联合国大会第七十届会议上，联合国 193 个会员国首脑一致通过了《2030 年可持续发展议程》，新议程涉及可持续发展的三个层面：社会、经济和环境，以及与和平、正义和高效机构相关的重要方面，涵盖了 17 个可持续发展目标（sustainable development goals，SDGs）和 169 个具体目标。"确保人人获得负担得起的、可靠和可持续的现代能源"作为可持续发展目标之一（目标 7），对于人类决心阻止地球的退化具有重要意义。

节约能源不仅是实现联合国可持续发展目标的重要内容，也是发达国家和一些转型发展中国家政府近年非常关注和付诸行动的重要领域。随着经济全球化的发展和能源需求的快速增长，节能立法已越来越受到各国政府的重视。发达国家制定了一系列促进节能的法规和政策措施，试图通过法律监管和市场经济杠杆手段，影响能源消费者的行为，从而达到节能的目的。

（一）美国节约能源法规

美国是一个市场经济高度发达的国家，联邦和各州政府通过立法约束、政策引导、加强监管等措施，建立比较完善的市场化激励政策机制，推动与节能环保等相关的群体通过"利益驱动"实现良性循环，从而为节能环保产业发展提供良好的法律和政策环境。

自 20 世纪 70 年代，美国一直重视用法律手段促进节能环保产业发展。为了应对 1973 年以来的两次石油危机，美国 1975 年首次颁布了《能源政策和节约能源法案》。1978 年出台了《国家节能政策法案》和《公用电力公司管理政策法案》，旨在增加能源生产和供应，减少能源需求，从而保障能源安全、节能和提高能效；同年美国政府还颁布实施了《公用事业管理政策法案》（public utility regulatory policies act，PURPA），要求电网公司必须无条件购买热电联产项目所发出的电力，并且为小型电力生产者提供备用电力。电网结构和发电上网监管政策为热电联产、分布式能源快速发展奠定了很好的环境。1982 年制定了《机动车辆信息与成本节约法》，1987 年出台了《国家家用电器节约能源法案》。

面对 21 世纪世界能源格局，美国 2005 年颁布《国家能源政策法案》，包括联邦节能计划、州节能计划、公屋节能等条款。美国参议院 2010 年公布一项能源法草案，旨在削减温室气体排放、发展新能源、加强能源自给能力等；在州政府层面，涉及节能领域的法案也层出不穷，如 46 个州通过了合同能源管理立法。

除了立法，美国联邦和各州还制定和实施了许多经济激励政策，降低可再生能源和节能产品以及相关服务的成本和价格，培育和扩大可再生能源和节能的市场需求，促进可再生能源和节能技术的推广应用和产业发展。经济激励政策的作用是：①发挥政府预算和公共资金项目支持带动作用；②实施节能产品税收减免鼓励政策；③实施可再生能源各类鼓励政策；④通过政府采购和政府示范带动节能环保产业发展。

此外，美国还重视发挥能效标准对节能产品市场推广的引领作用，鼓励高效节能的自愿性能效标准（非市场准入能效标准）的制定和实施。从 1980 年起，美国开始实施强制性能效标识制度，以立法的形式制定和贯彻相关产品、设备、建筑物的强制性最低能耗标准，逐步建立并实行强制性能效标准、强制性能效信息标识、自愿性认证标识等制度。广为人知的"能源之星"（energy star）就是由美国环保署和能源部 1998 年开始联合推动的一项自愿性标签计划，经过多年培育和发展，取得了很好的节能效果。"能源之星"标准通常比美国联邦标准节能 20%～30%，已成为美国/欧盟所有政府机构、教育、大型商业和零售商的采购要求，正演进为世界能效标准规范。

为了树立良好的政府形象，推动节能工作，美国高度重视政府自身的节能工作。1985 年，美国推出了政府节能计划，要求各级政府和公共机构率先使用节能建筑、节能设备和节能办公用品。如《资源节约与恢复法》（resource conservation and recovery act，RCRA）（1976）《国家节能政策法》（national energy conservation policy act，NECPA）（1978）《公共汽车预算协调法》（omnibus budget reconciliation act，COBRA）（1985）《联邦能源管理改进法》（FEMIA）（1988）等法律，规定了政府机构节能等问题。

近年来，美国积极推进清洁能源开发和创新，努力提高能源利用效率，促进了能源结构调整，能源对外依赖度逐渐降低、"能源独立"战略取得积极成效。为了降低能源国际依存度，美国十分重视能源基础研究工作，不断提高能源效率，发展清洁能源和可再生能源，努力实现能源供给的多元化。2009 年，奥巴马总统签署《美国复苏和再投资法案》，新能源成为主攻领域之一，重点包括发展高效电池、智能电网、碳储存和碳捕获、可再生能源等。2017 年，特朗普总统公布"美国优先能源计划"，鼓励美国本土原油生产，降低国内能源价格，摆脱对进口能源依赖。在促进新能源技术产业化方面，美国实施了税收抵免、直接补贴、加速折旧等多种形式的政策。

（二）日本节约能源法规

日本是一个能源匮乏的国家，几乎所有的石油、天然气和煤炭等能源都依赖进口。日本政府一贯重视能源节约和能源效率的提高，并注重通过专门立法保障节能措施的执行力，提升节能创新力。早在 1972 年，日本就设立了日本热能源技术协会，并于 1978 年成立了"节能中心"，全面协调和指导国民和企业的节能以及节能技术的研究开发；同年颁布了《节能技术开发计划》。1979 年，日本政府颁布实施了指导节能工作的基本法—《关于能源使用合理化的法律》（《合理用能法》），并根据节能技术进步和社会需求变化，先后多次修订和完善有关法律条款，规定了"领跑者"（top runner）能效标准更新制度，即对汽车和电器产品（包括家用电器、办公自动化设备等）制定不低于市场上最优秀商品水平的能效标准，并明确实施的目标年度，旨在促使企业、机动车、耗能设备遵守更严格的能效标准。1993 年日本制定《合理用能及再生资源利用法》，1998 年制定《2010 年能源供应和需求的长期展望》，强调通过采用稳定的节能措施控制能源需求。

日本制定了众多节能激励和奖励政策，对节能设备推广、示范项目实行补贴等。经济产业省每年财政拨款 380 亿日元（约 3 亿美元），用于补贴家庭和楼房能源管理系统和高效热水器等；对使用列入目录的 111 种节能设备实行特别折旧和税收减免优惠，减免的税收约占设备购置成本的 7%；政策性银行给予低息贷款，以鼓励节能设备的推广应用。经济产业省定期发布节能产品目录，开展节能产品和技术评优活动，分别授予经济产业大臣奖、资源能源厅长官奖和节能中心会长奖。

日本严格管理重点用能企业。对年燃料消耗 1500kL 标油或电力消耗 600 万 kWh 以上的1 万个单位列为重点用能企业，要求配备专职能源管理师，对工厂用热、用电及建筑物热损失提出具体要求，每年向经济产业省及相关部门报告能耗状况；如不能按期完成节能目标，又提不出合理的改进计划，主管部门有权向社会公布，责令其限期整改，并处以罚金；政府委托节能中心对企业进行能源审计。

日本政府建立节能日宣传推广节能。每月的第一天对节能活动进行评估并确定其成果；节能月（每年2月），面向普通消费者和公共机构，举办能源效率展览和各种大型活动；8月1日和12月1日为节能检查日，检查并评估节能活动和生活习惯。

为了保障能源安全、降低海外依赖，日本不断推进新能源开发利用的进程，在引导性、鼓励性、支持性政策的作用下，新能源技术取得了重大突破，新能源产业实现了快速发展。2011年日本参议院通过了可再生能源法案，包括一系列电价补贴机制，规定电力公司有义务购买个人和企业利用太阳能等发电产生的电力。2011年福岛核电站事故后，日本的能源政策出现了大幅度转变，核能在日本的能源结构中呈现断崖式减少。2014年日本在制定第四次《能源战略规划》时，在"3E"（能源安全，经济效率和环境，即 energy security, economic efficiency environment）平衡的指导原则下，强调了安全性，新能源的技术开发利用成为重中之重。2016年日本经济产业省发布《能源革新战略》，对以节能、可再生能源为主的相关制度进行整改，并构建新型能源供给系统，包括专供节余电力交易的市场和虚拟电厂，以及构建新能源社会、普及氢能源利用等。2018年日本的第五次《能源战略规划》重新设定了更加现实的2030年一系列数据指标，首次设定了"2050年实现能源转型和脱碳化"的目标。

概括而言，日本节约能源法规由节能基本法（《合理用能法》）和相关配套法规组成，是一个完整的法律体系。节能基本法统领全局，充分发挥节能指导作用；配套法规详细规定了具体的节能措施，明确了各部门节能目标并且将责任细化到位。节能基本法与相关配套法规配合使用，相得益彰，保障了《合理用能法》的有效执行。日本节约能源法与配套法规的不断修改与完善又确保了节能执法监督得以有效实施。

（三）德国节约能源法规

德国是一个能源紧缺的国家，能源供应在很大程度上依赖进口，石油几乎100%进口，天然气80%进口。为了摆脱对进口和传统能源的长期依赖，德国近年的能源政策把重点放在了节约传统能源、发展可再生能源和新能源两个方面，以期实现能源生产和消费的可持续发展。

德国以节电为重点实施节能战略。根据欧盟《能源消耗标示法规》，德国制定了产品能耗标签制度，规定电器上必须贴有欧盟能源标签。建筑供暖耗能过多成为德国政府着力解决的另一个关键问题。早在1976年，德国颁布了《建筑节约能源法》（2005年修订），规定新建建筑必须进行"节能保温"，建筑开发商必须获取建筑物的"能源消耗证明"；在此基础上，第一部《建筑保温法规》和第一部《采暖设备条例》分别于1977年和1978年颁布实施；2002年开始推广实行《节约能源法》，在1976年《建筑节约能源法》的基础上将《供暖设备法》和《建筑保温法》进行了合并。多年来，德国政府通过制定和改进建筑保温技术规范等措施，不断发掘建筑节能的潜力。德国作为发达国家中既有建筑节能改造的典型，对既有建筑节能改造已经发展出了一整套完善的体系，从法律法规到流程制度以及改造更新过程中相应的绿色技术应用等，均处于世界领先地位。

德国作为世界第五大能源消费国和欧盟最大的经济体，因其可再生能源尤其是风能和光伏发电的迅速发展而成为向可再生能源转型的"全球典范"。德国政府主要通过有凝聚力和远见的计划，依靠政府投资，通过自上而下的法律、政策、技术研发、激励机制的推动来实现能源转型。德国的可再生能源法律法规体系是以《可再生能源法》为核心的一套优惠和促进可再生能源发展的联邦法规体系。除此之外，德国可再生能源立法的突出特点是为不同应用领域（主要为电力、交通、供热）分别立法，其中电力领域立法尤为深入。德国 2000 年颁布了《可再生能源法》，2014 年进行了修订，2017 年再次修订。2018 年德国可再生能源电力占其电力消费总量的比例已达 38%，在新能源"扩张路径"的指导下，2017 版《可再生能源法》提出 2025 年可再生能源发电量占总用电量的比重为 40%～45%，2035 年为 55%～60%，2050 年为 80%。

此外，英国 1995 年颁布实施《家庭节能法》，要求各级政府采取切实措施，10 年内将居民建筑能耗在 1996 年或 1997 年的基础上降低 30%；法国 1996 年制定了《空气和能源合理利用法》，旨在预防、监督、降低或消除大气污染，保护空气质量，节约并合理利用能源。

针对节能降耗的法律保护，世界各国也相应制定了与之配套的政策措施，从政府层面对节能加以规制。例如，欧盟为应对气候变化、实现可持续发展战略，不断提高建筑能效水平，2002 年通过并于 2010 年修订的《建筑能效指令》（energy performance of building directive，EPBD），要求欧盟国家在 2020 年前，所有新建建筑都必须达到近零能耗水平。《国际能效测量和验证协议》（the international performance measurement & verification protocol，IPMVP）已成为国际合同能源管理、节能自愿性协议方面的标准；国际标准化组织（International Standard Organization，ISO）正在进行国际能源管理体系标准制定工作。

发达国家制定"节能优先"的能源战略，建立政府节能主管机构，并注重政府机构间的协调一致性。例如，美国能源部专门设立了节能办公室，现改为能源效率和可再生能源办公室（Office of Energy Efficiency and Renewable Energy，EERE）；日本的经济产业省设有资源能源厅专门负责节能事宜。各国一般在地方设有专门中介机构贯彻执行国家（联邦）及地方（州）的节能政策，并通过建立良好的政策环境和激励措施，充分发挥节能中介机构在政府和市场间的桥梁纽带作用，例如，日本具有非常完善的节能中介机构，包括新能源和产业技术综合开发机构、能源经济研究所和节能中心等。

制定能效标准和建立能效标识制度也是国外节能政策中重要措施和手段。这样不仅实现了限制低效产品、鼓励高效产品占领市场的目的，而且能为节能激励措施制定提供定量衡量指标，以及公正、公平的竞争环境。此外，运用价格、税收等经济杠杆鼓励节能；政府率先垂范，树立典型，制定节能优惠政策；开展全民节能教育，完善公民参与制度等等办法也均取得良好成效。

二、我国节约能源法规与政策变迁

为推动全社会节能、缓解能源约束、减轻环境压力、实现可持续发展，我国十分重视节能标准和规范工作。改革开放 40 年来，我国节约能源法规体系经历了从无到有、从小到大的演变过程。节约能源法规与政策的变迁是一部运用法律、规章、技术、经济等手段实现节能目标的历史，也是一部绿色发展、可持续发展观念不断深入人心的历史。《中华人民共和国节约能源法》（简称《节约能源法》）已经施行 20 多年，节约资源能源已成为基本国策。新时代我国节能政策坚持实行"节约与开发并举、把节约放在首位"的方针，坚持"绿色发展，节能先行"原则，通过技术创新和制度创新，高质量地推进节能工作。

（一）我国节能立法工作

1.《节约能源法》的出台及修订

改革开放以后，我国经济开始呈现持续快速增长的势头，能源供需矛盾日趋突出，甚至出现了全国性能源供应紧张的严重局面。由于能源利用技术的落后和管理混乱造成的严重能源浪费，能源消耗指标远远高于发达国家。1986年1月12日，国务院颁布了《节约能源管理暂行条例》，这是我国第一部综合性节约能源法规，为节能管理开创了立法先河。

第八届全国人民代表大会常务委员会先后在第十三、十四、二十、二十八次会议上进行了四次审查，1997年11月1日通过了《中华人民共和国节约能源法》（简称《节约能源法》），自1998年1月1日起施行。《节约能源法》共6章50条，对节能管理、合理使用能源、鼓励节能技术进步和相关法律责任，作出了具体规定，要求采取技术上可行、经济上合理以及环境和社会可以承受的措施，减少从能源生产到消费各个环节中的损失和浪费，更加有效、合理地利用能源。《节约能源法》是在系统总结国内外合理用能法制建设经验的基础上，结合我国实际情况确定的一部基础性、综合性的节约能源法律，标志着节能管理法制化建设迈上了新的台阶。

面对经济、能源、环境的新形势和新问题，虽然某些部委出台了《节约能源法》的配套文件，如最早的配套规章是1999年国家经济贸易委员会公布实施的《重点用能单位节能管理办法》；铁路、交通行业制定了实施《节约能源法》的细则，但原有的《节约能源法》由于执法主体不明确、倡导性条款多而约束惩戒性条款少、缺乏强制力和可操作性等问题，亟待修订或修改。

2006年10月《节约能源法》修订草案第三稿完成，将《节约能源法》由6章50条增至6章93条，增加了针对建筑、交通和政府机关以及企事业单位的新约束性规定。同时，借鉴日本《合理用能法》模式，国家将建立相关节能技术、产品和建筑的指导目录，对于符合目录的相关节能技术、产品等给予税收扶持，引导和加大对节能的投资，并建立政府"绿色采购"制度，在政府采购方面支持节能产品。修订后的《节约能源法》于2007年10月28日通过（自2008年4月1日起施行），突出了节能管理制度的设计，包括六项节能长效机制：节能目标责任制和节能考核评价制度、固定资产投资项目节能评估和审查制度、落后高耗能产品和设备以及生产工艺淘汰制度、重点用能单位节能管理制度、能效标识管理制度以及节能表彰奖励制度。这些长效机制后续逐步得以落实，具体包括《固定资产投资项目节能评估和审查暂行办法》（中华人民共和国国家发展和改革委员会令〔2010〕第6号）《能源计量监督管理办法》（总局〔2010〕第132号令）《能效标识管理办法》（2016修订）和《节能监察办法》（中华人民共和国国家发展和改革委员会令〔2016〕第33号）等配套文件的先后出台。

鉴于政府职能"放管服"和投资项目审批制度改革的需要，企业投资项目节能评估审查不再作为核准的前置性条件。2016年7月2日第十二届全国人民代表大会常务委员会第二十一次会议通过《全国人民代表大会常务委员会关于修改〈中华人民共和国节约能源法〉等六部法律的决定》修改，修改内容包括：对于不符合强制性节能标准的企业投资项目，建设单位不得开工建设；对于政府投资项目不符合强制性节能标准的，继续强调"依法负责项目审批的机关不得批准建设"，否则负责审批机构的主管人员和其他直接责任人员将依法给予处分。

为适应新时期节能工作要求，2018年10月26日，中华人民共和国第十三届全国人民代表大会常务委员会第六次会议第二次修改通过《中华人民共和国节约能源法》，再次明确了节约能源是我国的基本国策，把节约放在首位的能源发展战略。《节约能源法》的第二次修正，进一步完善了我国的节能制度（如健全节能标准体系和监管制度），明确了行业主管部门对行业内节能监督管理的责任，更加注重发挥市场调节与政府管理的有机结合等。

2．与节能相关的其他法律

我国节能立法工作，除了上述《节约能源法》，还有《中华人民共和国清洁生产促进法》（简称《清洁生产促进法》）、《中华人民共和国可再生能源法》（简称《可再生能源法》）、《中华人民共和国循环经济促进法》（简称《循环经济促进法》）等法律以及《公共机构节能条例》等行政法规。

2002 年 6 月 29 日第九届全国人民代表大会常务委员会第二十八次会议审议通过《中华人民共和国清洁生产促进法》，旨在促进清洁生产，提高资源利用效率，减少和避免污染物的产生，保护和改善环境，保障人体健康，促进经济与社会可持续发展。

2005 年 2 月 28 日第十届全国人民代表大会常务委员会第十四次会议审议通过《中华人民共和国可再生能源法》（2009 年 12 月 26 日第十一届全国人民代表大会常务委员会第十二次会议修正），将风能、太阳能、水能、生物质能、地热能、海洋能等非化石能源的开发利用列为能源发展的优先领域，通过制定可再生能源开发利用总量目标和采取相应措施，推动可再生能源市场的建立和发展。

2008 年 7 月 23 日国务院第 18 次常务会议通过《公共机构节能条例》（国务院令第 531 号，2017 年 3 月 1 日修订），旨在推动公共机构节能，提高公共机构能源利用效率，发挥公共机构在全社会节能中的表率作用。

2009 年全国人民代表大会常务委员会通过《中华人民共和国循环经济促进法》（2018 年 10 月 26 日第十三届全国人民代表大会常务委员会第六次会议修正），将节能、节水、节地、节材作为节约资源的主要内容，要求在生产、流通和消费等过程中进行减量化、再利用、资源化。

此外，我国还先后制定了《中华人民共和国水法》（1988 年 1 月 21 日第六届全国人民代表大会常务委员会第二十四次会议通过，2002 年 8 月、2009 年 8 月和 2016 年 7 月修订或修正）、《中华人民共和国环境保护法》（1989 年 12 月 26 日第七届全国人民代表大会常务委员会第十一次会议通过，2014 年 4 月修订）、《中华人民共和国电力法》（1995 年 12 月 28 日第八届全国人民代表大会常务委员会第十七次会议通过，2018 年 12 月修改）、《中华人民共和国煤炭法》（1996 年 8 月 29 日第八届全国人民代表大会常务委员会第二十一次会议通过，2016 年 11 月修改）等法律，在不同领域对节能工作提出了法律依据，共同构成了相对完整的节约能源法律体系。

2013 年 8 月，《国务院关于加快发展节能环保产业的意见》（国发〔2013〕30 号）提出了完善节能环保法律法规，要求"推动加快制定固定资产投资项目节能评估和审查法，制定节能技术推广管理办法"，为我国未来专门针对投资项目节能评价工作立法提出了方向。

（二）我国节能管理综合政策的演进过程

1．20 世纪 80 年代的综合节能政策

从中华人民共和国成立到 1978 年，我国没有明确地提出节能的概念，主要采取"补贴消费者"的能源低价战略。过低的能源价格不仅无法对供给形成激励作用，导致能源生产企业处于低利润甚至亏损的状态，而且无法抑制能源消费，导致了能源供给的进一步紧缺。1979 年，第五届全国人民代表大会第二次会议将节约能源、杜绝浪费作为贯彻调整、改革、整顿、提高方针的重要内容，会议号召"各行各业都要努力降低消耗，节约使用能源，杜绝浪费"，

并将此作为当前以至今后若干年内缓和燃料动力供应紧张状况的最主要、最可靠的途径。

20 世纪 80 年代初期，我国开始提出节能社会发展目标。早在 1980 年，邓小平同志提出"能源是经济的首要问题"；第五届全国人民代表大会第三次会议首次提出了"实行能源的开发与节约并重，近期把节约放在优先地位"的节能方针；国务院批转国家经济委员会、国家计划委员会《关于加强节约能源工作的报告》和《关于逐步建立综合能耗考核制度的通知》，节能作为一项专门工作被纳入到国家宏观管理的范畴。原国家经济委员会和国家计划委员会先后在 1982 年、1985 年组织编制了《"六五"节能规划》和《"七五"节能规划》以及各年度节能计划，节能管理工作纳入全社会的发展计划中。1982 年，中共十二大把能源确定为社会经济发展的战略重点，进一步明确了能源在国民经济中的战略地位。1985 年国务院设立了节能工作办公会议制度，研究关于节能的各项法律法规、方针政策及改革措施。

在我国众多的节能政策中，最为基础的节能国家标准—《综合能耗计算通则》（GB/T 2589—2008）的出台和修订，对国家、地区、行业、企业等不同层面的能源核算、能源统计、能源管理、能耗限额制定、能源模型应用等方面具有开创引领意义。《综合能耗计算通则》首次发布于 1981 年，是我国首批能源基础类国家标准，曾与其他三项节能基础标准一起获得国家科技进步二等奖。1988 年和 2007 年，全国能源基础与管理标准化技术委员会对该标准先后进行了两次修订，并于 2008 年颁布实施（《综合能耗计算通则》（GB/T 2589—2008）。2019 年 6 月，全国能源基础与管理标准化技术委员会再次在北京组织召开了《综合能耗计算通则》修订国家标准审定会，对标准送审稿的各项内容进行了讨论和审查，一致同意该标准通过审查。修订后的《综合能耗计算通则》标准成为国家节能工作基础性的标准化技术支撑，对加强用能单位的能源核算、节能管理和能效提升具有重大影响。

依靠技术进步降低能耗是措施节能的根本途径，我国政府历来重视节能技术研发和推广应用。早在 1984 年，原国家计委、国家经委、国家科委组织制定了《中国节能技术政策大纲》。1996 年 5 月，为总结节能工作经验教训，推动节能技术进步，提高能源利用效率，原国家计委、国家经贸委、国家科委印发了《中国节能技术政策大纲》。2006 年 12 月，国家发展改革委、科学技术部在广泛征求社会各界意见的基础上，重新修订了《中国节能技术政策大纲》，提出了重点研究、开发、示范和推广的重大节能技术，以及限制和淘汰的高耗能工艺、技术和设备等。为加快高效节能技术装备的推广应用，引导绿色生产和消费，中华人民共和国工业和信息化（简称工业和信息化部）2018 年和 2019 年连续组织编制并发布《国家工业节能技术装备推荐目录》，不仅介绍了推荐的工业节能技术和装备及其适用范围，而且分析了目前应用现状、未来 5 年推广计划和有关节能的能力提升举措。

2. 20 世纪 90 年代的综合节能政策

20 世纪 90 年代，我国能源供需关系发生明显变化，除石油外，煤、电呈现短期供大于求的局面。除了节能立法工作，节能管理的综合政策体系逐步形成。

1990 年和 1995 年，原国家经委和原国家计委制定《"八五"节能规划》《"九五"节能规划》。1996 年 3 月《国民经济和社会发展"九五"计划和 2010 年远景目标纲要》第一次明确地、系统地提出了我国能源发展战略，即"坚持节约与开发并举，把节约放在首位；大力调整能源生产和消费结构；推广先进技术，提高能源生产效率；坚持能源开发与环境治理同步进行，继续理顺能源产品价格。能源建设以电力为中心，以煤炭为基础，加强石油天然气的资源勘探和开发，积极发展新能源"。

在 20 世纪 90 年代，我国推进能源标准化管理工作取得了长足进步。1990 年，国家技术监督局发布《能源标准化管理办法》（国家技术监督局令〔1990〕第 16 号），提出对能源从开发到利用的各个环节制定所需要的能源标准，组织实施能源标准和对能源标准的实施进行监督，并将能源标准分为强制性标准和推荐性标准。从 1995 年起，国家开始陆续修订首批标准，产品范围由家用电器逐步扩展到照明器具以及工业耗能设备等，为后续节能产品认证制度提供了技术支撑。在能效标准制度的基础上，我国于 1998 年 11 月正式推出了节能产品认证制度，发布了《中国节能产品认证管理办法》，并从家用电冰箱的节能认证开始，极大地提高了我国用能产品的能效水平。

3. 21 世纪初的综合节能政策

进入 21 世纪以后，我国节能管理重点是继续完善节能政策和法律，引导与规范企业和全社会的能源消费行为，促进能源利用效率的提高，缓解能源环境压力，从节能角度提升国民经济竞争力。

随着社会主义市场经济体制的确立，政府通过编制节能规划发挥宏观调控作用。2001 年国家经贸委印发《能源节约与资源综合利用"十五"规划》，这是 21 世纪我国第一个节能专项规划。2004 年国家发展改革委发布了《节能中长期专项规划》，这是我国制定和发布的第一个节能中长期专项规划，系统地提出了四个方面的目标，即宏观节能量指标、主要产品（工作量）单位能耗指标、主要耗能设备能效指标和宏观管理目标。《节能中长期专项规划》提出到 2020 年，每万元 GDP 能耗下降到 1.54t 标准煤（1990 年不变价），年均节能率提高到 3%，形成每年节能折合 14 亿 t 标准煤的能力。

"十一五"规划期间，我国更加重视发挥政府在节能工作中的主导作用。2006 年 3 月，全国人民代表大会通过《国民经济和社会发展第十一个五年规划纲要》，首次将节能减排作为约束性指标写入国家经济社会发展最高层次的统筹规划，要求单位 GDP 能耗降低 20%左右，并实行了严格的分省考核制度，对地方各级人民政府领导班子实行节能工作问责制。为实现规划纲要提出的节能目标，2006 年 8 月和 9 月国务院先后发布了《关于加强节能工作的决定》和《关于"十一五"期间各地区单位生产总值能源消耗降低指标计划的批复》；根据规划纲要确定的节能减排重大工程等工作部署，2006 年 8 月和 2007 年 6 月国家发展改革委先后发出《关于印发"十一五"十大重点节能工程实施意见的通知》和《关于印发节能减排综合性工作方案的通知》，详细分解了"十大重点节能工程"的节能目标，首次提出开展能效对标工作和淘汰落后产能目标。2010 年 4 月国务院转发了发展改革委、财政部、人民银行、税务总局《关于加快推行合同能源管理促进节能服务产业发展的意见》（国办发〔2010〕25 号），通过资金、税收、金融等政策措施，建立市场化的节能服务机制，促进节能服务公司加强科技创新和服务创新，引导节能服务产业健康发展。

"十二五"以来，我国节能政策体系进一步得以完善。为确保实现"十二五"期间的节能减排约束性指标（万元国内生产总值能耗下降 16%），2011 年 8 月国务院印发《"十二五"节能减排综合性工作方案》（国发〔2011〕26 号），把落实五年目标与完成年度目标相结合，把年度目标考核与进度跟踪相结合。在"十二五"期间，我国不断加大力度推广节能技术产品，多批次发布和更新节能技术产品目录，实施电动机、变压器能效提升计划，继续开展节能产品惠民工程，均取得了很好的效果。为充分发挥节能标准的规范、引领和倒逼作用，2012 年国家发展改革委、国家标准委启动了"百项能效标准推进工程"。2015 年国务院办公厅发布《关于加强节能标准化工作的意见》（国办发〔2015〕16号），对于进一步加强节能标准化工作做出全面部署，要求创新节能标准化管理机制，健全节能标准体系，强化节能标准实施与监督，有效支撑国家节能减排和产业结构升级，更好发挥标准化在生态文明建设中的基础性作用。

4. 新时代高质量发展节能政策导向

中国特色社会主义已进入新时代，我国经济发展也进入了新常态。中国作为全球最大的能源生产和消费国，是《巴黎气候协定》的重要推动者和最早签署国，对提高能源效率和减少温室气体排放做出了庄严承诺。新时代我国节能工作必须秉持创新、协调、绿色、开放、共享的发展理念，牢牢把握高质量发展这个根本要求，深刻认识国内外能源发展形势，科学筹划能源发展的战略目标和思路举措。

"十二五"时期，全国单位国内生产总值能耗降低18.4%，超额完成节能减排预定目标任务，为经济结构调整、环境改善、应对全球气候变化做出了重要贡献。2016年3月，第十二届全国人民代表大会第四次会议批准的《国民经济和社会发展第十三个五年规划纲要》提出"优化能源供给结构，提高能源利用效率"，未来五年将单位GDP能源消耗降低15%、非化石能源占一次能源消费比重达到15%、单位GDP二氧化碳排放降低18%作为约束性指标。

"十三五"期间，我国实行了能耗总量和强度"双控"行动，严格控制电力、钢铁、建材、化工等重点行业碳排放，推进工业、能源、建筑、交通等重点领域低碳发展，旨在引导各地区处理好能耗"双控"与经济社会发展的关系，提高能源利用效率，倒逼经济发展方式转变，促进产业结构不断优化升级，实现高质量的发展。2016年年初，国家发展改革委发布《节能监察办法》（中华人民共和国国家发展和改革委员会令2016第33号），节能监察机构依法对能源生产、经营、使用单位和其他相关单位执行节能法律、法规、规章和强制性节能标准的情况等进行监督检查。2016年12月，国务院印发《"十三五"节能减排综合工作方案》，提出落实节约资源和保护环境基本国策，以提高能源利用效率和改善生态环境质量为目标，以推进供给侧结构性改革和实施创新驱动发展战略为动力，坚持政府主导、企业主体、市场驱动、社会参与，加快建设资源节约型、环境友好型社会，确保完成"十三五"节能减排约束性目标。

我国是能源消费与温室气体排放大国，始终积极践行应对《巴黎气候协定》（paris climate agreement），制定了能源转型战略，实施众多节能减排政策，提出了碳排放在2030年左右达到峰值、单位国内生产总值碳排放比2005年下降60%～65%的承诺，体现了中国作为《联合国气候变化框架公约》首批缔约方之一，尤其在美国退出《巴黎气候协定》后在全球气候治理体系中的大国责任担当。近年来，部分碳排放试点省市根据《国家发展改革委办公厅关于开展碳排放权交易试点工作的通知》（发改办气候〔2011〕2601号）等文件要求，开始对投资项目节能评价增加了碳评价内容，例如，2013年上海市政府印发《上海市碳排放管理试行办法》（沪府令10号），要求本市节能减排相关扶持政策优先支持纳入配额管理的单位所申报的项目，并鼓励银行等金融机构优先为纳入配额管理的单位提供与节能减碳项目相关的融资支持；2014年北京市政府印发《北京市碳排放权交易管理办法（试行）》（京政发〔2014〕14号），明确要求"对新建及改扩建固定资产投资项目逐步实施碳排放评价和管理"。

党的十九大报告高度评价了十八大以来的生态文明建设成就，明确坚持人与自然和谐共生是新时代坚持和发展中国特色社会主义的基本方略之一，提出要"加快生态文明体制改革，建设美丽中国"，并部署了推进绿色发展、着力解决突出环境问题、加大生态系统保护力度和改革生态环境监管体制等4项改革措施。为此，需要坚持绿色生产和消费的法律制度及政策导向，建立健全绿色低碳循环发展的经济体系；构建市场导向的绿色技术创新体系，发展绿色金融，壮大节能环保产业、清洁生产产业、清洁能源产业；推进能源生产和消费革命，构建清洁低碳、安全高效的能源体系，为建设生态文明提供有力支撑。

中华人民共和国成立70年来，我国在能源技术方面实现了从跟随模仿到并行引领的巨大转变，能源系统技术装备水平不断提升，走上了动力转换、创新发展的新道路。新时代我国节能政策从理念创新、动力变革、体系建设入手，大力推动能源高质量发展。

一是坚持绿色发展，全面提升能源绿色发展水平。能源生产和消费的绿色化程度是衡量生态文明建设水平的重要标尺，推动能源绿色发展已经成为生态文明建设的重要内容，成为新时代节能工作的主题。一方面，要加强传统能源清洁高效利用，提高天然气供应保障能力，加快成品油质量升级，推进煤电机组超低排放改造，提升煤电高效清洁发展水平；另一方面，要壮大清洁能源产业，稳步推进水电、风电、太阳能、生物质能、核能等能源规模化发展，着力提高清洁能源消费占能源消费总量的比重。

二要坚持创新引领，以技术和体制创新推动节能工作高质量发展。进一步加快能源开发利用关键技术和重大装备攻关，构建市场导向的节能技术创新、推广和应用平台，强化科技创新促节能的关键战略支点；积极推动发挥云计算、大数据、人工智能等核心互联网技术在节能工作中的作用，引领节能工作向着更安全、高效、智能化的发展方向，推动我国节能水平的综合提升。

三是坚持转型升级，强化倒逼机制和市场作用。新时代节能工作的重点是持续淘汰落后产能，提升产业层次、优化产业结构、实现转型升级，发挥节能降本增效在促经济向高质量中低速发展中的作用，加速推进"腾笼换鸟"；针对转型升级中面临人才、技术、资金及人员安置等方面制约，出台鼓励政策，通过采用适宜的政府投资、税收和财政补贴等政策为淘汰落后产能提供保障。

随着高质量发展节能政策的落实，近年我国能源利用效率不断提高，消费结构明显优化，能源转型发展取得了很多积极成效。从供给侧看，能源供给质量实现了重大变革；从消费侧看，能源消费结构实现了重大转型，2018年电力在终端能源消费中的比重增至25.5%，已显著高于全球19.2%的平均水平。2013年到2018年，我国单位GDP能耗强度从0.79t标准煤/万元（2010年不变价）下降至0.63t标准煤/万元，平均每年下降4.4%，是同期全球年平均降幅的2倍以上。近年来，各地围绕大气污染防治攻坚任务，扎实推进减煤替代和电能替代，加快可再生能源开发利用，持续加强和完善节能减排工作。2018年，我国可再生能源发电量达到1.87万亿kWh，占全部发电量比重为26.7%。2019年国家发展改革委、国家能源局联合印发《关于建立健全可再生能源电力消纳保障机制的通知》（发改能源〔2019〕807号），旨在建立促进可再生能源持续健康发展的长效机制。

我国正进入了工业化中后期，随着生产力的发展和科学技术的进步，产业结构和技术结构随之变化，原来耗能多的产业比重相对下降，同时能源利用率普遍提高，能源消费弹性系数回落速度加快。当今世界正面临百年未有之大变局，我国能源发展正处于转型变革的关键时期，工业化将从高速度向高质量转变，能源消费弹性系数将保持较低水平，绿色能源的创新将引领中国能源生产和消费走上高质量发展之路。

第二章

节能评价的理论基础及政策工具

投资项目的节能评价工作，是节能政策在投资项目分析评价工作中的具体应用，因此受到节能评价相关政策规制和政策工具的直接影响和制约。节能评价遵循热力学基本原理，应遵循相关理论分析框架的指导，选择经济合理的节能政策工具，以便在工程项目实施的全生命周期内能够实现相关节能绩效目标。

第一节 节能评价的热力学原理

从能量转换和利用的角度看，投资项目节能评价是热力学原理在工程实践中的应用。从热力学第一定律出发，主要考虑能量在数量上的守恒；从热力学第二定律出发，表明能量不仅有数量大小，还有质量高低。基于热力学第一定律和第二定律，节能评价涉及能量的可转换与可利用。在现代物理学中，能量根据可转换性分为两个部分：可转变为技术功的部分称为"㶲"（exergy）；不可转变为技术功的部分称为"㶲"（anergy）。两者对立统一于"能量"（energy），即：能量=㶲+㶲。

一、热力学定律与节能本质

（一）基于热力学第一定律的节能

传统的节能评价是以热力学第一定律（质量守恒和能量守恒）为基本原理的。热力学第一定律（即能量守恒定律）指出，能量既不能被创造，也不会被消灭，即"在任何能量的转换过程中，㶲和㶲的总和保持不变"，但各种能量之间可以一定的方式转化，当能量以一种形式消失时，一定会以另一种形式出现。能源可以表现为不同的形式，如动能、势能、电能、化学能等。从能量的角度来讲，热力学第一定律解释了节能的可能性。

一个系统与环境之间可以通过热和功传递能量，随之产生了能量利用率的问题。例如，在锅炉燃煤产生蒸汽的系统中，煤的燃烧过程中产生的能量，其中一部分转移到了蒸汽中，这是所要达到的目的效果；但是不可避免的，另一部分能量却通过各种形式转移到环境中去了，节能的目的就是尽量减少这些转移到系统之外，也就是转移到环境中去的能量（即能量损失）。

热力学第一定律说明了能量在转移过程中总量的不变性，表明在能量转换过程中应该尽量将能量转换到目标系统中去，而不是无关的环境或系统中去。节能的关键就是将能量尽量地转换到所需要的系统中去。

按照热力学第一定律，能量转换装置的效率是该装置所转换或输出的能量与输入该装置的能量之比，可以用 η 表示，其形式为 η_1：

$$\eta_1 = \frac{系统或装置转换或输出的某种形式的能量}{向系统或装置输入的能量} \qquad (2\text{-}1)$$

对于输出机械能的热机，$\eta_1 < 1$，其理论最大值为 $\left(1 - \dfrac{T_0}{T_1}\right)$，其中 T_0 和 T_1 分别为周边环境和热源的温度。

热力学第一定律还有众多未解决的问题。例如，上述能量转换装置的效率（η_1）不宜用于评价能量转换装置的工作性能的完善程度，因为 η_1 不能表明所评装置的工作性能与可以达到目标的理想装置的工作性能的差距。从节能的角度看，找出和分析该差距，并寻求尽量缩短该差距的路径，正是节能评价的关键。

在很多情况下，能量的转换平衡并不是只要守恒就可以随便转换，需要根据热力学第二定律，说明能量转换的方向性，即能量的"质量"。

（二）基于热力学第二定律的节能

1. 第二定律效率

热力学第二定律指出，热和功具有不对等性，热量不能在外界条件不改变的前提下100%变成功，热机效率是有限度的。热量是热力系统和外界由于温度不同而通过边界传递的能量，不可能把热从低温物体传到高温物体而不产生其他影响，也不可能从单一热源取热使之完全转换为有用的功而不产生其他影响。

任何能量转换装置在可逆过程工作时才是最理想的，在相同条件下可输出最多的机械能，而可逆的制冷装置或热泵为完成同一任务只需输入最少的机械能或热能。据此，基于热力学第二定律的效率 η_2）的表达式如下：

$$\eta_2 = \frac{系统或热机输出的机械能}{理想条件下可输入的理想最大机械能} \qquad (2\text{-}2)$$

或

$$\eta_2 = \frac{系统或热机输出的㶲}{向系统或热机输入的㶲} = \frac{\phi_{out}}{\phi_{in}} \qquad (2\text{-}3)$$

热力学第一定律效率 η_1 和第二定律效率 η_2 的差别在于：①η_1 仅考虑了能量守恒定律，而 η_2 同时考虑了第一定律和第二定律；②η_1 只涉及能量转换过程中的数量关系，而 η_2 不仅考虑了数量关系，还考虑了能量品位的高低。所以，为评价任何热机的工作性能的优劣时，理论上应该采用 η_2。

2. 有效能及能量质量

由于热和功的不对等性，能量可分为"可以利用"的部分（"有效能"或"㶲"）和"受环境限制无法利用"的部分（"无用能"或"㶲"），相同数量的不同形式的能量所含的"㶲"和"㶲"的数量不一定相同，或能量还具有另一方面的问题，即"质量"。尽管能量在数量上守恒，但在实际过程中能量质量却要降低，这就是热力学第二定律的本质。

所谓有效能，就是以平衡的环境状态为基准，理论上能最大限度地转化为功的能量。根据有效能的定义，热流 Q 的有效能为：

$$B_Q = \int_0^Q \left(1 - \frac{T_0}{T_1}\right) \delta Q = Q - T_0 \Delta S \qquad (2\text{-}4)$$

式中 Q ——传热量；

T_0 ——环境温度；

T_1 ——热源温度；

ΔS ——过程熵变。

熵是一个由热量和温度导出的状态参数。系统在微元可逆过程中的换热量（δQ）与其换热时的温度（T）之比，为熵的全微分，即总熵 $dS = \dfrac{\delta Q}{T}$（kJ/K），比熵 $dS = \dfrac{\delta Q}{T}$ ［kJ/（kg·K）］，故

$$总熵\ \ S = \int \frac{\delta Q}{T} + S_0\ \ （kJ/K），比熵\ dS = \int \frac{\delta Q}{T} + S_0\ \left[kJ/（kg·K）\right] \tag{2-5}$$

3. 不可逆性和有效能损失

由热流有效能 $B_Q = Q - T_0\Delta S$ 可知，$T_0\Delta S$ 为无效能，与过程熵增有关。熵（entropy）是不能利用来做功的热能，是无效能的度量。过程中能量质量降低意味着有效能损失，无效能增加。

由热力学第二定律普遍式，对隔离体系

$$\Delta S_{总} \begin{cases} =0 & 可逆过程 \\ >0 & 不可逆过程 \\ <0 & 不可能过程 \end{cases}$$

可见，过程熵变是不可逆引起的，一切实际过程总是向着熵增大的方向进行。

熵变等于过程中熵的产生 $\Delta S_{总} = \Delta S_{产生}$。由于熵是无效能的度量，熵产生意味着过程无效能增加，有效能损失，能量变质。因此，过程不可逆性可用有效能损失来描述。热力学第二定律可表达为：

$$体系有效能损失（体系不可逆性）= T_0\Delta S_{产生} \begin{cases} =0 & 可逆过程 \\ >0 & 不可逆过程 \\ <0 & 不可能过程 \end{cases}$$

可见，热力学第二定律是描述能量变质的公理，即一切实际过程总伴随着有效能损失，这是由过程的不可逆性引起的。

同样，基于热力学第二定律的单耗分析理论也表明，造成燃料消耗或产品燃料单耗增大的根本原因在于能源利用过程的不可逆性。

因此，减少过程的不可逆性就可减少有效能损失，此谓之"节能"。节能的根本措施在于减小系统的不可逆性，节能量的大小与采取措施后系统熵产生的减少量直接相关。

4. 当量值与等价值

投资项目能耗计算时，常常涉及当量值与等价值。如果项目能源消耗只有一次能源品种，就不涉及等价值概念；如果项目消耗的能源既有一次能源，又有二次能源，就需要考虑等价值。

一次能源是指直接取自自然界没有经过加工转换的各种能量和资源，常见的如原煤、原油、天然气、水力、风力、油页岩、核能、太阳能、生物质能等；二次能源是由一次能源经过加工转换以后得到的能源产品，常见的如洗精煤、其他洗煤、型煤、焦炭、焦炉煤气、其

他煤气、汽油、煤油、柴油、燃料油、液化石油气、炼厂干气、其他石油制品、其他焦化产品、热力、电力等。

当量值体现的是各种形式的能源的换算关系，属于热力学第一定律（能量守恒定律）的范畴，属于常量；等价值是一次能源转换为二次能源时的数量关系，属于热力学第二定律的范畴，等价值的取得与能源转换效率有关，不是固定值。

二、㶲分析理论与用能效率

㶲作为一种评价能量价值的参数，表示了能量转变为功的能力和理论上的有用程度，从"量"和"质"两个方面规定了能量的"价值"，解决了热力学中长期以来没有一个参数可以单独评价能量价值的问题，改变了人们对能量的性质、能量的损失和能量的转换效率等问题的传统看法，提供了热工分析的科学基础。

㶲分析是评价用能系统的一种方法，从能级或能质上评价能量或者用能系统的转换过程，对投资项目建设方案系统优化具有理论指导意义。

（一）㶲效率及其计算

㶲是在环境条件下能量中能够用来转变为有用功的那部分能量。根据基于热力学第二定律的单耗分析理论，造成燃料消耗或产品燃料单耗增大的根本原因在于能源利用过程的不可逆性，节能的根本措施在于减小系统的不可逆性。在可逆过程中，㶲不会变成㶴，没有㶲损失；在任何不可逆过程中，都会出现有㶲转变为㶴的现象，必会引起㶲的损失，过程不可逆性越大，㶲损失也越大，㶲的总量会随着不可逆过程的进行不断减少。在实际的能量转换过程中，应尽量减少㶲的损失。能量合理利用，本质上是指能量中㶲的合理利用。

在系统或设备进行的过程中，系统或设备的㶲效率（η_e）是被利用或收益的㶲（E_g）与支付或耗费的㶲（E_p）的比值，即：

$$\eta_e = \frac{E_g}{E_p} \tag{2-6}$$

由热力学第二定律可知，在所有的不可逆过程中，都会引起㶲的损失，但是过程或系统又必须遵守㶲平衡的原则，所以㶲损失就等于耗费㶲（E_p）与收益㶲（E_g）的差，㶲效率的表述式为：

$$\eta_e = \frac{E_p - E_g}{E_p} = 1 - \frac{E_g}{E_p} = 1 - \xi \tag{2-7}$$

其中 $\xi = \frac{E_g}{E_p}$ 为㶲损失系数。

㶲损失系数越大，㶲效率越低；㶲损失系数越小，㶲效率越高。

由能量转移的方向性可知，任一㶲效率都会小于或等于 1。当过程为理想可逆过程时，因为没有㶲损失，所以 $\eta_e = 1$；当过程为不可逆过程时，存在㶲损失，所以 $\eta_e < 1$。

㶲效率反映了㶲的最大可利用性。在热力学中，当某一过程的㶲效率为 1 时，这一过程即为理想可逆过程。所以，一个过程的㶲效率大小，反映了这一过程与理想可逆过程接近的程度，反映了这一过程中能量从本质上的可用程度。㶲效率越高，说明㶲损失较小，此过程的可逆程度高；当㶲损失较低时，说明这个系统㶲损失较大，还有存在很大的提高能量利用效率的空间。即从用能的本质上给出了节能的可能性，可以用来评价一个实际热力过程与理想绝热过程的接近程度。

（二）能效对标的"质"差异性

目前，我国节能评价过程仅包含物料平衡和能量平衡，而且对于系统用能情况只开展粗略的计算和分析，缺少对于工艺用能效率的本质分析。节能评价关于能量"质"的分析研究和利用，在国内基本处于空白阶段。

投资项目节能评价所涉及的能源消耗量，一般采用能效对标的方式做分析比较。能效对标是关于能源利用效率水平的专项对标，是指为提高能效水平，与国际和国内同行业先进能效指标进行对比分析。从热力学的角度看，对于那些能源使用结构不同的企业来说，这种评价标准可用性很低。在对项目用能方案进行评价时，一般都以节能量为参照，以节能量为参照的评价方法不能够结合能量的"质"，不能更全面地反映实际节能效果和项目节能方案的优势；如果以㶲值为辅助参考标准，可以显著增强不同企业、不同工艺之间节能效果评价结论的可比性。

第二节　节能政策工具及其分析评价

政策是政府践行职能权力的一种表现方式。政策工具是政府落实执行政策的有效途径，政策工具的选取和设计对政策的实施效果以及政策目标的达成度具有直接的促进作用。在节能政策工具运用方面，各国均将"看不见的手"和"看得见的手"结合起来，共同配置资源，以弥补能源的负外部性缺陷。

一、节能政策工具的分类

关于政策工具的定义，国内外尚无统一界定。美国霍普金斯大学萨拉蒙（L. M. Salamon）教授认为，政策工具是政府推动和实施政策的一种手段；澳大利亚莫纳什大学教授欧文·E·休斯（Owen E. Hughes）在《公共管理导论》一书中将政策工具界定为一种政府的行为方式和调节政府行为的机制。概括而言，国内外大多学者认为政策工具是实现具体政策目标而采用的一系列方法和手段。

关于政策工具的分类，国内外也无统一看法，比较有代表性的是剑桥大学罗伯特·哈尔（Robert Phaal）教授将政策工具划分为自愿型、强制型和混合型三种。此外，还有其他分类，如哈佛大学约恩·霍普曼（Joern Hoppmann）教授将政策工具分为战略层、综合层以及基本层；英国萨塞克斯大学罗斯威尔·罗伊（Rothwell Roy）研究员和荷兰海牙应用科学大学沃尔特·泽格维尔德（Walter Zegveld）教授根据政策产生影响，将政策工具分为供给型、需求型和环境型。

综合国内外既有的节能政策工具，常见的有以下三种分类。

（一）强制性节能政策、激励性节能政策和自愿性政策

关于节能政策工具分类，最常见的是按照动力机制，分为强制性政策、激励性政策和自愿性政策。强制性节能政策工具以节能标准为代表，激励性政策以节能项目财政补助为代表，自愿性政策以能效标识制度为代表。

1. 强制性节能政策

强制性政策属于直接控制政策，是政府通过强迫某些行为主体从事特定的活动以实现既定目标。强制性政策工具有时也称命令-控制型政策工具，通常包括各级立法机关颁布的法律

法规、国家各级政府部门制订的规章制度及下发的行政指令等。凡是法律法规或行政指令涉及的行为主体，都必须无条件履行和实施相关的标准及要求。

强制性节能标准规范指在设计和施工阶段对能源消耗设立合格标准及规范，是节能工作中最为常见的政策工具。几乎所有发达国家都设立了相应的节能标准和规范，并以法规手段保证实施；越来越多的发展中国家也引入了强制性节能标准。强制性节能标准的有效性在很大程度上取决于其执行和落实情况。

2. 激励性节能政策

激励性节能政策属于间接控制政策，是政府非强迫某些行为主体从事特定的活动而是通过影响引导行为主体决策的方式来达到既定目标，旨在对市场活动进行间接干预，以市场机制自行调节为主，针对市场失灵领域，运用经济手段刺激市场主体，鼓励其多从事减少能源外部不经济的行为。

激励性节能政策工具也称经济激励性措施，通常包括价格收费政策、补贴政策、税收政策和绿色金融政策等，涉及的行为主体可从自身利益最大化角度出发，自主决定是否享受优惠政策及选择何种政策。以节能项目财政补助为例，通过对节能项目的政府补贴，降低了实施节能的难度和成本，从而刺激了实施主体的积极性和参与度；从节能效果来看，理论上只要资金补贴足够充分，其有效性通常比较显著。节能补贴政策也为政策制定者带来了资金投入成本问题，是否采取财政补贴（如清理取消不合理化石能源补贴）、以何种方式补贴（如推行政府绿色采购）以及补贴多少（发挥财政资金的杠杆作用），取决于节能补贴政策所产生的整体节能收益是否能够弥补或者超出其相关节能支出。

3. 自愿性节能政策

自愿性节能政策工具也称自愿性节能信息示范，是围绕提供充分的相关能源消耗及节能信息，通过节能示范项目或节能等级评价手段，提升节能水平。自愿性节能信息示范以能效标识制度为代表，如美国的"能源之星"计划（energy star program），其覆盖范围包括家用电器、电子设备、办公设备、照明、采暖制冷系统、窗户等。从节能效果来看，"能源之星"项目大约可实现4%的节能量，随着项目参与度的提高，其节能效果会进一步提升。

4. 节能政策工具的比较

强制性政策适用于必须要求强迫执行的情况，但若政策执行过程中无适宜的管理和监督措施，可能执行效果不显著，政府要用较高的成本支出以维持全面的管理和监督；激励性政策给予了行为主体较高的自主权，若政策实施能使大多数人福利增加，则人们会主动执行而无须严加监管，政府支出可大大减少。此外，强制性政策若致使一部分人的自身利益受到损害，则利益受损人会采取各种措施设法阻碍政策的实施，导致政府寻租行为的滋生。相比之下，激励性政策中的利益受损人则无须干扰政策执行，仅采用维持原状的方式即可，降低了政策执行受阻和政府寻租行为的可能性。因此，在开放的经济发展空间下，采用激励性政策能够更为快速有效地实现决策目标。通常认为，自愿性节能信息示范是强制性标准规范的辅助性（或补充性）手段，可以强化其节能效果并扩大节能范围。

全面分析不同节能政策的特征是选择更有效节能政策的基础。选择具体节能政策，必须基于特定的情形和标准。根据节能政策体系较成熟国家的一般经验，经济激励性政策工具的主要内容包括能源税费和排污权交易；命令-控制型政策工具的典型代表则为能耗强度标准。因此，在比较具体政策工具时，常常选择能耗强度标准、能源税费、排污权交易三种典型政策工具作为代表。

（二）数量型节能政策、质量型节能政策和改革型节能政策

根据丁伯根 1956 年提出的政策影响效果分类，节能政策工具可分为数量型节能政策、质量型节能政策和改革型节能政策。

数量型节能政策是指改变现有数量值的相关政策，如改变能源产出量、改变能源利用效率等。

质量型节能政策是指在不使现有经济体系发生重大变化的前提下，引入一种新政策或者取消已有的旧政策，如开征一项新税、规定银行新的贷款利率等。

改革型节能政策是指使现有经济体系特征及规范其运行的规则发生重大变化，而结果具有不确定性的新政策的实施或旧政策的废除，如能源产权界定、能源结构调整等。

（三）自动规则型节能政策和相机抉择型节能政策

按照政策执行过程，政策工具可分为自动规则型节能政策和相机抉择型节能政策。

自动规则型节能政策是指自动发挥作用的政策，在执行过程中并不进行相应调整；相机抉择型节能政策是指决策制定者在对具体情况进行分析评价后，在执行过程中可以随时调整的政策。

由于政府实施政策和调整政策之间具有一定的时滞性，既包括需要采取行动的事件发生时间与政府认识到需要对其干预的时间之间的观察时滞，又包括政府认识到需要采取行动调整政策与实际采取行动之间的管理时滞。因此，自动规则型政策工具比相机抉择型政策工具具有较强的适用性，能使政府干预更为迅速。

二、节能政策工具的分析评价

能源效率是企业进行投资决策的重要因素，节能政策工具的比较主要集中于三者所带来的经济效率。从经济学角度看，经济效率评估主要涉及静态成本、动态效益、收入分配及不确定性等方面的对比分析。首先需要运用成本收益曲线等经济学方法，讨论各类节能政策工具对能源效率和经济利益的影响，进而讨论各类节能政策工具的优越性排序问题。由于自愿节能型政策工具作为一种"软"措施，其对企业的影响往往需要与经济激励性政策工具和命令-控制型政策工具联合使用，其经济效率无法单独评估。

如何判断政策环境并选择政策工具以有效引导企业节能，关键是从驱动企业自发节能的角度比较评价各类政策工具并最终进行选择。在选择节能政策依据时，主要是站在鼓励企业节能的立场上，以企业自身利益为根本出发点，充分考虑政策工具对企业利益的影响进而讨论政策工具对企业自愿节能的驱动问题。

（一）节能政策工具的静态成本比较

节能政策工具的静态成本比较是指在不考虑时间和技术进步因素的情况下，对不同节能政策工具在实现同样的节能目标时所消耗的成本进行比较。节能政策工具的静态成本比较的目的是选择能够以最小成本实现最大节能目标的高效率的政策工具。命令-控制型节能政策工具和经济激励性节能政策工具的成本比较，将通过构建节能静态成本函数实现。

由于能耗强度标准为重要数值，而该标准的制定通常是由行业能耗总量 Q 与行业生产总量 X 的比率来决定。因此，立足于同类企业进行行业比较，往往能够体现出较强的可比性。

1. 构建节能静态成本函数

如前所述，节能政策工具选择的立足点在于引导企业自愿节能，而企业自愿节能的重要

动力源泉是节能成本降低，企业节能成本主要体现在能耗之中。因此，比较节能政策工具在降低企业能耗方面的作用力，必须首先设定企业的能耗函数。在不同政策工具的限制下，能耗函数所设定的变量是不同的，将不同变量带入能耗函数之中，通过变换函数可以推出不同政策工具约束下企业的节能成本。最后将得出的节能成本进行比较，就能看出不同政策工具对企业节能成本的影响，进而得出其在此方面的优越性排序。

根据文献整理，企业能耗函数分析如下：

假设政府将单位能源消耗量限制在某一特定水平 a 上（比较同类企业，a 为同一数值），当企业用能超出此标准后，每超标消耗一单位的能源需交纳费用 P，行业中企业 i（$i=1$，…，N）的产量为 x_i，而其在政策约束下选择的总能耗为 e_i，那么企业 i 的能耗函数表示为：

$$e_i=(a_iC+\beta_iP)x_i \tag{2-8}$$

式中　a_i——企业 i 现有的每单位产品的能耗强度。所谓能耗强度就是创造单位产品所消耗的能量，此处选用重量单位。企业能耗强度越低说明每单位产品消耗的能源量越少，每单位产品中能源成本的比重越低，由此对企业的成本影响越小。

C——消耗一单位能量所需费用，属于价格常数。

β_i——表示企业 i 每单位产品超出的能耗量，$\beta_i=a_i-a$，β_iP 则为企业 i 每单位产品超出政府规定能耗强度部分所承担的外部费用。

那么：

$$P=\left(\frac{e_i}{x_i}-a_iC\right)\frac{1}{\beta_i}=c'(e_i,a_i,\beta_i,x_i) \tag{2-9}$$

从经济学的角度看，当企业利润最大化时，其边际能耗损失成本等于边际节能成本。成本函数一般用 $c(x)$ 来表示。因此，$c(e_i,a_i,\beta_i,x_i)$ 表示企业 i 的节能成本函数。式（2-9）的 $c'(e_i,a_i,\beta_i,x_i)$ 则代表边际节能成本。

在企业产量一定情况下，x_i 为常量。对式（2-9）进行积分，可以得到相应的企业 i 节能成本函数为：

$$c(e_i,a_i,\beta_i,x_i)=\int c'(e_i,a_i,\beta_i,x_i)=\left(\frac{e_i^2}{x_i}-2a_iCe_i+a_i^2C^2x_i\right)\frac{1}{2\beta_i} \tag{2-10}$$

从式（2-10）可以发现，企业 i 的节能成本是其能源消耗量的二次函数，其中 $a_i^2C^2$ 为积分常量。

在不同政策的限制下，上述函数所设定的变量是不同的。总体而言，能耗函数是政策发挥作用下的能耗强度与企业产量之积。在不同节能政策下，将变量带入能耗函数之中，通过变换函数可以推导出企业 i 的节能成本，将其累积即可得到行业总的节能成本。

2. 命令-控制型政策工具节能成本的计算

单一企业的能耗强度标准的制定通常是由行业能耗总量 Q 与行业生产总量 X 的比率来决定，即单位耗能=Q/X。在命令-控制型节能政策（强制性节能标准）工具下，企业必须按照既定的能耗强度标准进行生产，企业 i 的实际能耗强度被限定在 Q/X 下，此时企业 i 的能源消耗量由式（2-8）可演化为：

$$e_i=\left(\frac{Q}{X}\right)x_i \tag{2-11}$$

假设每个企业都将严格遵守所规定的能耗强度标准，那么将式（2-11）带入式（2-10），相应地得到单一能耗强度标准下企业 i 的节能成本：

$$c(e_i) = e\left(\frac{Q}{X}x_i\right) = \left[\frac{1}{x_i}\left(\frac{Q}{X}x_i\right)^2 - 2a_iC\left(\frac{Q}{X}\right) + a_i^2C^2x_i\right]\frac{1}{2\beta_i} \tag{2-12}$$

如果对成本 c 求期望值，可以得到行业内平均每个企业 i 的节能成本：

$$E[c(e_i)] = \frac{1}{2}E(x)E\left(\frac{1}{\beta}\right)\left[\left(\frac{Q}{X}\right)^2 - 2CE(a)\left(\frac{Q}{X}\right) + C^2E(a^2)\right] \tag{2-13}$$

假设 $E(a)=a$，$E(\beta)=b$，$E(x_i)=x'$，可以得出 $E(a^2)=a^2+V(a)$，$E\left(\frac{1}{\beta}\right) \approx \frac{1}{b} + V(\beta)/b^3$，将这些数值代入式（2-13）可得：

$$E[c(e_i)] = \frac{x'}{2}\left[\frac{1}{b} + \frac{V(\beta)}{b^3}\right]\left[\left(\frac{Q}{X} - aC\right)^2 - V(a)\right] \tag{2-14}$$

式中　$V(\beta)$——能源需求函数斜率的方差；

$V(a)$——能效标准下能耗强度的方差。

将式（2-14）乘以 N，可以得到单一能耗强度标准下实现既定能耗目标 Q 时行业的总节能成本：

$$c(Q) = \frac{xa^2}{2b}\left[1 + \frac{V(\beta)}{b^2}\right]\left[R^2 + \frac{V(a)}{a^2}\right] \tag{2-15}$$

$$R = \left(\frac{Q}{X} - aC\right)/a$$

式中　R——能耗目标约束下基准能耗强度的减少比率；

$V(\beta)/b^2$——β 的方差系数，用 v 表示；

$V(a)/a^2$——a 的方差系数，用 u 表示。

则方程式（2-15）可表示为：

$$c(Q) = \frac{xa^2}{2b}[1+v][R^2+u] \tag{2-16}$$

3. 经济激励性政策工具节能成本的计算

在实行经济激励性节能政策工具条件下，无论是采取能源税还是采取排污权收缴方式都将促使企业以自身节能成本最小化的方式来降低能耗。由式（2-8）所设定的能耗函数，可演化得出在经济激励性政策工具下的企业 i 的能耗函数 e_i'，表示为：

$$e_i' = (a_iC + \beta_iP')x_i \tag{2-17}$$

其中 P' 是在政策目标确定为 Q 时，使市场平衡时所缴纳的费用。实现政策目标，既可以通过对单位能耗以 P' 的税率方式，也可以采用以 Q 为相应总量的排污权交易方式，而且这两种方式在理想条件下的静态成本是一样的。在同样政策目标下，最优税率与最优排污权价格应是一致的。因此，企业追求自身成本最小化的行为最终将会使其边际成本与能源税率或者排污权价格保持一致。

由式（2-17）的期望值可以求得行业内企业的平均节能量：

$$\bar{e} = E[e'] = (aC + bP')\bar{x} \tag{2-18}$$

那么：

$$P' = \frac{\bar{e}/\bar{x} - aC}{b} = \frac{Q/X - aC}{b} \tag{2-19}$$

将 P' 的值代入式（2-17）可得经济激励性政策工具下单一企业平均节能量为：

$$e_i' = \left(a_iC + \beta_i \frac{Q/X - aC}{b} \right)x_i \tag{2-20}$$

将此结果代入式（2-10），那么企业 i 的节能成本可以得出：

$$C(e_i') = \frac{x_i}{2}\beta_i \left(\frac{Q/X - aC}{b} \right)^2 \tag{2-21}$$

将上式的期望值乘以 N，可得到经济激励性政策工具条件下实现节能目标 Q 时行业的总节能成本：

$$c(Q') = \frac{x}{2b}(Q/X - aC)^2 = \frac{xa^2}{2b}R^2 \tag{2-22}$$

4. 两类政策工具静态成本差异分析

以上述推导方程为基础，将命令-控制型节能政策工具与经济激励性节能政策工具的静态成本进行比较，用式（2-16）减去式（2-22）得：

$$\Delta c = c(Q) - c(Q') = \frac{xa^2}{2b}[v(R^2 + u) + u] \tag{2-23}$$

由此可以判断，当企业之间不存在节能成本的差异时，即如果上式中的 v 和 u 都等于 0 时，两类政策工具之间没有静态成本差异。由于企业之间的节能成本差异普遍存在，经济激励性节能政策工具具有明显的效率优势。从式（2-23）可以进一步发现，这种成本优势与企业的生产规模、基准能耗强度、节能政策目标 Q 具有直接关系。这些变量的绝对值越大，经济激励性政策工具的静态成本优势越明显。因此，在我国面临生产规模越来越大，能源消耗越来越严重，节能政策趋势越发严厉的情况下，选择经济激励性政策工具更富有意义。

（二）不确定条件下的节能政策工具比较及综合评价

1. 不确定条件下的节能政策工具比较

上述关于节能政策工具静态成本的讨论，是以企业和政府等各方主体信息完全公开为基本前提的，这意味着政府在选择政策工具时能够准确地测算企业的成本与收益水平，企业可以根据政策工具的具体要求随时改变自身的生产条件。在实际情况下，社会信息是不能完全对称和公开的，政府和企业之间的信息交流存在交易成本和技术障碍。因此，社会的节能边际成本应该包括三个部分：静态成本、执行成本和外部损害成本。其中，静态成本是指企业为了遵守节能政策而支付的成本，不同节能政策工具下的静态成本存在差异；执行成本是指政府为制定和执行政策而花费的测算、监督管制的成本；外部损害成本是指政策工具实施后仍超标能耗或能源需求不足所造成的外部成本。

首先，由于企业信息难以直接获知，政府在制定和执行政策过程中必须通过测试、监控和审计等一系列活动，收集信息和监督信息的准确性；其次，正是因为信息的准确性和完整性难以保证，因此政策工具的准确性和公平性也难以预测。一旦政策工具的实际效果与预期值出现偏差，一方面如果能耗依然超标，则其超标部分会给社会带来损失；另一方面如果能源需求量被压制过低，则会严重影响社会经济发展和人民生活水平的提高。由以上两方面产生了大规模的执行成本和外部损失成本，而且这种成本的大小具有高度的不确定性。例如，能源税率、排污权交易价格、能耗标准等政策工具的执行成本和外部损害成本具有较高的不确定性，反而技术标准等政策工具的不确定性较低。假设在社会利益整体最优的情况下，节能政策工具的边际静态成本固定，等于节能边际收益，这也意味着不同政策工具的边际成本的期望值 u 一致，其方差大小代表社会成本支出和社会福利的损失。由于成本函数是单调递增的，所以区间越大，其方差就越大。在不确定性条件下，成本区间越大的政策工具所造成的社会福利损失越大，区间越小则社会福利损失越小。因此，不确定性低的政策工具优于不确定性高的政策工具。

能源税费和排污权交易政策在初始阶段具有相同的节能效应，其均衡条件下的能源税率应该等于排污权交易的价格。能源税收给了能源消费价格方面的确定性，却没有能源消耗量方面的；排污权交易政策给出了能源消耗量方面的确定性，却没有价格方面的不确定性。但是，能源税的不确定性没有排污权交易的不确定性严重，因为能耗量的不确定性并不是由单一年份发生的事情造成的，而是长期积累的结果，税率的不确定将影响当年的能耗量，相对容易修正；然而，如果排污权交易配额出现不确定性，将会导致经济遭受短期震荡的影响，其结果可能是持久性的损害。因此，排污权交易制度的不确定性影响要大于能源税收。以此类推，节能政策工具的不确定性影响大小顺序为：能耗标准＞排污权交易＞能源税费＞补贴＞技术标准。

值得说明的是，随着市场信息公开程度的提高和监测技术的日益发展，节能政策工具的执行成本和外部损害成本可能逐步降低。因此，从长远的角度考虑，当政策工具的静态成本的节约可以弥补执行成本与外部损害成本之和时，该政策工具就是可行的选择。

2. 节能政策工具的综合评价

综合节能政策的静态成本效应、动态经济效率、收入分配效应和不确定性的分析，其结果汇总见表 2-1。

表 2-1　　　　　　　　　　　节能政策的经济比较分析结果

比较对象	优 劣 排 序
静态成本效应	能源税费＞排污权交易＞补贴＞能耗标准＞技术标准
动态经济效率	能源税费＞排污权交易＞能耗标准＞补贴＞技术标准
收入分配效应	补贴＞免费排污权交易＝能耗标准＞能源税费＝拍卖排污权交易
不确定性	能耗标准＞排污权交易＞能源税费＞补贴＞技术标准

由此可以发现，在不同的评价标准下，各项政策工具节能效果的优劣并不相同。在静态成本标准下，能源税费效果最佳；在收入分配标准下，能源税费却逊色于补贴和能耗标准。以企业利益为根本出发点，对企业自愿节能行为的驱动力是排序的首选，因此从企业长远发展的角度考虑，经济激励性节能政策工具要优于命令-控制型节能政策工具。

　　对于自愿型节能政策工具而言，与其他类型政策工具相比，其强制性程度最弱，可管理性较低，政策执行中的政府可控制因素较少，从而导致政府对自愿型政策工具有效性的预测较低。实际上，公共政策执行中的自愿型政策工具很大程度上适应了市场竞争的机制环境。在能源利用领域，企业和个人在经济人假设下，经过充分的成本和收益的理性权衡，靠社会责任驱动的自愿型节能政策工具的实施效果并不明显。因此，自愿型节能政策工具往往与命令−控制型政策工具和经济激励性政策工具混合使用。

第三章

投资项目节能评价总体要求

节能评价作为投资项目咨询论证的重要组成部分，应根据《中华人民共和国节约能源法》《固定资产投资项目节能审查办法》等法律法规的要求，本着合理利用能源、提高能源利用效率的原则，充分论证投资建设项目的用能标准和节能设计规范，分析能源消耗种类和数量、项目所在地能源供应状况、能耗指标、节能措施和节能效果等内容，从源头上杜绝能源的浪费、促进产业结构调整和产业升级，实现能源的可持续发展。

第一节　投资项目节能评价概念与原则

一、节能与节能评价的概念

（一）节能概念及其演变

1. 能源及其节约

"能"是一个物理概念，是物理运动的一种度量，是物质运动状态的单值函数。对应于物质运动的不同形式，能量也有各种形式，主要表现为 6 类形态，即机械能、分子内能（热能）、电磁能、辐射能、化学能和核能。不同形式的能量可以互相转换，但总量不变。

"能源"是自然界能够直接或者通过转换提供某种形式的能量的物质资源。在一定条件下，能源可以提供某种形式的能的物质或物质的运动，也指直接或通过转换提供人类有用能（如热、光、动力）的资源。《中华人民共和国节约能源法》所称的能源，是指煤炭、石油、天然气、生物质能和电力、热力以及其他直接或者通过加工、转换而取得有用能的各种资源。

人类社会的生产过程，在一定程度上就是资源的转换过程。科学合理地使用能源等自然资源，与贯彻落实新发展理念、促进人与自然的和谐发展密切相关。随着经济社会的发展，能源约束矛盾日益突显，一些主要原材料、能源、水、土地纷纷告缺，节能成为人们关注的焦点。

节能本身不是简单的限制能源消费，而是一个积极的概念，即通过技术进步、合理利用、科学管理和经济结构优化等措施，以最小的能源消耗取得最大的经济效益。《中华人民共和国节约能源法》将节约能源（简称节能）定义为：加强用能管理，采取技术上可行、经济上合理以及环境和社会可以承受的措施，从能源生产到消费的各个环节，降低消耗、减少损失和污染物排放、制止浪费，有效、合理地利用能源。

2. 国际上关于节能概念的演变

20 世纪 70 年代世界爆发了两次严重的石油危机，石油价格的暴涨给西方发达国家的经济造成巨大的冲击，从而引发了一场规模庞大的经济危机。危机过后，各国都开始寻求能源问题的解决对策，节能成为普遍采纳的有效措施，并发展为能源政策的重点战略。关于节能概念，国内外文献的表述没有统一的定义，而且其内涵也在不断变化。

70 年代初期西方国家提出的"节能"概念，其英文释义为"energy saving"，"saving"是"节省"的意思，节能即节约使用能源，尽量降低能耗量、抑制能源消费量的快速上升。

70 年代中后期到 80 年代末期，"节能"一词演变为"energy conservation"，"conservation"是"保存"的意思，节能可以理解为能量守恒，即在耗能产品中保持或保存住能源，减少能源的散失，希望在能源消费量不变的情况下发展经济。

随着节能技术的发展和节能意识的提高，"节能"被赋予了新的含义，"energy efficiency"，直译是"能效"，不仅要节省和保存，还要提高效率，即提高能源利用效率，用同样或更少的耗能量，满足人们更高产值的需求。部分专家学者将节能视为与煤炭、石油、天然气和电力同等重要的"第五类能源"。减少能源消耗量、提高能源效率和开发利用新能源的节能战略成为世界各国一致认同的能源政策发展趋势。

当人类进入新千年，"节能"概念进一步延伸为"energy sustainability"，即强调"可持续发展"，使得节能的外延更加扩展，包括可再生能源利用等方面内容。

（二）我国节能评价的内涵

节能是我国发展经济的一项长期战略任务。《中华人民共和国节约能源法》规定"固定资产投资项目的可行性研究报告，应当包括合理用能的专题论证。固定资产投资项目的设计和建设，应当遵守合理用能标准和节能设计规范""达不到合理用能标准和节能设计规范的项目，依法审批机关不得批准建设；项目建成后，达不到合理用能标准和节能设计规范要求的，不予验收""禁止新建技术落后、耗能过高、严重浪费能源的工业项目""对落后的耗能过高的用能产品、设备实行淘汰制度"等。

国家发展改革委 2010 年 9 月发布的《固定资产投资项目节能评估和审查暂行办法》（已废止）界定了节能评估的内涵，"根据节能法规、标准，对固定资产投资项目的能源利用是否科学合理进行分析评估，并编制节能评估报告书、节能评估报告表或填写节能登记表的行为"。2016 年 9 月更新发布的《固定资产投资项目节能审查办法》则对"节能审查"进行了定义，即"根据节能法律法规、政策标准等，对项目节能情况进行审查并形成审查意见的行为"。

国家质量监督检验检疫总局、国家标准化管理委员会发布的《节能评估技术导则》（GB/T 31341—2014）将"节能评估"英文译作"energy conservation assessment"，并定义为：根据节能法规、标准等，对拟建固定资产投资项目能源利用的科学性进行测算、分析和评价，以及提出能源优化利用的对策和措施的过程。

可见，节能评价首先是项目准入条件的审核评价，通过对投资项目用能方案的科学性、合理性进行分析评价，提出提高能源利用效率、降低能源消耗的对策措施，为项目核准和决策提供科学依据。

二、投资项目节能评价的原则

投资项目节能评价的技术含量相对较高，只有科学、准确、客观的节能评价才能发挥其应有作用。《节能评估技术导则》（GB/T 31341—2014）提出，节能评估应遵循"专业性、真实性、完整性、可追溯性、可操作性"五项原则，即节能评价机构和工作人员应具备相关的专业、能力以及必要的资质和经验，依据真实可靠的资料、文件和数据，本着认真负责的态度对项目用能情况进行评价，提出符合项目实际的评价结果。综合我国节能法律和政策以及咨询评估实务经验，投资项目节能评价工作还需要遵循如下四项原则。

（一）坚持高质量发展的原则

基于绿色发展和循环经济的理念，统筹考虑投资建设中资源、能源的节约与综合利用以及生态环境承载力等因素，坚持高质量发展的原则开展节能评价。

（二）遵守国家规定并与国内外先进水平进行对比的评价原则

为进一步提高投资项目节能水平和效果，在项目能够符合国家及行业有关规定的基础上，如有条件，还要与同类项目的国内外先进水平进行对比分析，通过对比找出差距和潜力，有针对性地提出相关改进方案及节能措施等建议。

（三）项目全过程、全方位节能评价的原则

为实现建设项目的全面系统节能，对项目能源利用全过程进行节能评价，对项目涉及的能源生产、加工、转换、输送、储存、使用等各个环节进行全方位的节能评价。

（四）宏观微观相结合、定性定量相结合的评价原则

在投资项目节能评价中，采用宏观微观相结合、定性定量相结合的评价原则，既有战略性、方向性的宏观展望，又有具体的能耗指标分析和可操作的节能措施；既有定性分析，又要尽可能开展定量分析评价。

第二节　投资项目节能评价程序及其重点环节

一、投资项目节能评价的程序

根据《节能评估技术导则》（GB/T 31341—2014），节能评价一般分为 3 个阶段：前期准备、分析评价和报告编制，其中，前期准备阶段的主要评价内容包括确定评价范围、收集基础资料、确定评价依据以及开展现场调研；分析评价阶段主要内容包括项目建设方案评价、节能措施效果评价、项目能源利用状况评价和能源消费影响评价。

（一）节能评估的主要步骤及其技术要求

1. 确定评价范围

在节能评价中，评价范围是最基础的前提条件，直接关系到能耗计算的准确性；边界明确划分，能量平衡体系才能确定。节能评价的范围原则上应与项目投资建设范围一致，并涵盖项目的完整用能体系，体现能源购入存储、加工转换、输送分配、终端使用的整个过程，如依托原项目建设的改、扩建项目，则原项目相关既有设施的用能情况也应纳入评价范围。

在核算节能评价范围时，常常存在一些误区。如垃圾发电项目，综合能耗是否计入生活垃圾。根据《项目年能源消费统计表》（国统字〔2011〕82 号），诸如生物质能、城市固体垃圾等能源，应该作为能源计入项目年综合能源消费量，计入综合能耗。无论其能源品种是作为燃料、动力、原材料、辅助材料使用，均作为能源消费统计，也计入综合能耗。再如，具有热值的能源作为原料进入产品被生产出来（如煤化工项目），其综合能耗计算范围应该包括这部分能源。

2. 收集基础资料

节能评价应广泛收集基础资料，包括项目建设单位基本情况、项目基本情况、项目咨询设计资料、项目用能情况、项目外部条件等方面的信息。

项目建设单位基本情况包括建设单位名称、所属行业类型、单位性质、地址、法人代表、生产规模与经营概况等；项目基本情况包括项目名称、建设地点、建设内容和规模、工艺方案、主要产品方案、建设进展情况和进度计划等；项目咨询设计资料包括前期规划、可行性研究报告等支持性文件；项目用能情况包括能源消耗品种、数量和来源，项目年综合能耗、综合能源消费量和主要能效指标，项目主要供、用能系统与设备及其能效指标情况等；项目外部条件指项目所在地的自然条件、经济和社会发展情况，当地的能源、水源供应、消费现状、特点及运输条件，当地的全社会综合能源消费总量及节能目标等。改建、扩建项目还需收集原项目的用能情况等相关资料，以便后续开展利用既有系统与设备的可行性、优化改进的针对性等分析评价。

当项目可行性研究报告等技术支持性文件记载的资料、数据等能够满足节能评价的需要和精度要求时，应通过复核校对后引用。

3. 确定评价依据

评价依据是判断项目能源利用情况的基础和根据，主要包括相关的法律、法规、部门规章，规划、产业政策；标准及规范，节能工艺、技术、装备、产品等推荐目录以及国家明令淘汰的生产工艺、用能产品和设备目录，类比工程及其用能资料等。按照全面、真实、准确、适用的原则，收集并确定评价依据。

实际工作中，往往由于对评价依据重要性认识不足而出现遗漏重要文件、采用已废止或失效文件、罗列不相关或不适用的文件、错误引用指标参数等问题，应予以重视并避免。

4. 开展现场调研

根据项目特点与基础资料收集情况，确定现场调研的工作任务并开展相应的踏勘、调查和测试。现场调研应重点关注的内容包括项目进展情况、项目计划使用的能源资源情况、周边可利用的余能情况、改扩建项目的原项目的用能状况和存在问题、类比工程实际情况等。

5. 项目建设方案节能评价

项目建设方案节能评价是项目节能评价的核心工作，通常可从工艺方案、总平面布置、用能工序（系统）及设备、能源计量器具配备方案、能源管理方案等方面分别展开，评价内容应根据项目实际情况确定。

对于工艺方案较为简单的项目，可将工艺方案、总平面布置、用能工序（系统）及设备合并评估；对于工艺方案特别复杂的项目，则可将用能工序（系统）及设备进一步划分为主要用能工序（系统）及设备、辅助用能工序（系统）及设备、附属用能工序（系统）及设备分别进行评估。

建设方案节能评价应在明确项目选定的设计方案基础上，首先判断是否符合相关节能要求，进而从节能角度分析其方案设计的合理性和可行性、评价能效水平的先进性、找出存在问题并提出优化完善的具体建议。建设方案节能评价应体现整体统筹、系统优化和回收利用的节能理念。

6. 节能措施效果评价

针对节能评价过程中提出的优化、调整和完善建议，进行全面梳理，逐条分析评价项目节能措施的合理性、适用性、可行性，分析预测主要节能措施的节能量，并对采取这些节能措施预期可达到的能效水平、产生的节能效果进行说明。

7. 项目能源利用状况评价

首先应依据行业特点和项目实际情况，包括项目工艺过程能源利用、能源储运、交通运输等环节能源利用种类、强度、方式等，明确项目所适用的主要能效指标；然后按照相关标准要求进行项目能量平衡分析并核算项目能效指标，定量测算项目消耗的各种能源的实物量、综合能耗、综合能源消费量、各用能环节（单元）的能源利用率、主要能效指标等，说明项目能源消费结构，评价项目能效水平，分析存在问题并提出改进建议。

项目如属改建、扩建工程，应分析原有项目的主要生产工艺、用能工艺、主要耗能设备的用能情况及存在问题，以及项目实施后对原有项目用能情况的改善作用。

8. 能源消费影响评价

根据项目所在地能源消费总量控制目标，或根据节能目标、能源消费水平、国民经济发展预测等，计算在指定经济规划时期内的项目所在地能源消费增量控制数，对比同时期内项目综合能源消费量、综合能耗指标核算结果，分析项目对所在地能源消费增量的影响，分析项目对所在地完成节能目标的影响。

如为改建、扩建项目，应与项目新增能源消费量进行对比，其综合能源消费量应扣除原项目的综合能源消费量。

9. 评价报告编制

投资项目节能评价包括能源供应情况评价、项目建设方案节能评价、项目能源消费和能效水平评价、节能措施评价等工作，其目的是对项目的用能状况进行全面分析，作为评价结论的重要依据。

节能评价报告是完整记录项目节能评价过程与结果的文件，体现项目投入正常运行后能源利用情况的预见性评定。节能评价报告要求文本规范，文字简洁，重点突出，结论明确，提出的措施建议可行。节能评估文件经过校对、审核及批准后，向项目建设单位提交，并配合项目建设单位申请节能评估文件的审查工作。

（二）节能审查的主要步骤及其技术要求

节能审查机关审查固定资产投资项目的节能报告，在对节能报告内容的全面性进行审核的基础上，开展对节能报告中的关键点的深入研究，着重分析生产工艺与采取的节能技术是否合理，并鼓励采用新节能技术。

1. 节能审查机关的初审

投资项目节能审查机关在收到建设单位提供的节能报告后，应着手开展节能报告的初步审查。初审的内容包括：节能报告的章节是否齐全，反映的内容是否完整，评估的依据有无错误，用能计算有无遗漏以及是否提出节能措施，是否有对当地能源消费总量影响的分析等。

2. 节能审查机构的评审

节能审查机构组织开展的节能报告评审，常常委托第三方评审，评审的重点是要详细评估项目采用的工艺是否先进与合理，工艺用能及其他的用能计算是否准确，提出的节能措施是否可行，对当地节能目标的实现影响程度等。

3. 评审意见反馈和修改

针对节能报告评审中提出的问题，节能审查机构向建设单位进行意见反馈。建设单位接到评审意见后，组织节能报告编制单位和专业人员进行修改，完善节能报告后报审查机关进行审核和批准。

二、节能评价工作应关注的重点环节

（一）将节能评价贯穿于项目周期各个环节

投资项目节能评价结果对项目全生命周期具有指导意义。项目建设单位应按照经审查批准的节能措施，委托工程设计单位进行工程设计；施工图设计审查机构应对项目施工图进行节能审查；规划行政主管部门应对施工图节能审查工作进行监督管理；项目建设单位不得以任何理由要求设计单位、施工单位擅自修改经审查合格的节能设计文件，降低节能标准；项目建设单位的竣工验收应包括节能验收专项记录；施工单位应按审查合格的设计文件和建筑节能施工标准要求进行施工，保证工程施工质量；监理单位应依照法律、法规以及建筑节能标准、节能设计文件、建设工程承包合同及监理合同对节能工程建设实施监理，对达不到节能设计要求的工程应要求施工单位予以纠正；建设行政主管部门及其工程质量监督机构应加强重点节能企业的监督检查或专项监察，在建设工程竣工验收备案时应审查建设单位提交的竣工验收报告是否包括节能验收专项记录。

投资项目节能评价属于项目前期论证工作。投资项目通过节能审查后，在后续的设计、施工及运营过程中，节能主管部门需要及时对节能评价提出的节能措施及方案的贯彻落实情况进行监督检查，对高耗能项目开展现场节能监察，增强节能评价工作的强制力和执行力。对投资项目能耗总量或单位产品能耗未达到节能评价要求的，责令建设单位限期整改。

从投资项目周期全过程控制的角度看，节能方案的设计、实施、监督和监察应贯穿于项目周期的各个环节。在投资机会研究、初步可行性研究、详细可行性研究、初步设计、详细设计、工程实施、项目竣工验收及后评价等阶段，不仅要关注投资项目的技术性和经济性等内容，同时也要把握好节能性的相关要求。

（二）恰当选择用能标准和节能规范

用能标准和节能规范是项目节能评价的重要依据。用能标准和节能规范包括国家、行业和地区不同层面的相关规定。国家发展改革委《关于印发固定资产投资项目节能评估和审查指南（2006）的通知》（发改环资〔2017〕21 号）提出了目前可遵循的项目节能评估和审查相关法律法规、产业和技术政策、标准和设计规范，包括工业类、建筑类、交通类、农业类和相关终端用能产品等不同类别的规范及标准，是进行投资项目节能评价的重要依据。

（三）重点关注工业及建筑节能

工业是能源消耗大户，占全国能源消耗总量的 2/3 左右，其中钢铁、石化、建材、有色等高耗能行业是节能的重点行业。通过节能评价，合理规划产业和地区布局，调整工业结构，严格控制新开工高耗能项目，把能耗标准作为项目核准和备案的强制性门槛，遏制高耗能行业过快增长，对企业搬迁改造严格能耗准入管理。工业节能主要关注工艺和设备，通过节能评价，加快淘汰落后生产能力、工艺、技术和设备，推进企业联合重组，提高产业集中度和规模效益；鼓励高效清洁能源的使用，逐步减少原煤直接使用，提高煤炭用于发电的比重，发展煤炭气化和液化，提高转换效率，引导企业合理用电。

在建筑节能方面，大力发展节能省地型建筑，推动新建住宅和公共建筑严格实施节能50%的设计标准，直辖市及有条件的地区率先实施节能65%的标准。建筑项目节能方案节能评价的重点在于建筑围护结构保温、暖通空调、电气、给排水。同时，通过节能评价，推动既有建筑的节能改造，推广新型墙体材料等。

（四）节能措施评价

投资项目节能评价的重要内容之一是对节能措施方案进行分析评价，重点围绕节能措施、节能工程和节能方案进行评价。

1. 整体节能措施

整体节能措施指在研究技术方案、设备方案和工程方案时，应提出节能措施并对能耗指标进行分析。节能方案设计应对节能措施进行系统阐述，主要的节能措施应包括：①工艺流程应采取节能新技术、新工艺和新设备，不得选用已公布淘汰的机电产品，以及产业政策限制的产品序列和规模容量；②做好余热、余压、可燃气体的回收利用；③对工艺装置、炉窑、热力管网系统分别采取有效的保温措施；④尽可能避免生产工艺中能量的不合理转换等。

2. 审核单项节能工程

审核单项节能工程指凡未纳入主导工艺流程和拟分期建设的节能项目，应在建设方案设计中单列节能工程。单项节能工程应计算工程投资及其节能效果指标等。

3. 审核节能方案的技术要求

审核节能方案的技术要求指节能方案应符合相关建设标准、技术标准和现行有效的中国节能技术政策大纲、节能中长期专项规划、节能标准体系方案等政策规范对节能技术的相关要求。

（五）能耗指标的选定及其分析评价

为提高能源利用效率，对项目节能效果进行科学合理的分析评价，应选择恰当的能耗指标。一般而言，能耗指标可以用单位产出物的能耗或单位产值的能耗来表示。由于投资项目的能源和节能涉及众多方面，不同行业或生产不同产品的建设项目，能耗指标应有针对性，包括分品种实物能耗总量、综合能耗总量、单位产品（产值）综合能耗、可比能耗；按单一品种考核的实物单耗、主要工序（艺）单耗；单位产品能耗等。

各类能耗指标要与国际国内先进水平进行对比分析，阐述是否符合能耗准入标准的要求。技改项目还需要阐述企业能源利用现状、项目改造后降低能耗的效果等。

（六）充分反映行业特点

固定资产投资项目涉及各个行业领域，各行业的能源消费特点各异，投资项目节能评价应根据固定资产投资项目所属行业特点确定评价内容和方法。

例如，建筑项目节能评价，在项目所在的城镇范围内，项目能源消费对当地能源消费增量、完成节能目标的影响不敏感，评价重点应放在建筑热工参数评价，分析单位建筑面积能耗指标；从建筑方案、选用的建筑材料等方面，在满足建筑功能的前提下，满足国家及地方建筑节能规范，尽可能利用自然环境条件。

再如，钢铁项目节能方案的分析评价，内容应包括：

（1）能耗状况及节能规范。能耗状况及节能规范阐述拟建钢铁项目对煤炭、电力、燃气等能源需求种类、数量、质量要求等基本情况，项目所在地的能源供应状况，拟建项目应遵循的合理用能标准及节能设计规范。

（2）节能降耗措施。节能降耗措施阐述拟建钢铁项目所采用的工艺技术、设备方案和工程方案是否符合节能降耗有关技术政策、节能设计标准及相关产业政策的要求，是否充分回收利用了生产过程中的余热、余压及可燃气体等余能，是否采用了节能型的设备和材料。根据节能专项规划及有关政策法规要求，分析拟建钢铁项目方案在节能降耗方面存在的问题，是否依据国家合理用能标准和节能设计规范进行，是否体现了合理利用能源、提高能源利用效率的原则，对节能降耗措施优化方案提出咨询评估意见。

（3）能耗指标分析。在采用节能降耗措施的基础上，计算吨钢综合能耗、工序能耗等指标，分析是否符合钢铁产业发展政策对能耗指标的相关要求。将能耗指标与国际国内先进水平进行对比分析，对项目建设方案的节能效果进行评价。

（4）循环经济分析。结合资源利用及节能方案分析，阐述全厂以及项目工序之间铁金属等资源以及物质和能量的循环情况，分析评价拟建钢铁项目是否贯彻了循环经济的发展理念，分析钢铁企业与社会之间的物质和能量循环情况，必要时分析循环产业链情况。

第三节 投资项目节能评价文件编制要求

投资项目节能评价在成果形式上表现为多种类型，如可行性研究报告或项目申请书的"节能篇（章）"、节能评估报告或节能评估审查意见等。可行性研究主要从项目方案设计角度，对项目用能情况进行分析，提出相应的节能措施；项目申请书的"节能篇（章）"是企业核准项目节能评估的依据和对象，其深度要满足节能评估的要求；节能评估报告和节能评估审查则分别从第三方评估角度独立评价或从节能主管部门的角度进行审查，对项目可行性研究报告提出的项目选址、总平面布置、生产工艺、用能设备等方面深入分析的基础上，对项目用能情况进行分析，评价项目能源消耗和能效水平，找到项目在节能方面存在的问题和不足，提出有针对性的节能措施和建议；节能评估报告是节能审查的对象，其内容要纳入可研报告或项目申请书，所提的节能措施要在可研报告或项目申请书的技术方案、投资等方面予以贯彻落实。

虽然不同的节能评价成果在编制形式、主体、目的和深度等方面有所差异，但评价的主要内容、基本方法和技术要求等方面基本相同或相似。

一、投资项目可行性研究"节能篇（章）"编制要求

（一）国家发展改革委等部委关于"节能篇（章）"的要求

我国有关法律法规对投资项目咨询评价提出节能方案分析要求由来已久，最早可追溯至40年前。1981年3月，原国家计划委员会、原中国人民建设银行根据《关于江苏等省报审的热电结合节能项目需要进行可行性研究的意见》（计综〔1980〕678号）的要求，共同下发了我国第一个支持节能项目融资的政策文件—《关于使用中国人民建设银行节能贷款有关事项的通知》，要求对建设银行贷款的节能项目认真进行可行性研究，各级计委和主管部门通知所在地建设银行参加贷款项目的可行性研究，国家计委会同中国人民建设银行审查下达节能项目的安排和贷款额，并实行贷款优惠利率，一般按照年利率2.4%计息（当时的商业贷款年利率为5%左右）。

1992年11月，原国家计划委员会、国务院经济贸易办公室、建设部根据《节约能源管理暂行条例》（1986年1月12日国务院发布），印发了《关于基本建设和技术改造工程项目可行性研究报告要增列"节能篇（章）"的暂行规定》（计资源〔1992〕1959号），要求基本建设和技术改造综合性工程项目的可行性研究报告中必须增列"节能篇（章）"。"节能篇（章）"应提出采用合理用能的先进工艺和设备，主要产品单耗指标要以国内先进水平或参考国际上该产品的先进能耗水平作为设计依据。

1997 年 11 月，第八届全国人大常委会审议通过的《中华人民共和国节约能源法》要求"国家实行固定资产投资项目节能评估和审查制度"；次月，原国家计委、国家经贸委、建设部重新发布了《关于固定资产投资工程项目可行性研究报告"节能篇（章）"编制及评估的规定》（计交能〔1997〕2542 号文），要求投资项目可行性研究报告必须包括"节能篇（章）"，并应经有资格的咨询机构进行评估。"节能篇（章）"应分析建设项目的建筑、设备、工艺的能耗水平和其生产的用能产品的效率或能耗指标，单位建筑面积能耗指标、工艺和设备的合理用能、主要产品能源单耗指标要以国内先进能耗水平或参照国际先进能耗水平作为设计依据。工程项目应符合建设标准、技术标准和《中国节能技术政策大纲》中节能要求。

《国民经济和社会发展第十一个五年规划纲要》首次将节能减排作为约束性指标写入国家五年发展规划，要求单位 GDP 能耗降低 20%左右，但由于经济增长方式转变滞后、高耗能行业增长过快，2006 年上半年能源消耗增长仍然快于经济增长，节能形势十分严峻。为此，2006 年 8 月国务院发布《关于加强节能工作的决定》（国发〔2006〕28 号）要求各地区、各部门要把节能工作作为当前的一项紧迫任务，采取强有力措施，确保实现"十一五"能源节约的目标；为了从源头杜绝能源的浪费，该文件明确提出"建立固定资产投资项目节能评估和审查制度"，并要求发展改革委要会同有关部门制定固定资产投资项目节能评估和审查的具体办法。

2006 年 12 月国家发展改革委制定发布了《关于加强固定资产投资项目节能评估和审查工作的通知》（发改投资〔2006〕2787 号），要求从 2007 年 1 月开始，报送国家发展改革委审批、核准的项目可行性研究报告和项目核准申报文件必须按要求编制"节能分析篇（章）"，否则国家发展改革委不予受理；"节能分析篇（章）"的编写、咨询评估机构的评估和国家发展改革委的审查都要本着合理利用能源、提高能源利用效率的原则，依据国家合理用能标准和节能设计规范，分析能源消耗种类和数量、项目所在地能源供应状况、能耗指标、节能措施和节能效果等内容。

（二）地方政府关于"节能篇（章）"的要求

在原国家计委、国家经贸委、建设部发布《关于固定资产投资工程项目可行性研究报告"节能篇（章）"编制及评估的规定》（计交能〔1997〕2542 号文）之后，一些省市（如天津市）出台了地方性可行性研究节能篇（章）编制要求。

在《关于加强固定资产投资项目节能评估和审查工作的通知》（发改投资〔2006〕2787 号）发布之后，更多省市（如北京和上海）的发展改革部门结合本地区的经济社会发展特点，出台了本地区的节能评估和审查管理办法及节能篇（章）编制要求。

原天津市发展计划委员会、天津市经济委员会在 2000 年印发《天津市固定资产投资工程项目可行性研究报告"节能篇（章）"编制及评估管理办法》，针对年综合能耗 2000 t 标准煤以上（含 2000 t）的固定资产投资工程项目（新建、扩建、改建），其可行性研究报告和初步设计中必须包括"节能篇（章）"，其中可行性研究报告和初步设计内容包括能耗指标及分析、节能措施综述、单项节能工程、建筑节能四个方面，并要求对可行性研究报告中的"节能篇（章）"必须开展评估。

北京市先后印发了《北京市固定资产投资项目节能评估和审查管理办法（试行）》（京发改〔2007〕286 号）和《北京市固定资产投资项目编制独立节能专篇内容深度的要求（试行）》

的通知》(京发改〔2007〕576号),要求项目申报文件应该包括节能专篇,内容包括项目概况、所在地能源供应条件、合理用能标准和节能设计规范、项目能源消耗种类和数量及能源使用分布情况、项目节能措施及效果分析等内容。十年以后,北京市于2017年再次印发《关于优化营商环境调整完善北京市固定资产投资项目节能审查的意见》(京发改规〔2017〕4号),提出在线办理节能审查的管理系统并正式上线,在全国首次实现节能审查全程在线受理、评审、监管和服务。

上海市印发了《上海市固定资产投资项目节能评估和审查管理办法(试行)》的通知(沪府发〔2008〕6号),其中"节能分析篇(章)"提出包括拟建固定资产投资项目所遵循的国家和本市的合理用能标准以及节能设计规范;项目所在地的能源供应状况,拟建固定资产投资项目的能源消耗种类和数量;固定资产投资项目各类能耗指标计算,与国际国内先进水平的对比分析(改扩建固定资产投资项目应当包括与近两年项目能耗指标的对比分析),以及符合能耗标准的情况;固定资产投资项目主要节能降耗措施,及其节能效果和经济效益的分析论证;固定资产投资项目的能耗情况汇总表等内容。

二、企业投资项目核准申报文件"节能篇(章)"编制要求

《国务院关于投资体制改革的决定》(国发〔2004〕20号)颁布后,我国投资项目管理体制发生了重大变化,政府对企业投资项目不再实行审批制,而是根据项目性质进行核准或备案。《国务院关于投资体制改革的决定》(国发〔2004〕20号)规定核准类企业投资项目需要编制和评估项目核准申报文件,节能分析评价是项目核准申报文件的基本内容之一。

(一)《项目申请报告通用文本》2007年版对节能篇(章)的规定

根据国家发展改革委《关于加强固定资产投资项目节能评估和审查工作的通知》(发改投资〔2006〕2787号)要求,可行性研究报告或项目申请报告必须包括节能分析篇(章),2007年5月和2008年6月国家发展改革委先后发布《项目申请报告通用文本》和《企业投资项目咨询评估报告编写大纲》,企业投资项目申请报告或咨询评估报告都将节能方案分析或评估作为咨询报告的基本章节之一。

其中,《项目申请报告通用文本》的第四章"节能方案分析",要求企业投资项目的节能方案必须包含用能标准和节能规范、能耗状况和能耗指标分析、节能措施和节能效果分析等内容,并对节能方案的内容深度提出了具体要求:

(1)用能标准和节能规范,应阐述项目所属行业及地区对节能降耗的相关规定。项目方案应遵循的国家和地方有关合理用能标准,以及节能设计规范,评价所采用的标准及规范是否充分考虑到行业及项目所在地区的特殊要求,是否全面和适宜。

(2)能耗状况和能耗指标分析,应阐述项目所在地的能源供应状况。项目方案所采用的工艺技术、设备方案和工程方案对各类能源的消耗种类和数量,是否按照规范标准进行设计;应根据项目特点,选择计算单位产品产量能耗、万元产值能耗、单位建筑面积能耗、主要工序能耗等指标,并与国际国内先进水平进行对比分析,就是否符合国家规定的能耗准入标准进行阐述。

(3)节能措施和节能效果分析,应根据国家有关节能工程实施方案及其他相关政策法规要求。节能措施和节能效果分析应分析项目方案在节能降耗方面存在的主要障碍,在优化用能结构、满足相关技术政策、设计标准及产业政策等方面所采取的节能降耗具体措施,并对节能效果进行分析论证。

（二）《项目申请报告通用文本》2017年版对节能篇（章）的要求

《中共中央 国务院关于深化投融资体制改革的意见》（中发〔2016〕18号）颁布之后，企业投资项目核准的内容进一步简化。2017年国家发展改革委修订发布了《项目申请报告通用文本》（发改投资〔2017〕684号），要求企业向项目核准机关报送项目申请报告时，如果有关部门根据职能分工已经依法审查规划选址、土地利用等内容，应以有关部门出具的前置审批文件为准；项目申请报告不再作为项目核准机关的实质性审查内容，也不再对规划选址、土地利用等相关内容进行实质性分析。

2017年修订的《项目申请报告通用文本》优化了项目申请报告（申请书）的篇章结构，将"节能方案分析"相关内容揉入"资源开发及综合利用分析"章节中；为进一步深化"放管服"改革，对于列入《不单独进行节能审查的行业目录》（发改环资规〔2017〕1975号）范围内的项目，建设单位可不编制单独的节能报告；项目核准申报文件（含政府投资项目可行性研究报告）对项目能源利用情况、节能措施情况和能效水平进行分析。

关于不单独进行节能审查的行业，国家发展改革委《固定资产投资项目节能审查办法》（2016年第44号令）提出，年综合能源消费量不满1000t标准煤，且年电力消费量不满500万kWh的投资项目，以及用能工艺简单、节能潜力小的行业的投资项目应按照相关节能标准、规范建设，不再单独进行节能审查。《不单独进行节能审查的行业目录》（发改环资规〔2017〕1975号）还提出，风电站、光伏电站、核电站、电网工程、油气管网、铁路、公路、城市道路等16个行业，以及涉及国家秘密的项目不单独进行节能审查，对相应能评内容和流程予以优化。

三、投资项目节能评估报告的编制要求

（一）2010年国家发展改革委6号令对节能评价的规定

从1992年到2009年，我国中央部委和地方政府出台了多个政策文件，强调可行性研究报告或项目核准申报文件"节能篇（章）"的重要性，并提出凡无"节能篇（章）"的可行性研究报告（或项目核准申报文件）或未经评估，建设项目的主管部门不予受理。在近20年的投资项目咨询实践中，"节能篇（章）"编制的实际实施效果并不理想。

为了贯彻落实《中华人民共和国节约能源法》和《国务院关于加强节能工作的决定》关于建立固定资产投资项目节能评估和审查制度的要求，真正的从源头上节约能源，2010年9月国家发展改革委发布《固定资产投资项目节能评估和审查暂行办法》（国家发展改革委2010年第6号令），首次系统地规范了投资项目节能评估和审查的办法，投资项目节能评估和审查作为相对独立的专项工作被纳入基本建设程序。固定资产投资项目节能评估和审查作为固定资产投资项目审批、核准以及开工建设的前置条件，标志着我国国家层面固定资产投资项目节能评估工作和审查制度正式步入实施阶段。

根据《固定资产投资项目节能评估和审查暂行办法》（国家发展改革委2010年第6号令）的规定，投资项目节能评价按照建成投产后年能源消费量实行分类管理，分别编制节能评估报告书、节能评估报告表（统称节能评估文件）或填写节能登记表。年综合能源消费量3000t标准煤以上（含3000t标准煤，电力折算系数按当量值），或年电力消费量500万kWh以上，或年石油消费量1000t以上，或年天然气消费量100万m³以上的固定资产投资项目，应单独编制节能评估报告书；年综合能源消费量1000～3000t标准煤（不含3000t，下同），或年电力消费量200万～500万kWh，或年石油消费量500～1000t，或年天然气消费量50万～

100 万 m³ 的固定资产投资项目，应单独编制节能评估报告表；其他投资项目，应填写节能登记表。

《固定资产投资项目节能评估和审查暂行办法》（国家发展改革委 2010 年第 6 号令）对节能评估文件和节能登记表的内容深度提出了详细的编写或登记要求。其中，节能评估报告书包括下列内容：①评估依据；②项目概况；③能源供应情况评估，包括项目所在地能源资源条件以及项目对所在地能源消费的影响评估；④项目建设方案节能评估，包括项目选址、总平面布置、生产工艺、用能工艺和用能设备等方面的节能评估；⑤项目能源消耗和能效水平评估，包括能源消费量、能源消费结构、能源利用效率等方面的分析评估；⑥节能措施评估，包括技术措施和管理措施评估；⑦存在问题及建议；⑧结论。

（二）2016 年国家发展改革委 44 号令对节能评估报告的新要求

为推进简政放权，做好节能审查"放管服"工作，落实 2016 年 7 月新修订的《中华人民共和国节约能源法》，国家发展改革委对《固定资产投资项目节能评估和审查暂行办法》进行了修改，于 2016 年 11 月 27 日印发《固定资产投资项目节能审查办法》（国家发展改革委令 44 号，2017 年 1 月 1 日起正式施行），原暂行办法同时废止。修订发布的《固定资产投资项目节能审查办法》明确把能耗总量和强度"双控"管理要求等作为节能审查的主要内容之一，通过强化事中事后监管，切实发挥节能审查从源头上遏制不合理能源消费的作用，促进实现国家和地方能耗"双控"目标任务。

《固定资产投资项目节能审查办法》要求，建设单位应编制固定资产投资项目节能报告。国家发展改革委核报国务院核准以及国家发展改革委核准的企业投资项目，建设单位需在开工建设前取得省级节能审查机关出具的节能审查意见；年综合能源消费量 5000t 标准煤以上（改建、扩建项目按照建成投产后年综合能源消费增量计算，电力折算系数按当量值）的固定资产投资项目，其节能审查由省级节能审查机关负责。

投资项目节能报告应包括下列内容：①分析评价依据；②项目建设方案的节能分析和比选，包括总平面布置、生产工艺、用能工艺、用能设备和能源计量器具等方面；③选取节能效果好、技术经济可行的节能技术和管理措施；④项目能源消费量、能源消费结构、能源效率等方面的分析；⑤对所在地完成能源消耗总量和强度目标、煤炭消费减量替代目标的影响等方面的分析评价。

同时，《固定资产投资项目节能审查办法》第八条对节能审查机关的审查工作也提出了明确规定：要求节能审查应依据项目是否符合节能有关法律法规、标准规范、政策；项目用能分析是否客观准确，方法是否科学，结论是否准确；节能措施是否合理可行；项目的能源消费量和能效水平是否满足本地区能源消耗总量和强度"双控"管理要求等对项目节能报告进行审查。

（三）地方政府关于节能评估报告的新要求

在国家部委关于节能评估和评审管理办法的带动下，部分地方政府近年结合本地经济社会发展情况，及时制定出台了本地区的节能评估办法，推动了当地的节能评估工作。

以上海市为例，继 2011 年 7 月颁布实施《上海市固定资产投资项目节能评估和审查暂行办法》（沪府发〔2011〕38 号）之后，2017 年 11 月再次制定出台《上海市固定资产投资项目节能审查实施办法》（沪府发〔2017〕78 号）、《上海市固定资产投资项目节能验收管理办法》（沪发改规范〔2018〕5 号）、《上海市固定资产投资项目节能评审费用以及政府投资项目节能报告编制费用支付标准》（沪发改环资〔2017〕158号）等配套管理文件，从管理框架、机构管理、收费标准等方面完善了节能评估审查的相关制度体系。

四、投资项目节能审查要求及其改进

随着我国投融资体制改革和政府职能"放管服"改革，企业投资项目核准的前置条件大幅减少，节能评估和审查从无到有，审查程序从批复可行性研究报告或项目核准申报文件的前置条件变成开工前完成，相关制度规定及程序要求更加合理和完善。

（一）投资项目节能审查机关及其审查要求

1. 节能审查机关

2010年9月，国家发展改革委发布的《固定资产投资项目节能评估和审查暂行办法》（国家发展改革委2010年第6号令）对固定资产投资项目节能审查按照项目管理权限实行分级管理：由国家发展改革委核报国务院审批或核准的项目以及由国家发展改革委审批或核准的项目，其节能审查由国家发展改革委负责；由地方人民政府发展改革部门审批、核准、备案或核报本级人民政府审批、核准的项目，其节能审查由地方人民政府发展改革部门负责。

相比2010出台的《固定资产投资项目节能评估和审查暂行办法》，2016年修订后的《固定资产投资项目节能审查办法》（国家发展改革委第44号令）对节能审查机关及其审查要求进行了较大调整。

节能审查完全交由地方政府负责，国家发展改革委不再出具节能审查意见。国家发展改革委核报国务院审批以及国家发展改革委审批的政府投资项目，建设单位在报送项目可行性研究报告前，需取得省级节能审查机关出具的节能审查意见；国家发展改革委核报国务院核准以及国家发展改革委核准的企业投资项目，建设单位需在开工建设前取得省级节能审查机关出具的节能审查意见。年综合能源消费量为5000t标准煤以上（改建、扩建项目按照建成投产后年综合能源消费增量计算，电力折算系数按当量值）的固定资产投资项目，其节能审查由省级节能审查机关负责；其他固定资产投资项目，其节能审查管理权限由省级节能审查机关依据实际情况自行决定。

2. 节能审查的内容要求

节能审查机关受理节能评价报告后，应委托有关机构进行评审，形成评审意见，作为节能审查的重要依据。

投资项目节能审查应依据项目是否符合节能有关法律法规、标准规范、政策；项目用能分析是否客观准确，方法是否科学，结论是否准确；节能措施是否合理可行；项目的能源消费量和能效水平是否满足本地区能源消耗总量和强度"双控"管理要求等，对项目节能报告进行审查。

（二）投资项目节能审查的时序调整

1. 企业投资项目节能审查的程序变化

自从2006年12月《国家发展改革委关于加强固定资产投资项目节能评估和审查工作的通知》发布以后，投资项目节能评估和审查正式被纳入基本建设程序，成为投资项目审批或核准必不可少的前置性条件。

2010年9月，国家发展改革委《固定资产投资项目节能评估和审查暂行办法》（国家发展改革委2010年第6号令）提出，固定资产投资项目节能评估文件及其审查意见、节能登记表及其登记备案意见，应成为投资项目审批、核准或开工建设的前置性条件以及项目设计、施工和竣工验收的重要依据。

2014 年 5 月国家发展改革委发布的《政府核准投资项目管理办法》（国家发展改革委 2014 年第 11 号令）提出，项目单位在报送项目核准申报文件时，应当根据国家法律法规的规定附送的文件包括城乡规划行政主管部门出具的选址意见书、国土资源行政主管部门出具的用地预审意见、环境保护行政主管部门出具的环境影响评价审批文件、节能审查机关出具的节能审查意见、根据有关法律法规的规定应当提交的其他文件，可见节能审查意见仍然是投资项目（包括企业投资项目）审批或核准的前置性条件之一。

随着我国投融资体制改革的深入和政府职能"放管结合，优化服务"的落实，传统的投资项目审批制度，特别是企业投资项目核准制度开始出现显著变化，节能审查时序也相应进行了调整。

2014 年 12 月，《国务院办公厅关于印发精简审批事项规范中介服务实行企业投资项目网上并联核准制度工作方案的通知》（国办发〔2014〕59 号）提出了"精简审批事项、网上并联办理、强化协同监管"的目标。在精简前置审批事项上，建议只保留规划选址、用地预审（用海预审）两项前置审批，其他审批事项实行并联办理。

2016 年 7 月，《中共中央 国务院关于深化投融资体制改革的意见》（中发〔2016〕18 号）明确要求，政府投资管理工作的立足点要放到为企业投资活动做好服务上，更加注重事前政策引导、事中事后监管约束和过程服务，创新服务方式，简化服务流程，提高综合服务能力；《中共中央 国务院关于深化投融资体制改革的意见》（中发〔2016〕18 号）要求创新企业投资项目核准制和备案制，建立网上并联核准制度，核准类项目只保留选址意见书、用地预审意见以及重特大项目的环评审批作为前置条件，其他依法需在开工前完成的审批事项（包括企业投资项目节能审查意见），与项目核准实行网上并联办理；项目备案不得设置任何前置条件，项目备案后，企业依法办理项目开工前所需的各项法定手续。

2. 政府投资项目与企业投资项目的节能审查差异

鉴于企业投资项目核准的前置条件调整，2016 年 11 月国家发展改革委修订《固定资产投资项目节能审查办法》（国家发展改革委 2016 年第 44 号令）对节能审查提出两个时点要求。对于政府投资项目，建设单位在报送项目可行性研究报告前，仍需取得节能审查机关出具的节能审查意见；对于企业投资项目，建设单位需在开工建设前取得节能审查机关出具的节能审查意见。未按本办法规定进行节能审查，或节能审查未通过的项目，建设单位不得开工建设，已经建成的不得投入生产、使用；投资项目投入生产、使用前，应对其节能审查意见落实情况进行验收。即对于企业投资项目节能审查，由项目核准的前置条件，改为开工完成即可，其根本原因是深化投融资体制改革使然。

2016 年 12 月，《企业投资项目核准和备案管理条例》（国务院令第 673 号）正式发布（2017 年 2 月 1 日起施行），这是我国投资项目管理领域第一个行政法规，具有里程碑意义。该行政法规对于企业办理项目核准手续，仅要求提交项目申请书以及法律、行政法规规定作为前置条件的相关手续证明文件。根据《企业投资项目核准和备案管理条例》的规定，2017 年 3 月国家发展改革委修订《企业投资项目核准和备案管理办法》（发展改革委 2017 年第 2 号令）提出，项目单位在报送项目核准申报文件时，应附具的文件包括城乡规划行政主管部门出具的选址意见书（仅指以划拨方式提供国有土地使用权的项目）、国土资源（海洋）行政主管部门出具的用地（用海）预审意见（国土资源主管部门明确可以不进行用地预审的情形除外）、法律和行政法规规定需要办理的其他相关手续。显然，节能审查意见已不再是项目单位报送项目核准申报文件的必备要件。

2019 年 7 月 1 日开始施行的《政府投资条例》（国务院令〔2019〕第 712 号）强调，投资主管部门或者其他有关部门应当根据国民经济和社会发展规划、相关领域专项规划、产业政策等，对政府投资项目建议书、可行性研究报告和初步设计进行审查，作出是否批准的决定。为防止政府投资投资项目审查的"碎片化"，其可行性研究报告需要全面分析项目的技术经济可行性、社会效益以及项目资金等主要建设条件的落实情况。可行性研究报告节能方案是政府审批项目的重要内容。

第四节　投资项目节能评价的主要依据

投资项目节能评价应当依据适宜的法律法规、政策规划、标准规范，行业准入条件，节能技术、工艺和产品推荐目录，国家明令淘汰的生产工艺、用能产品、设备等目录，项目环境影响评价审批意见、土地预审意见等相关前期批复意见，项目可行性研究报告、项目核准申报文件等工程资料和技术合同等，并结合项目实际情况，采取合理可行的评估方法，通过能耗指标分析与对比，评价能源利用效率，提出节能优化措施。

概括起来，投资项目节能评价的主要依据可以分为三类：①与政府相关的法律、法规、规章；②与行业相关的标准规范；③与工程相关的技术资料和设计文件。

一、投资项目节能评价的法律依据

投资项目节能评价是加强节能工作的重要组成部分，对合理利用能源、提高能源利用效率，从源头上杜绝能源的浪费以及促进产业结构调整和产业升级具有重要意义。投资项目节能评价制度是投资项目节能评价的依据和准则，是从源头控制能耗的技术措施和政策手段。

投资项目开展节能评价不仅是必要的，而且是法定的。《中华人民共和国节约能源法》第十五条规定"国家实行固定资产投资项目节能评估和审查制度。不符合强制性节能标准的项目，建设单位不得开工建设；已经建成的，不得投入生产、使用。政府投资项目不符合强制性节能标准的，依法负责项目审批的机关不得批准建设。具体办法由国务院管理节能工作的部门会同国务院有关部门制定。"

《公共机构节能条例》第二十条第二款规定"国务院和县级以上地方各级人民政府负责审批或者核准固定资产投资项目的部门，应当严格控制公共机构建设项目的建设规模和标准，统筹兼顾节能投资和效益，对建设项目进行节能评估和审查；未通过节能评估和审查的项目，不得批准或者核准建设。"

二、节能评价的标准体系

（一）节能评价标准体系内涵及其分类

节能评价标准是依法对节约能源中需要统一进行技术性规定的事项制定规范性文件。《中华人民共和国节约能源法》确立了强制性用能产品及设备的能源效率标准、单位产品能耗限额标准及能源效率标识的法律地位。以国家法律的形式推动落实节能准入指标，可倒逼推动节能产业转型升级。节能准入先进指标的引入，可促进引领节能新兴产业发展。

传统意义上，节能标准体系包括综合基础类、终端用能产品能效、工业节能、农业节能、交通运输节能和建筑节能等六大标准子体系，并按专业可划分为节能效益计算与评价标准、能源计量器具配备标准、节能设计标准、经济运行和节能监测标准、能源管理标准及能耗计算、能源审计标准等。

根据《中华人民共和国标准化法》的技术标准体系层级，节能体系分为国家标准、行业标准、地方标准和企业标准四个层次。我国《节能标准体系建设方案》将节能标准体系按照节能过程环节进行归类，分为基础共性、目标、设计、建设、运行、评估、优化7个标准子体系。其中，基础共性标准子体系是其他节能标准的依据和基础；目标标准子体系包括能耗限额标准、能效标准，是整个标准体系的关键和重点；设计标准子体系包括规划设计和源头控制等方面的标准；建设标准子体系包括节能施工、验收等方面的标准；运行标准子体系包括技术改造、运行维护等方面的标准；评估标准子体系包括计量和检测、分析和计算、能效评估等方面的标准；优化标准子体系包括系统提升、节能服务、能源供需等方面的标准。

节能标准体系是国家节能制度的基础，是企业实施节能管理的基础、政府加强节能监管的依据。建立和完善节能标准体系，为我国化解产能过剩、加强节能减排工作提供了有效支撑，对于推动节能产业供给侧结构性改革、调整优化产业结构、促进绿色低碳循环发展和建设生态文明均具有重要意义。

（二）我国节能标准化的发展过程

标准化是对各种重复性活动提供相关方沟通协商机制和达成一致的规则、指南或特性。我国节能标准化工作开始于1981年，原国家技术监督局组建成立"全国能源基础与管理标准化技术委员会"，专门负责归口制定了综合能耗、节能量及热效率计算方法等节能基础和方法类国家标准。

在我国开展节能评估工作初期，国内的节能标准数量还不多、要求不统一，难以满足节能评审要求。2012年，国家发展改革委、国家标准委启动了"百项能效标准推进工程"，成立了由国家发展改革委、国家标准化管理委员会（简称国家标准委）、中华人民共和国工业和信息化部（简称工业和信息化部）、中华人民共和国住房和城乡建设部（简称住房和城乡建设部）、中国标准化研究院、相关行业协会以及中国国际工程咨询公司共同组成的联合工作组，提出了高压三相异步电动机、三相配电变压器、热泵热水机、溴化锂吸收式冷水机组、LED灯以及家用电器等100余项能效标准的制订或修订工作。

从"十一五"规划开始，我国政府出台了包括建立固定资产投资项目节能评估和审查制度等众多政策文件，不断加大节能监督管理力度。2006年国务院发布《国家中长期科学和技术发展规划纲要（2006—2020年）》提出加强能源标准化工作；同年，国家标准委等14个部门联合发布《2005—2007年资源节约与综合利用标准发展规划》，首次规范了节能标准化工作。2007年1月国家发展改革委出台《关于印发固定资产投资项目节能评估和审查指南（2006）的通知》，分类规整了我国目前适用的工业类、建筑类、交通运输类、农业类和相关终端用能产品的主要法律法规、规划、行业准入条件、产业政策，相关标准及规范，节能技术、产品推荐目录，国家明令淘汰的用能产品、设备、生产工艺等目录，以及相关工程资料和技术合同等。

2010年9月，国家发展改革委根据《中华人民共和国节约能源法》和《国务院关于加强节能工作的决定》等文件精神，正式发布《固定资产投资项目节能评估和审查暂行办法》（国家发展改革委2010年第6号令），对未进行节能审查或因不符合节能要求而未能通过节能审查的固定资产投资项目实行前置否决。此后，国家节能中心发布了《固定资产投资项目节能评估和审查工作资料汇编》，汇集了当时既有的基础通用类、农林、水利、能源、交通运输、信息产业、原材料、机械制造、轻工烟草、高新技术、城建和社会事业 11 大类工作文件，包括与节能评估相关的国家标准、行业标准等。

2014 年 12 月 31 日《节能评估技术导则》（GB/T31341—2014）发布（2015 年 7 月 1 日正式实施），为节能评估提供了通用的共性方法和统一技术规范，在节能评估工作开展中提供了重要的基础支撑，有效地指导了具体行业节能评估技术指南等相关文件、标准的编制工作。

除了强制性节能标准规范，我国还很重视节能标识制度的建设。2004 年 8 月，国家发展改革委、国家质检总局发布了《能源效率标识管理办法》，标志着能效标识制度在我国正式建立。2005 年 3 月 1 日起，我国对家用电冰箱、房间空气调节器率先实施能源效率标识制度。

近年来，我国加快了标准、规范的制定和更新，加大了标准、规范的覆盖面。截至 2017 年上半年，我国节能国家标准总量为 339 项，包括 73 项产品能效强制性标准和 105 项能耗限额强制性标准，以及 161 项节能基础标准。其中，产品能效强制性标准已涵盖家电、照明、工业、办公、商用、交通等六大类主要用能设备，能耗限额强制性标准已覆盖钢铁、有色、化工、建材、煤炭、电力、轻工、石油、交通等主要耗能行业，有力支撑了化解过剩产能、节能评估、能效标识、节能产品惠民工程、能效领跑者等政策措施的实施。

（三）节能标准体系的发展目标

2017 年 1 月，国家发展改革委印发《节能标准体系建设方案》（发改环资〔2017〕83 号），旨在健全节能标准体系，创新节能标准化管理机制，强化节能标准实施与监督，有效支撑国家节能减排和产业结构升级。

根据《节能标准体系建设方案》（发改环资〔2017〕83 号），到 2020 年，我国主要高耗能行业和终端用能产品实现节能标准全覆盖，80%以上的能效指标达到国际先进水平，重点领域、行业节能标准指标更加先进，新发布的节能强制性标准开展质量及效益评估的比例达到 50%以上。根据产业发展和产业政策调整情况，适时将能效"领跑者"指标纳入强制性终端用能产品能效标准和能耗限额指体系，将能效"领跑者"企业的能耗水平确定为高耗能及产能严重过剩行业产的准入指标。

2018 年 6 月国家标准委组织编制的《生态文明建设标准体系发展行动指南（2018—2020 年）》提出开展百项核心标准研制行动，"更新一批"生态文明建设领域核心标准。能源资源节约与利用是生态文明建设标准研制的重点内容之一，要求健全节能、节水、节地、节材、节矿标准体系，加快制修订能效、能耗限额、能源管理体系等节能标准，加强煤炭、石油、天然气等传统能源清洁高效利用标准研制，研制太阳能、风能、生物质能、氢能、地热能等领域标准，完善新能源利用标准体系。

第四章

节能评价主要内容及通用方法

我国早期的投资项目节能评价主要是针对可行性研究报告"节能篇（章）"。2004 年投资体制改革之后，企业投资项目核准申报文件也要求专题论证"节能篇（章）"。2010 年国家发展改革委《固定资产投资项目节能评估和审查暂行办法》（发展改革委 2010 年第 6 号令）提出，根据项目投产后的年能源消费量，分别编制节能评估报告书、节能评估报告表或填写节能登记表，《固定资产投资项目节能审查办法》（国家发展改革委 2016 年第 44 号令）统一规定为编制节能评估报告，并提交节能审查机关审核。虽然投资项目节能评价规范文本的目的和形式有所差异，但节能评价的主要内容和基本方法是相通的。

第一节　投资项目节能评价的主要内容

投资项目节能评价是依据节能法规和标准规范，对投资项目建设方案、能耗状况和能耗指标、节能降耗措施和节能效果以及节能影响等主要内容进行评价。

一、投资项目建设方案节能评价

投资项目建设方案，包括选址与总平面布局、工艺、设备、公用辅助工程等。投资项目建设方案的节能方案关系到产品成本能否降低、生产效率是否高效、生产成本是否节省等，应依据国家和行业有关节能标准和规范的要求进行合理设计。投资项目建设方案的节能评价是分析项目的总图布置、工艺技术流程、设备方案等是否合理，从项目的能源生产、能源转化及能源消费等环节，评价投资项目建设方案用能的合理性。

（一）投资项目选址与总平面布局节能评价

1. 投资项目选址节能评价

投资项目选址也称工程选址，是在规划选址已确定的建设地区和地点范围内，进行具体坐落位置选择。

节能评价需要分析投资项目选址是否符合行业及当地总体规划，并分析项目选址对项目所需能源供给和消费的影响；投资场址选择应满足生产的要求，场区布置紧凑合理，有利于安全生产运行。

2. 投资项目总平面布局节能评价

投资项目总平面布局是根据投资项目的生产工艺流程或者使用功能的需要及其相互关系，结合场地和外部环境条件，对投资项目各个组成部分的位置进行合成，使整个投资项目形成布局紧凑、流程顺畅、经济合理、使用方便的格局。

节能评价需要分析投资项目总平面布置对厂区内能源输送、储藏、分配、消费等环节的影响，结合节能设计标准，判断总平面布置是否有利于方便作业，提高生产效率，减少工序和产品单耗。总图设计应满足生产和运输的要求，满足安全和卫生要求，满足有关节能标准和规范要求；根据功能分区的特点，分析运输物资种类、数量，合理组织交通，包括人流路线、物流运输路线、运输方式、运输距离等。

（二）项目技术方案节能评价

项目技术方案主要指生产方法、工艺流程（工艺过程）等。生产方法应研究与项目功能有关的各种生产方法，研究拟采用的生产方法是否符合节能环保要求等；工艺流程方案选择应研究工艺流程对项目功能的保证程度，研究流程各环节之间的合理衔接，选择有利于资源能源节约及环境保护的工艺流程方案。

项目技术方案节能评价主要体现在：①明确项目工艺流程和技术方案；②从生产规模、生产方法、生产工序等方面，分析和计算用能工艺和工序的能耗指标，分析评价工艺方案是否有利于提高能效，是否符合节能设计标准相关规定；③将项目技术方案与当前先进方案进行比较，对比分析在节能方面存在的差异，提出完善技术方案的建议。

（三）项目设备方案节能评价

项目设备方案选择是在项目技术方案的基础上，对所需主要设备的规格、型号、来源、价格等进行研究比选。

项目设备方案节能评价是在调查分析国内外主要设备厂家产品特点及能耗状况的基础上，明确项目的主要耗能设备型号及数量；通过分析、计算、测试等手段，确定主要耗能设备的能耗指标，评价其能效水平；采用标准对照、类比分析等方法，发现问题并提出完善建议；判断项目是否采用国家明令禁止和淘汰的用能产品和设备，选择国家推荐（公布）的节能设备和产品，其运行效率或能效标准应符合或优于国家及行业规定的限定值。

此外，按照《用能单位能源计量器具配备与管理通则》（GB 17167—2006）及相关标准规范的要求，设置项目能源计量制度及器具，包括能源统计及监测、计量器具配备、专业人员配置等。

（四）项目公用工程节能评价

项目公用工程是为项目主体工程正常运转服务的配套工程，主要包括给排水、电力、通信、燃气、热力、中水等工程。

项目公用工程节能评价主要对锅炉、中央空调、水泵、变压器、电梯等公用工程的设备进行评价，优化设备方案并以推荐设备能耗参数作为计算依据。

二、能耗状况和能耗指标分析

能耗状况和能耗指标分析主要阐述投资项目所在地的能源供应状况，项目所采用的工艺技术、设备和工程方案对各类能源的消耗种类和数量，计算单位产品产量能耗、万元工业增加值能耗、单位建筑面积能耗、主要工序能耗等指标，与国际国内先进水平进行对比分析，评价是否达到国内外同行业先进水平。

（一）工艺（工序）能耗状况分析

工艺（工序）能耗状况分析主要阐述拟建项目主要消耗的能源种类、数量、质量要求等基本情况，以及项目所在地的能源供应状况。其中，能源种类包括煤炭、原油、成品油、天然气、液化石油气、电力、焦炭、煤气、热力、生物质能以及其他直接或者通过加工、转换而取得有用能的各种资源。鉴于大多数项目主要用能方式是用电，节能评价应重点关注项目用电量的估算。

由于不同项目的能源消耗品种不同，即使同一个项目常常消耗多种能源资源，各种能源的计量单位也不同。如煤炭、原油按吨计算，煤气、天然气按立方米计算，电力按千瓦小时计算，热力按千焦计算。为了加总计算各种能源消耗，使不同项目或同一项目不同方案的单位产品能耗具有可比性，项目消耗的各种能源均根据其平均低位发热量或折算系数，折算为标准煤。

投资项目用能种类由项目工艺技术、生产设备决定，而能耗量则与工艺条件、设备运行效率等有关。根据项目工程资料数据，按照《综合能耗计算通则》（GB/T 2589—2008）等标准，分能源消费品种、按用能工序、生产工序等各环节计算能源消费量及项目总能耗量（明确计算方法、计算过程、数据来源等）；分析评估项目能源消费种类、来源及消费量，特别是能源消费品种对能效的影响。

对于工业类投资项目，能耗状况主要分析设备能耗情况，根据项目设计生产规模，计算投入生产系统的各种能源的数量，分别分析每种能源的供应方式，评价能源供应的可靠性。

对于建筑类投资项目，包括公共建筑和住宅建筑，主要能耗部分是建筑物（群）的墙体、屋面、门窗等围护系统以及暖通空调、电梯、照明、泵房等电气设备系统，根据建筑设计方案的设计标准和技术参数，计算建筑能耗总水平；根据项目工程建设方案中水、电、气、热等建设条件，评价公用工程方案的合理性。

对于交通运输类投资项目，主要消耗的能源是石油、煤炭、天然气、电力等。随着电气化的发展，电力在交通运输消耗中的比重将逐步上升。交通运输类投资项目的能耗状况主要取决于运输车辆或铁路牵引机车、道路或航道条件、运输组织等因素，其中公路项目还要分析由于项目建设使公路等级提升、车辆运营里程缩短、通行条件改善等带来的车辆燃油节约情况。

（二）能耗指标分析

为提高能源利用效率，对投资项目节能效果进行科学合理的分析评价，投资项目节能评价应选择恰当的能耗指标。一般而言，能耗指标可以用单位产出物的能耗或单位产值的能耗来表示，包括单位产品（增加值）综合能耗、可比能耗、主要工序（工艺）单耗、单位建筑面积分品种实物能耗和综合能耗（如果需要）、单位投资能耗（如果需要）等。常见的投资项目能耗指标见表 4-1。

表 4-1　　　　　　　　　　　投资项目常见能耗指标

序号	能 耗 指 标	单位
一	能耗	tce
1	综合能耗	tce
2	万元产值能耗	tce/万元
3	万元工业增加值能耗	tce/万元
4	单位产品能耗	kgce/t
5	单位投资能耗	tce/万元
二	电耗	kWh
1	万元产值电耗	kWh/万元

续表

序号	能 耗 指 标	单位
2	万元工业增加值电耗	kWh/万元
三	水耗	m³
1	万元产值水耗	m³/万元
2	万元工业增加值水耗	m³/万元
四	天然气消耗	m³
1	万元产值气耗	m³/万元
2	万元工业增加值气耗	m³/万元

由于投资项目的能源和节能涉及众多方面，不同行业或生产不同产品的建设项目，特别是工业项目，能耗指标应有针对性，包括分品种实物能耗总量、综合能耗总量、单位产品（产值）综合能耗、可比能耗；按单一品种考核的实物单耗、主要工序（艺）单耗等。不同行业投资项目的节能评价指标体系参考见表4-2。

表 4-2　　　　　　　　　　　**工业节能评价指标体系**

行业	节能评价指标	单位
钢铁	吨钢综合能耗	kgce/t
	吨钢可比能耗	kgce/t
	吨钢耗新水	m³/t
电力	发电标准煤耗（纯发电企业）	gce/kWh
	供电标准煤耗（纯发电企业）	gce/kWh
	发电标准煤耗（热电企业）	gce/kWh
	供电标准煤耗（热电企业）	gce/kWh
建材	水泥综合能耗（旋窑）	kgce/t
	水泥综合能耗（立窑）	kgce/t
	平板玻璃综合能耗	kgce/重量箱
	日用玻璃综合能耗	kgce/t
化工	合成氨综合能耗（大型）	kgce/t
	合成氨综合能耗（中小型）	kgce/t
	乙烯综合能耗	kgce/t
	烧碱综合能耗	kgce/t
石油石化	原油加工综合能耗	kgce/t
	炼油单位能量因数能耗	kgce/吨因数
有色金属	有色金属综合能耗	tce/t
煤炭	原煤生产综合能耗	kgce/t

（三）主要用能工艺（工序）及其能耗指标和能效水平评价

项目主要用能工艺（工序）能耗指标一般用单位产品工艺（工序）能耗来表示，主要是分析各工艺及整个用能系统是否科学合理，分析各工序能耗比重和用能特点，分析项目用能工艺（工序）的能耗指标是否满足相关能耗限额、标准或规范的要求。

在评价项目主要用能工艺（工序）的能耗指标时，需要注意：①各主要用能工序能耗界定要清晰，对于有国家标准的，工序能耗应与国家标准计算口径一致；②对于新建项目，主要用能工序能耗应达到国内先进水平；③可根据项目特点和实际情况，选用标准对照法、类比分析法、专家判断法等方法。

以钢铁项目为例分析，其项目主要用能工序主要包括烧结、球团、焦化、高炉炼铁、炼钢等，各主要用能工序能耗具有明确的国家标准。项目主要用能工艺（工序）的节能评价应按照标准规范，首先计算各主要用能工序的能耗，并对各主要用能工序所占比重进行评估分析；然后再评价主要用能工艺（工序）的用能情况是否合理，是否做到整体统筹，是否合理利用各种能源等；最后再计算各主要用能工序的能耗指标，并与国家标准对标分析，判断项目各主要用能工序能耗是否达到国家标准。

（四）主要能耗设备及其能耗指标和能效水平

主要设备能耗或能效指标包括空调的能效等级、风机的单位风量耗功率以及泵的节能评价值、能耗限额限定值等。主要能耗设备的节能评价首先应列出项目采用的主要能耗设备，并注明其与设备能耗有关的主要参数及数量；判断投资项目是否采用国家明令禁止和淘汰的用能产品和设备；分析评价主要能耗设备选型是否合理，主要能耗设备的能效指标及其能效水平。

能效限定值是国家允许设备或产品的最低能效值，低于该值的设备或产品属于国家明令淘汰的。对于无能效限定值等级标准的设备，可采取类比分析法，与同类设备效率水平进行类比，必要时可向设备生产厂商详细了解设备能效，进而评价设备能效水平处于国内何种水平；对于国内无使用类似设备的记录或没有类似设备的生产厂家，可采用专家判断等方法进行评价。对于大多数项目都使用的风机、水泵、电动机、空气压缩机、变压器、空调器等通用电气设备，应对标分析。

（五）项目能效水平分析评价

能源消耗水平是一个国家经济结构、增长方式、科技水平、管理能力、消费模式以及国民素质的综合反映。节约能源必须采取综合措施，从调整结构、技术进步、加强管理、深化改革、强化法治、全民参与等方面入手，扎实推进。

从投资项目角度，能效水平是最终反映项目用能水平高低的一个综合性指标，也是采取各种节能措施后，项目综合节能效果的体现。开展项目能效分析，应根据投资项目的实际情况，全面分析投资项目的性质、建设内容、技术方案、设备方案、布局方案以及生产建设工艺流程等基本情况，分析把握投资项目每个环节的能源消耗种类并开展初步分析，最后确定能效分析指标。

1. 能耗指标选取及其对标

投资项目能耗指标应选取能够反映投资项目整体能耗水平的指标。例如，建筑项目有单位面积能耗、单位面积空调供暖能耗、人均能耗、单位床位能耗等指标；工业项目有单位产品综合能耗、单位产值综合能耗、单位增加值综合能耗等指标；有些特殊项目，例如垃圾焚烧发电项目，可采用发电煤耗、供电煤耗、全厂热效率、综合厂用电率、单位垃圾发电量等指标；地铁项目可采用车每公里能耗、单位客流量能耗等。以上均可以作为衡量项目能效水平的指标。

项目能效对标是能效指标分析的关键环节之一。项目能效对标可采用标准比照法、类比分析法等方法，与国内外同先进水平、国家和地方行业能耗限额标准、同行业先进企业能效指标对比分析，评价项目是否符合能耗准入标准的要求或能效先进水平，说明项目能耗指标是处于国内一般水平、先进水平还是国际先进水平，并通过实施相关的管理措施和技术措施，达到标杆或更高能效水平的节能实践活动。对于技术改造项目，与项目建设单位历史最高水平对比，分析项目能耗指标的可实现性及可形成的节能量。

由于项目所属行业和产品种类千差万别，某些行业有国家限额标准及标杆值，有的行业暂时还没有出台相关标准，对应的对标方法也不同，具体对标方法应根据项目实际需要确定。

2. 不同行业的能效水平评价

对于工业类投资项目，节能评价指标一般采用单位产品能耗。单位产品能耗指标在同行业、同类项目中具有可比性，是工业项目能耗指标是否先进、节能效果是否显著的重要评价指标。测算时应注意口径一致、横向可比，对不可比因素要注意甄别剔除或补充说明，以保证指标的一致性、可比性。如果工业产品不是最终产品，属于中间环节的项目，可采用工序能耗等指标代替单位产品能耗指标。

对于建筑类项目，根据能耗状况分析，把项目的各项能耗（电力、天然气、热力、煤、油等）折算成标准煤，计算单位建筑面积能耗指标。

对于交通运输类项目，节能评价指标包括综合能耗指标（t标准煤）、单位产品能耗指标［kg标准煤/（万t·km）］和分项能耗指标（如港口项目装卸生产设计能耗）等。

（六）我国主要行业和部门的能效目标

《国民经济和社会发展第十三个五年规划纲要》和《"十三五"节能减排综合工作方案》明确提出，2020年要实现以下节能和能效目标（主要行业和部门能源效率目标参见表4-3）。

（1）主要目标。到2020年，全国万元国内生产总值能耗比2015年下降15%，能源消费总量控制在50亿t标准煤以内。

（2）推动能源结构优化。到2020年，煤炭占能源消费总量比重下降到58%以下，电煤占煤炭消费量比重提高到55%以上，非化石能源占能源消费总量比重达到15%，天然气消费比重提高到10%左右。

（3）加强工业节能。到2020年，工业能源利用效率和清洁化水平显著提高，规模以上工业企业单位增加值能耗比2015年降低18%以上，电力、钢铁、有色、建材、石油石化、化工等重点耗能行业能源利用效率达到或接近世界先进水平。

（4）强化建筑节能。到2020年，城镇绿色建筑面积占新建建筑面积比重提高到50%。实施绿色建筑全产业链发展计划，推行绿色施工方式，推广节能绿色建材、装配式和钢结构建筑；强化既有居住建筑节能改造，实施改造面积5亿m²以上，基本完成北方采暖地区有改造价值城镇居住建筑的节能改造；完成公共建筑节能改造面积1亿m²以上。

（5）促进交通运输节能。到2020年大城市公共交通分担率达到30%；提高交通运输工具能效水平，新增乘用车平均燃料消耗量降至每百公里5.0L。

（6）加强公共机构节能。公共机构率先执行绿色建筑标准，2020年新建建筑全部达到绿色建筑标准，公共机构单位建筑面积能耗和人均能耗分别比 2015 年降低 10% 和 11%。

（7）强化重点用能设备节能管理。"十三五"期间燃煤工业锅炉实际运行效率提高 5%，到 2020 年新生产燃煤锅炉效率不低于 80%，燃气锅炉效率不低于 92%。

表 4-3　　　　　　　　　"十三五"期间我国主要行业和部门能源效率目标

序号	指　　　标	单位	2015 年实际值	2020 年	
				目标值	变化幅度/变化率
一	工业				
1	单位工业增加值（规模以上）能耗				[−18%]
2	火电供电煤耗（标准煤）	g/kWh	315	306	−9
3	吨钢综合能耗（标准煤）	kg	572	560	−12
4	水泥熟料综合能耗（标准煤）	kg/t	112	105	−7
5	电解铝液交流电耗	kWh/t	13350	13200	−150
6	炼油综合能耗（标准油）	kg/t	65	63	−2
7	乙烯综合能耗（标准煤）	kg/t	816	790	−26
8	合成氨综合能耗（标准煤）	kg/t	1331	1300	−31
9	纸及纸板综合能耗（标准煤）	kg/t	530	480	−50
二	建筑				
1	城镇既有居住建筑节能改造累计面积	亿 m²	12.5	17.5	+5
2	城镇公共建筑节能改造累计面积	亿 m²	1	2	1
3	城镇新建绿色建筑标准执行率	%	20	50	+30
三	交通运输				
1	铁路单位运输工作量[百万换算吨公里综合能耗（标准煤）]	t	4.71	4.47	[−5%]
2	营运车辆单位运输周转量能耗下降率				[−6.5%]
3	营运船舶单位运输周转量能耗下降率				[−6%]
4	民航业单位运输周转量能耗（标准煤）	kg/（t·km）	0.433	<0.415	> [−4%]
5	乘用车百公里平均油耗	L	6.9	5	−1.9
四	公共机构				
1	公共机构单位建筑面积能耗（标准煤）	kg/m²	20.6	18.5	[−10%]
2	公共机构人均能耗（标准煤）	kg/人	370.7	330	[−11%]
五	终端用能设备				
1	燃煤工业锅炉（运行）效率	%	70	75	+5
2	电动机系统效率				

　注　资料来源：《国务院关于印发"十三五"节能减排综合工作方案的通知》（国发〔2016〕74 号）。

　　　　［　］内为变化率。

此外，2017 年 1 月国家发展改革委、国家标准委联合印发的《节能标准体系建设方案》

（发改环资〔2017〕83号）提出，到2020年，我国主要高耗能行业和终端用能产品实现节能标准全覆盖，80%以上的能效指标达到国际先进水平，重点领域、行业节能标准指标更加先进，新发布的节能强制性标准开展质量及效益评估的比例达到50%以上。

以上这些目标是具有法律效力的约束性指标，是强化政府责任的指标，是政府对人民的庄严承诺，政府要综合运用经济、法律和必要的行政手段，通过合理配置公共资源确保实现。

三、节能降耗措施和节能效果评价

节能降耗是一项长期的战略任务，也是一项系统工程，要坚持开发与节约并举，节约优先的方针，通过调整产业结构、淘汰落后技术和设备，提高产业的整体技术装备水平和能源利用效率。具体的节能降耗措施涉及多个方面，本节在阐述与节能降耗有关的政策措施、产业发展措施、技术措施和重点工程等综合措施的基础上，重点分析节能降耗的技术措施和管理措施，并对不同行业常见节能降耗措施进行评价。

（一）节能降耗综合措施

1. 节能降耗政策措施

为落实节能降耗基本国策，提出以下政策措施，核心是创建良好的法规制度环境和组织保障机制，提高能源效率。

（1）制订颁布能源基本法及其配套法律法规。制定能源基本法《中华人民共和国能源法》（国家能源局于2020年4月3日发布征求意见稿），出台节能财政税收优惠政策，通过开征"能源税""燃料税"等手段，促进全社会提高能源利用效率，发展可再生能源。

（2）建立国家能源消耗标准的发布、统计和考核体系。按照法定程序，将单位产品能耗等统计指标纳入国家统计指标体系，成为考核各级各类企事业单位的主要指标之一，形成监督管理的刚性体系。

（3）构建全国能源管理机构网络。健全能源管理部门职能，发挥行业协会的作用，鼓励通过市场化机制提供节能专业服务，重点耗能单位设置专业部门和人员负责能源消耗管理工作。

（4）调整第二产业内的行业结构和产品结构。我国正进入工业化中后阶段，应加快产业结构调整，限制高耗能产业的发展和产品出口，大力发展深加工、高附加值产业，以有效降低能源消费强度。

（5）推广节能配套新机制。完善《节能机电设备（产品）推荐目录》和淘汰限产产品目录，重点支持节能技术开发、示范和推广，重点推广合同能源管理、电力需求侧管理、能效标识管理、节能自愿协议、节能产品认证等节能配套机制。

2. 节能产业发展措施

我国尚处于工业化中后阶段，与其他先行发达国家具有不同的产业基础，必须结合我国的国情，协调好产业发展与能源消耗之间的关系。

（1）要处理好产业结构调整与解决劳动就业之间的关系。处理好产业结构调整与解决劳动就业之间的关系就要实施产业结构调整，降低能源消耗，要大力发展第三产业，创造更多就业岗位，缓解我国就业压力。

（2）要处理好节能降耗与改善农村落后用能的关系。农村地区要因地制宜发展能源、环境、经济效益相结合的可再生能源综合利用产业，解决农村生活清洁用能，增加农民就业，提高农民收入。

（3）要处理好扩大对外贸易与调整进出口结构的关系。在继续扩大对外贸易的同时，要调整进出口产品的结构，提高出口产品的科技含量和附加值，降低国内能源和资源的消耗。

3. 节能技术措施

依靠技术进步降低能耗是实施节能的根本途径。节能降耗要贯彻落实"自主创新，重点跨越，支撑发展，引领未来"的科技发展指导方针，建立和完善以企业为主体、市场为导向、产学研相结合的能源科技创新体系。通过技术手段实现节能，重在通过先进节能技术应用，改善企业整体技术水平，提高能源利用效率，从而实现投资项目节能目的。

2006 年 12 月，国家发展改革委、科技部联合发布的《中国节能技术政策大纲（2006 年）》（发改环资〔2007〕199 号）包括：工业节能、建筑节能、交通节能、城市与民用节能、农业及农村节能、可再生能源利用和保障措施。2018 年和 2019 年工业和信息化部连续发布《国家工业节能技术装备推荐目录》，为加快推广应用高效节能技术装备，引导绿色生产和消费提出了技术方向。

投资项目的节能降耗措施应与国家能源发展规划和各行业技术政策相衔接，优先发展先进适用技术，重点研究、开发、示范和推广重大节能技术，限制和淘汰高耗能工艺、技术和设备，充分体现节能技术的发展方向。

4. 节能重点工程

在我国节能减排综合工作规划中，重点工程始终是节能减排的重要抓手。继"十一五"十大重点节能工程和"十二五"节能减排五大重点工程之后，《"十三五"节能减排综合工作方案》再次提出实施节能重点工程，即组织实施燃煤锅炉节能环保综合提升、电动机系统能效提升、余热暖民、绿色照明、节能技术装备产业化示范、能量系统优化、煤炭消费减量替代、重点用能单位综合能效提升、合同能源管理推进、城镇化节能升级改造、天然气分布式能源示范工程等节能重点工程，推进能源综合梯级利用，形成 3 亿 t 标准煤左右的节能能力，到 2020 年节能服务产业产值比 2015 年翻一番。

（二）节能降耗措施评价内容

投资项目节能评价要在满足工艺要求和不降低环境质量、生活质量的前提下，分析技术上先进可行、经济上合理以及环境和社会上可以承受的节能降耗措施，从项目周期全过程，降低能耗、减少损失、杜绝浪费、提高能源利用效率，实现有效、合理地利用能源。此外，节能方案还要分析新能源和可再生能源的利用情况，并评价项目周期全过程的节能管理措施。

概括而言，节能降耗措施评价要点主要包括节能技术措施评价、节能管理措施评价、单项节能工程评价、节能措施效果评价、节能措施经济性评价等，其中节能措施效果评价和节能措施经济性评价属于节能效果评价的内容。

1. 节能技术措施评价

投资项目的节能评价应强化重视节能技术措施评价。对大多数投资项目而言，工艺技术和设备构成能源消费的主要部分，也是主要节能潜力所在。因此，节能降耗评价要重点研究技术方面的节能措施评价。

（1）根据投资项目用能方案，综述生产工艺、动力、建筑、给排水、暖通与空调、照明、控制、电气等方面的具体措施，包括：节能新技术、新工艺、新设备应用；能源的回收利用，如余热、余压、可燃气体回收利用；资源综合利用，新能源和可再生能源利用等，评价节能技术措施的可行性和合理性。

（2）推广应用节能产品和技术，提高能源利用效率。通过项目节能评价，积极推广高效的空调机组、电动机、燃气锅炉、变压器、节能灯具、节水器具等节能产品和技术的使用，有效提升项目的能效水平。节能技术措施评价结论应尽可能明确能效等级或相关能效指标。

2. 节能管理措施评价

（1）按照《能源管理体系要求》（GB/T 23331—2012）、《工业企业能源管理导则》（GB/T 15587—2008）等标准的要求，综述并评价项目的节能管理制度和措施，包括节能管理机构和人员的设置情况。

（2）按照《用能单位能源计量器具配备与管理通则》（GB 17167—2006）等标准要求，综述并评价项目能源计量制度建设情况，包括能源统计及监测、计量器具配备、专业人员配置等情况。

3. 单项节能工程评估

（1）分析评估单项节能工程的工艺流程、设备选型、单项节能量计算方法、单位节能量投资、投资估算及投资回收期等。

（2）分析单项节能工程的技术指标及可行性。

（三）不同领域节能降耗措施评价重点

1. 工业领域项目节能降耗措施评价

对于涉及能源消耗高的重大项目，尤其是钢铁、有色金属、电力、石油石化、化工等重点耗能行业及高耗能企业投资建设的工业项目，应当推广应用节能强制标准，项目要符合节能技术政策规定，限期淘汰老旧设备，鼓励采用新能源、可再生能源（风能、太阳能、水能、地热能等）和节能新材料，按照循环经济理念实现资源能源的减量化和循环利用，对余热余压利用、洁净煤和可燃气体回收利用等方面提出可行的措施或优化建议。

2. 建筑领域项目节能降耗措施评价

建筑领域项目节能应首先推广国家、地方和行业的节能强制标准，据此评价节能降耗措施是否全面、有效，重点在建筑物围护系统（如墙体、屋顶、门窗）、电气设备系统（如暖通空调、电梯、照明、泵房）、可再生能源利用系统（如太阳能、地热）、用能管理系统（如用能统计和定额管理、合同能源管理）等方面提出节能降耗措施或优化建议。

（1）建筑布局和建筑热工设计。建筑总平面的规划布置和平面设计，应有利于冬季日照和避风、夏季和其他季节减少得热和充分利用自然通风；建筑热工设计要考虑建筑性质及特征，合理确定建筑体形系数，外窗、外墙、围护结构的保温和细部设计应有利于节能降耗，评价传热系数、外遮阳系数、窗墙比等参数来源及依据可靠性。

（2）采暖、通风及空调系统。采暖、通风与空气调节设计方案应根据建筑物用途、功能、使用要求、冷热负荷构成特点、环境条件以及能源状况等，结合国家有关安全、环保、节能、卫生等政策，会同有关专业通过综合技术经济比较确定，优先采用新技术、新工艺、新设备、新材料。暖通空调冷热源的选择应根据项目功能需求、建筑规模、使用特征和项目所在地能源供应条件等综合因素确定。

（3）电气系统与控制。电气系统与控制是在充分满足项目使用功能的基础上，对变配电、照明系统、设备及其控制系统进行合理设计，确保电气系统安全可靠、经济合理、灵活适用、高效节能。照明系统节能方案重点评价不同功能区照明灯具的选型；供配电系统节能重点评价项目用电负荷，包括负荷的估算标准、计算过程和负荷密度取值等；给排水系统宜增加可再生能源利用技术措施。

3. 交通运输领域项目节能降耗措施评价

交通运输领域项目节能降耗首先要考虑项目是否符合国家有关规定中对车辆行驶能耗指标等方面的节能要求，不同类型的交通运输项目节能降耗措施差异较大，如铁路运输项目要分析铁路工程建设施工和运营过程的电气化铁路节电、水资源节约和循环利用、再生电力制动回收、车站高效节能照明产品和自动照明控制技术等；公路项目要分析路网布局、路面等级、交通标志设置等与汽车行驶油耗的关系，对隧道和桥梁的照明、通风以及道路维修等方面提出节能降耗措施或优化建议。

（四）节能降耗效果评价

对于高耗能项目，应采用定性定量相结合方式，分析评价节能降耗效果。除定性分析外，尽量采用对比方法进行量化分析，如建设前后对比、与国家或项目所属行业和地区标准规范指标对比、与国内外先进水平对比、不同建设方案对比等。

通过对比分析，计算项目节能降耗效果评价的定量指标，如项目年节能量（吨标准煤）、单位能耗指标降低量（%）等。咨询评估时，还要对项目的节能降耗方案和措施提出合格或不合格的结论性意见。

1. 节能降耗措施效果评价

投资项目节能评价应量化节能效果评估，包括：①分析计算主要节能降耗措施的节能量；②评价项目能效水平。对比分析单位产品（建筑面积）能耗、主要工序能耗、单位投资能耗等国际国内指标，设计指标是否达到同行业国内先进水平或国际先进水平。

节能降耗措施效果评价应进行量化分析。对于工艺技术节能，可以逐项分析计算每个节能创新点与现有技术相比可能产生的节能量，然后相加求得总的工艺节能量；设备节能也可以采用类似方法，逐项计算拟选用的设备可能产生的节能量，加和求得设备节能量。

2. 节能降耗措施经济性评价

投资项目的节能降耗措施经济性评价的主要内容包括：①计算节能降耗技术措施成本及经济效益，评估节能降耗技术措施的经济可行性；②计算节能降耗管理措施成本及经济效益，评估节能降耗管理措施的经济可行性。

由于采取节能降耗措施产生的效益和相关投入难以准确地界定，节能评价实践中该部分工作难度相对更大。在收集节能基础资料时，应该向建设单位明确提出节能投入的投资数量和构成，并进行相应的分析确认。同时还要了解和掌握项目消耗能源的价格。在评价节能措施经济性时，可以先进行静态计算和分析；在条件成熟时，再进行动态分析。

3. 节能潜力分析

节能潜力是一个相对概念，是相对于未来节能空间的判断，或者基于所设定的基准线或基准情景而定义的节约能源的比例。节能潜力常常分为两种类型：一种是未来预测年份相对于基准年份可实现的节能量；另一种类型是情景分析结果，即在未来预测年某一情景相对于参照情景可实现的节能量和减排量。

节能潜力作为一种预测性研究成果，可以从不同的条件和角度，定义其概念，如"物理潜力""技术潜力""社会经济潜力""经济潜力"以及"市场潜力"等类型,这五类节能潜力是依次递减的。五类节能潜力具体内容如下:①"物理潜力"是通过理论计算得出的、相对基准值在理论上具有的节能潜力,这是由自然规律决定的最大值,可能随时间发生变化;②"技术潜力"是通过新技术研发、工艺技术改进、技术示范,包括更新设备及改进原料路线等措施实现;③"社会潜力"是指通过社会结构和制度的变化,包括人们生活及行为方式的改变,政府社会管理等措施可实现的节能潜力;④"经济潜力"是指为弥补市场失效,政府通过经济手段调控(如补助、信用)、引导企业采用成熟技术可实现的节能潜力;⑤"市场潜力"是指企业利用市场化的、成本有效的节能降耗技术和管理活动来实现的节能。

第二节 投资项目节能评价通用方法

方法是关于解放思想、说话、行动等问题的门路、程序等,是解决具体问题的手段和途径,是引导操作层面具体活动的工具和方式。投资项目节能评价应采用科学的计算方法,保持数据来源明确、计算过程清晰,便于计算结果的复查和核验。鉴于上述节能评价的内容和要求,固定资产投资项目节能评价应采用定量和定性相结合的方法,包括节能评价工作方法、能耗指标计算方法、节能目标影响评价方法和能源平衡分析方法等。

一、节能评价工作方法

《节能评估技术导则》(GB/T 31341—2014)提供的通用评价方法包括标准对照法、类比分析法、专家判断法等,可根据项目特点选择使用一种或多种方法。

(一)标准对照法

标准对照法是指通过对照相关节约能源的法律法规、政策、技术标准和规范,对项目的能源利用是否科学合理进行分析评价。评价要点主要有:项目建设方案与节能规划、相关行业准入条件进行对比;项目平面布局、生产工艺、用能工艺等建设方案与相关节能设计标准进行对比;主要用能设备与能效标准进行对比;项目总体能效水平与能耗限额标准进行对比等。

对于国家或本行业具有相关标准可以参照的投资项目,应考虑采用标准对照法:①如果项目工艺设备先进,达到国家相关标准要求,推荐按照国家相关标准来进行能效对标,使用国家出台的能耗限额标准和重点用能行业能效"领跑者"标准;②如果项目工艺设备一般,未达到国家相关标准要求,建议提出相应的专业性改进措施,使其达到相关标准要求。在当前我国节能减排、应对气候变化、确保可持续发展的严峻形势下,新建项目的能效水平,理应达到国内先进水平,宜避免能效水平落后的项目上马;对于有条件的项目,应成为国内同行业能效水平的领跑者。

标准对照法首先选择可以反映项目整体能耗水平的指标,如吨产品能耗、厂用电率、每平方米能耗、单位车公里能耗等行业内认可的单位产品能耗指标;然后计算出本项目单位产品能耗指标,并通过与现行标准、行业发布的权威数据或同类先进水平项目的数据进行能耗指标的对比分析,从而判断项目单位能耗指标达到同行业何种水平。

根据不同行业能耗指标的特点,标准对照法可以细分为产品单耗对比法、单位面积指标法等方法。

1. 产品单耗对比法

产品单耗对比法适用于工业项目工艺方案的选择、节能降耗措施的效果及能耗计算评价。根据项目能耗情况，产品单耗对比法通过项目单位产品的能耗指标与规定的项目能耗准入标准、国际国内同行业先进水平进行对比分析。

部分行业管理部门每年发布产品能耗的调查统计报告，如中国电力企业联合会（简称中电联）发布的供电煤耗、中国钢铁工业协会（简称中钢协）统计的钢铁行业各高炉能耗水平，其他很多行业也定期不定期发布一些产品的能耗情况，这些数据可以作为节能评价参考对比指标。

如果待评项目单位产品能耗不能满足规定的能耗准入标准，应全面分析项目产品生产的用能过程，找出存在的主要问题并提出改进建议。

2. 单位面积指标法

单位面积指标一般应用于建筑行业。建筑行业项目可以根据不同使用功能，分别计算各功能区单位面积的能耗指标，与类似项目的能耗指标进行对比。按照不同的能源种类，单位面积指标还可细化为单位面积耗电量、单位面积耗水量等，分别追溯哪个指标引起整体综合能耗指标明显偏离。

如果国家标准和地方标准对围护结构的热工值设计限值、对照明设计的单位建筑面积照明功率密度值、对暖通空调设备的能效以及锅炉效率等方面均有明确的设计标准和限制，则可以判断项目节能设计是否满足这些标准要求。

如差异较大，则说明拟建项目的方案设计或用能系统等存在问题；然后可根据分品种的单位面积能耗指标进行详细分析，找出用能系统存在的问题并提出改进建议。

（二）类比分析法

对于目前尚缺乏国家或行业能效标准规范，也没有定期发布的行业或产品能耗数据等情况，一般需要采取类比分析法。该方法适用于通用行业，应明确比较基准，一般选择已有类似项目的相关国内和国际相关指标进行对比，应注意相关指标的可比性。对于不符合产品能耗标准或行业准入条件的项目应予以否定。

类比分析法是与国内外同规模、同类型企业的既有项目进行对比，分析所评价项目的能源利用是否科学合理，判断项目能效水平是否达到所参考的类比工程的先进水平并提出完善建议。关于比较基准，常见三种情况：①与国内外同行业时效性强的、能耗水平先进的既有同类工程进行对比（改建、扩建项目可与改建、扩建之前的能耗指标进行对比）；②与整个行业能耗水平进行比较，比较各工序能耗；③若项目属于国家或国际先进项目，无同行业相关资料可比较，可阐述项目自身特点，对最终结果作出评价。

对于某些新兴行业，由于建设规模、产品型号在同行业内没有类似的项目进行指标类比，其使用具有一定的局限性。例如城市轨道交通项目的"车公里能耗"可以作为衡量项目能耗水平的重要参考指标，但城市轨道交通行业没有正式出台能耗标准，这就要求评价机构应拥有丰富的数据积累，熟悉国内外城轨行业能耗先进水平，才能进行类比评价。

（三）专家判断法

专家经验判断法是指利用专家经验、知识和技能，对项目能源利用是否科学合理进行分析判断的方法。在没有相关标准和类比工程的情况下，项目能效对标可采用此方法。采用专家判断法，前期应从总平面布局、生产工艺、用能设备和节能降耗措施等方面，对项目的能源使用做出全面分析和计算，评价项目能源利用是否科学合理。使用专家经验判断法时，专家组成员的意见应作为结论附件。

专家经验判断法适用于在缺乏相关标准和类比信息的情况下使用。专家经验判断法具有一定的个人主观性以及偏差，在使用时应配合其他评估方法使用。

以上方法是节能评价通用的主要方法，可根据项目特点选择使用。在具体的用能方案评价、能耗数据确定、节能措施评价方面还可以根据需要选择使用其他方法，如建立物理或数学模型进行分析计算。

二、能耗指标计算方法

投资项目节能评价指标分为绝对能耗指标和相对能耗指标。常见的绝对能耗指标是指项目综合能耗，主要用于考察项目的能源消耗总量，分为综合能源消费量和综合能源消耗量；常见的相对能耗指标是指单位产品综合能耗、单位产值综合能耗、单位产品产量可比综合能耗等指标，主要用于考察项目的能源效率（能源强度）。节能评价的能耗量计算方法有多种，常见的是采用《综合能耗计算通则》（GB/T 2589—2008）规定的通用方法。

（一）综合能耗指标的计算方法

1. 能耗的计量单位

我国热量单位过去习惯采用卡（cal）或千卡（kcal，也称大卡）。1969 年国际计量委员会建议废除卡热量单位，采用国际单位制（SI）的焦耳（简称焦，英文简称 J）作为能、功、热的单位。由于焦耳的数值较小，通常采用焦耳的倍数来表示，如千焦（kJ，10^3J）、兆焦（MJ，10^6J）、吉焦（GJ，10^9J）或太焦（TJ，10^{12}J）。卡与焦耳的换算关系为：1 卡（cal）= 4.187 焦耳（J），或者 1 千卡（kcal）= 4.187 千焦（kJ）。

1984 年我国国务院发布《关于在我国统一实行法定计量单位的命令》，要求能量、功、热的法定计量单位统一为焦耳或千焦等；从 1991 年起，除个别特殊领域外，我国不允许使用非法定计量单位。

2. 项目综合能耗的计算

（1）对各种能源品种的能耗量加总。项目综合能耗的计算，应对其建设和生产过程中所消耗的各种能源煤、水、电、天然气分别进行统计计算，加总求得综合能耗量为：

$$E=E_c+E_w+E_e+E_g \tag{4-1}$$

式中　E——项目综合能耗；

　　　E_c——耗煤总量；

　　　E_w——耗水总量；

　　　E_e——耗电总量；

　　　E_g——耗气总量。

（2）按能源品种折算标准煤。综合能耗是指项目在统计报告期内生产某种产品或提供某种服务实际消耗的各种能源实物量，按规定的计算方法和单位分别折算后的总和。项目综合能耗是指统计报告期内，主要生产系统、辅助生产系统和附属生产系统的综合能耗总和。项目综合能耗的计算公式如下：

$$E = \sum_{i=1}^{n}(e_i \times p_i) \tag{4-2}$$

式中　E——项目综合能耗；

　　　n——消耗的能源品种数；

　　　e_i——生产和服务活动中消耗的第 i 种能源实物量；

p_i——第 i 种能源的折算系数，按能量的当量值或能源等价值折算。

（3）按系统能源输入与输出之差。项目综合能耗是生产及辅助生产中所消耗能源减去能源加工转换后所输出能源，其计算公式还可以表达如下：

$$E = \sum_{i=1}^{n}(e_i p_i) - \sum_{j=1}^{m}(e_j p_j) \tag{4-3}$$

式中　E——项目综合能耗，tce；

　　　　N——消耗的能源品种数；

　　　　e_i——生产和辅助生产中消耗的第 i 种能源的实物量，t；

　　　　p_i——第 i 种能源的折算系数；

　　　　m——经加工转换后输出的能源品种数；

　　　　e_j——输出的第 j 种能源的实物量，t；

　　　　p_j——第 j 种能源的折算系数。

3. 单位产值综合能耗的计算

单位产值综合能耗是指统计报告期内，综合能耗与期内用能总产值或工业增加值的比值，工业或交通项目可采用工业增加值。其中，万元工业增加值等价能耗，即项目综合等价能耗与项目工业增加值的比值。

单位产值综合能耗计算公式为：

$$e_g = \frac{E}{V} \tag{4-4}$$

式中　e_g——单位产值综合能耗；

　　　　V——统计报告期内产出的总产值增加值。

对于工业或交通项目，单位产值综合能耗包括产值能耗和工业增加值能耗，其计算公式如下：

$$e_g = \frac{E}{V_g} \text{ 或 } E_a = \frac{E}{V_a} \tag{4-5}$$

式中　e_g——单位产值能耗，tce/10^4 元；

　　　　E_a——单位工业增加值能耗，tce/10^4 元；

　　　　V_g——项目工业总产值，×10^4 元；

　　　　V_a——项目工业增加值，×10^4 元。

4. 单位产品综合能耗的计算

单位产品综合能耗，即产品单位产量综合能耗，是指统计报告期内，项目生产某种产品或提供某种服务的综合能耗与同期该合格产品产量（工作量、服务量）的比值。

测算单位产品的产量能耗是用来进行对标分析的，包括单位产品（或服务）的综合能耗及单位产品（或服务）对某种能源消耗量。

单位产品（或服务）的综合能耗计算公式为：

$$e = \frac{E}{Q}$$

某种产品（或服务）的综合能耗计算公式为：

$$e_j = \frac{E_j}{Q_j} \qquad (4\text{-}6)$$

式中　e——单位产品（或服务）的综合能耗，tce；

e_j——第 j 种产品单位产量综合能耗，tce/t；

E_j——第 j 种产品（产量）的综合能耗，tce/t；

Q——各种产品总产量，t；

Q_j——第 j 种产品的产量，t。

5. 单位产品可比能耗的计算

单位产品可比能耗，即产品单位产量可比综合能耗，是指以同行业中实现相同最终产品的能耗作为参照依据，对影响产品能耗的各种因素加以修正所计算出来的产品单位产量综合能耗。

单位产品可比能耗适用于同行业内部对产品能耗的相互比较之用，计算方法可参照相关标准规范及技术文献。

6. 节能协同效益影响分析

节能协同效益影响分析是指节能对健康的改善带来的经济效益进行量化（货币化），并对项目节能方案的实施成本和效益进行比较。理想的情况下，量化减少能源使用带来的所有潜在的协同效益，包括难以量化和容易量化两个部分：①难以量化的协同效益，如避免酸化，富营养化，对其他作物的损害，能见度损失，污染清理费用和建筑物恶化等费用，以及其他由技术进步、结构变化和行为改变带来的效益；②容易量化的协同效益，主要指节能方案的健康协同利益，如减少对人体健康的危害，往往未包含在直接效果分析中。

工业项目，尤其高能耗行业（如水泥工业），实施节能减排和气候变化缓解的政策方案所产生的协同效益，可以帮助改善空气污染的情况。对这类工业项目进行节能评价时，应努力将节能的协同效益纳入评价的范围并进行定量分析。将节能的协同效益纳入评价的范围并进行定量分析可以反映出这些高能耗项目在节能减排以外的益处（如减少疾病或死亡带来的健康），并提高高能耗项目的成本效益。

对高能耗行业实施节能措施后，可以对减少可吸入颗粒物（如 PM2.5）和二氧化硫（SO_2）排放等方面产生的协同效益进行定量分析，其节能成本计算公式如下：

$$\text{节能成本}_{\text{协同效益}} = \frac{\text{每年平均资本成本} + \text{运行和维护成本的年度变化量} - \text{每年的协同效益}}{\text{年度节能量}} \qquad (4\text{-}7)$$

其中：

$$\text{每年平均资本成本} = \text{资本成本} \times \frac{r + (1+r)^n}{(1+r)^n - 1}$$

式中　r——折现率；

n——实施节能措施的年数。

在纳入协同效益后，高能耗项目采取有效节能措施后，其节能所需的成本将大幅地减少，因其可以同时减少污染物（如 PM2.5 和 SO_2）的排放量。相比之下，如果项目不采取有效节能措施或采取了其他节约燃料相对不理想的措施，将由于没有或不能有效减少这些污染物的排放，从而无法或难以产生协同效益。由此可见，减少污染物排放量的措施对高能耗行业的重要性及其带来的可观收益。

因此，根据每项节能技术的资金成本、运行维护成本和年度节能量信息等必要的基础信息，计算包含协同效益的节能成本，可以对节能技术进行重新排序。

（二）折算标准煤系数

1. 标准煤的含义及其折算原则

能耗指标可以用单位产出物的能耗或单位产值的能耗来表示。由于不同项目的能源消耗品种不同，即使是同一个项目也会消耗多种能源资源，如原煤、原油、天然气、电力等。为了使不同项目或同一项目不同方案的单位产品能耗具有可比性，或者单位 GDP 能耗满足统计要求，项目消耗的各种能源均根据其平均低位发热量，折算为标准煤。

低位发热量，即燃料完全燃烧，燃烧产物中的水蒸气仍以气态存在时的反应热。低位发热量等于从高位发热量（燃料完全燃烧，且燃烧产物中的水蒸气凝结成水时的发热量）扣除蒸汽凝结热后的热量，表达式如下：

$$Q_{lc}=Q_{hc}-r \times Q_s \tag{4-8}$$

式中　Q_{lc}，Q_{hc}——分别为某种燃料的低位与高位发热量，kcal/kg；

　　　　r——单位水蒸气的凝结热，kcal/kg；

　　　　Q_s——单位燃料燃烧产物的水蒸气量，kg/kg。

标准煤是以一定的燃烧值为标准的当量概念，1kg 标准煤（1kgce）的低位热值为 29274kJ（合 7000kcal）。国际上常用标准油的概念，即将低（位）发热量等于 41.82MJ（或 10000kcal）液体或气体燃料称作 1kg 标准油（1kgoe）。

各种能源折算标准煤要遵循以下原则：

（1）计算综合能耗时，各种能源折算为一次能源的单位一般应为标准煤当量。

（2）实际消耗的燃料能源应以其低（位）发热量为计算依据折算为标准煤量。

（3）煤炭类原则上应采用企业实测单位重量的发热值。

（4）各种燃气和生物质能的发热量应采用实测值，再折算成标准煤当量。

（5）用能单位外购能源和耗能工质，如无条件实测，其能源折算系数可参照国家统计局公布的数据。

（6）用能单位自产的能源和耗能工质所消耗的能源，其能源折算系数应根据实际投入产出计算确定。

2. 各种能源折标准煤参考系数

综合能耗的计算，应在各单项能耗的基础上，结合折标系数进行测算。用能单位外购能源和耗能工质时，若能源供应商可提供能源的发热量等数据，其折标系数应按照实际进行折算；若用能单位无法获得各种燃料能源的低（位）发热量实测值的耗能量时，可参照《综合能耗计算通则》（GB/T 2589—2008）或使用当年中国能源统计年鉴中给出的折算系数值，参见表 4-4。用能单位自产的能源所消耗的能源，其能源折算系数可根据实际投入产出自行计算。

如果取得能源资源的低位热值（Q_{lc}），某种燃料的耗用量换算为标准煤量的计算公式如下：

标准煤量=燃料的耗用量×Q_{lc} / 29274（低位热值按千焦计）；

标准煤量=燃料的耗用量×Q_{lc} / 7000（低位热值按千卡计）。

表 4-4   常见的能源折算标准煤的参考系数

序号	能源名称	平均低位发热量	折标准煤系数
1	原煤	20908kJ（5000 kcal）/kg	0.7143kg 标准煤/kg
2	洗精煤	26377kJ（6300 kcal）/kg	0.9000kg 标准煤/kg
3	其他洗煤		
3.1	洗中煤	8374kJ（2000 kcal）/kg	0.2857kg 标准煤/kg
3.2	煤泥	8374～12560kJ（2000～3000 kcal）/kg	0.2857～0.4286kg 标准煤/kg
4	焦炭	28470kJ（6800 kcal）/kg	0.9714kg 标准煤/kg
5	原油	41868kJ（10000 kcal）/kg	1.4286kg 标准煤/kg
6	燃料油	418868kJ（10000 kcal）/kg	1.4286kg 标准煤/kg
7	汽油	43124kJ（10300 kcal）/kg	1.4714kg 标准煤/kg
8	煤油	43124kJ（10300 kcal）/kg	1.4714kg 标准煤/kg
9	柴油	42705kJ（10200 kcal）/kg	1.4571kg 标准煤/kg
10	液化石油气	50242kJ（12000 kcal）/kg	1.7143kg 标准煤/kg
11	炼厂干气	46055kJ（11000 kcal）/kg	1.5714kg 标准煤/kg
12	液化天然气	51498kJ（12300 kcal）/m³	1.7542kg 标准煤/m³
13	焦炉煤气	16747～18003kJ（4000～4300 kcal）/m³	0.5714～0.6143kg 标准煤/m³
14	其他煤气		
14.1	发生煤气	5234kJ（1250kcal）/m³	0.1786kg 标准煤/m³
14.2	重油催化裂解煤气	19259kJ（4600kcal）/m³	0.6571kg 标准煤/m³
14.3	重油热裂解煤气	35588kJ（8500kcal）/m³	1.2143kg 标准煤/m³
14.4	焦炭制气	16329kJ（3900kcal）/m³	0.5571kg 标准煤/m³
14.5	压力气化煤气	15072kJ（3600kcal）/m³	0.5143kg 标准煤/m³
14.6	水煤气	10467kJ（2500kcal）/m³	0.3571kg 标准煤/m³
15	沼气	23027～24283kJ（5500～5800kcal）/kg	0.7857～0.8286 kg 标准煤/kg
16	氢气	12797kJ（3057kcal）/kg	0.4367kg 标准煤/kg
17	热力（当量）	按热焓计算	0.03412kg 标准煤/10³kJ（0.14286kg 标准煤/10³kcal）
18	电力（当量）	3596kJ（860kcal）/kWh	0.1229kg 标准煤/kWh
	电力（等价）	按当年火电发电标准煤耗计算	

注　数据来源：《中国能源统计年鉴 2018》和《综合能耗计算通则》（GB/T 2589—2008）。

　　在综合能耗计算中，常常涉及耗能工质是否计入能源的问题。耗能工质是在生产过程中所消耗的不作为原料使用，也不进入产品，在生产和制取时需要直接消耗的工作物质。《综合能耗计算通则》（GB/T 2589—2008）明确定义，综合能耗是企业或者项目的能源消耗量，包括能源（含一次能源和二次能源）和耗能工质。因此，耗能工质消耗的能源属于综合能源消耗计算范围内。

耗能工质主要包括新水、软化水、压缩空气、氧气、氮气、氩气、乙炔、电石等，虽然耗能工质没有当量值折标系数，但按照等价折标系数计算出来的不是耗能工质本身的低位发热量，而是为生产和取得该类工质而消耗的一次能源的低位发热量。统计部门关注整个社会的能源消费量，没有计入耗能工质，因为生产耗能工质过程中所消耗的能源已经统计。在评价投资项目能耗对当地节能目标影响时，需要从综合能耗中剔除耗能工质的能耗。常见的耗能工质的热值及其折标系数见表 4-5。

表 4-5 　　　　　　　　　　　　　　主要耗能工质能源等价值

序号	耗能工质品种	单位耗能工质耗能量	折标准煤系数
1	新水	2.51MJ/t（600kcal/t）	0.2571kg 标准煤/t
2	软水	14.23MJ/t（3400kcal/t）	0.4857kg 标准煤/t
3	除氧水	28.45MJ/t（6800kcal/t）	0.9714kg 标准煤/t
4	压缩空气	1.17MJ/m³（280kcal/m³）	0.0400kg 标准煤/m³
5	鼓风	0.88MJ/m³（210kcal/m³）	0.0300kg 标准煤/m³
6	氧气	11.72MJ/m³（2800kcal/m³）	0.4000kg 标准煤/m³
7	氮气（做副产品时）	11.72MJ/m³（2800kcal/m³）	0.4000kg 标准煤/m³
8	氮气（做主产品时）	19.66MJ/m³（4700kcal/m³）	0.6714kg 标准煤/m³
9	二氧化碳气	6.28MJ/m³（1500kcal/m³）	0.2143kg 标准煤/m³
10	乙炔	243.67MJ/m³	8.3143kg 标准煤/m³
11	电石	60.92MJ/kg	2.0786kg 标准煤/kg

注　数据来源：《综合能耗计算通则》（GB/T 2589—2008）（2018 年 7 月 12 日征求意见稿 V1）。
　　本表数据按照发电煤耗 0.404kg 标准煤/kWh 计算。项目节能评价时推荐按照当年火电平均发电标准煤耗对折标准煤系数进行修正。

严格意义上，项目综合能耗可分为综合能源消费量和综合能源消耗量。如前所述，耗能工质消耗的能源属于综合能源消耗计算范围内，但不属于综合能源消费量的计量范围。

因此，综合能源消费量是指行业、企业范围内消费的各种燃料、动力、原料等能源（不含耗能工质）的总量；综合能源消耗量（综合能耗），是指用能单位在统计报告期内实际消耗的各种能源（一次能源和二次能源）以及耗能工质的实物量，折算标准煤后的总和。诸如原油化工、煤化工等行业，作为原料用途的能源，不计入用能单位综合能源消耗量，但要计入用能单位综合能源消费量。

3. 热力（蒸汽）折标准煤计算方法

热力折标准煤系数是根据锅炉出口蒸汽和热水的温度压力在焓熵图（表）内查得每千克的热焓减去给水（或回水）热焓，乘上锅炉实际产出的蒸汽或热水数量（流量表读出）计算。如果有些企业没有配备蒸汽或热水的流量表、没有焓熵图（表），可参照下列方法估算：

（1）报告期内锅炉的给水量减排污水等损失量，作为蒸汽或热水的产量。

（2）热水在闭路循环供应的情况下，热焓按 20kcal/kg 计算，如在开路供应时，则热焓按 70kcal/kg 计算（均系考虑出口温度 90℃，回水温度 20℃）。

（3）压力 1～2.5kg/m^2，温度 127℃以上的饱和蒸汽热焓按 620kcal/kg 计算；压力 3～7 kg/m^2，温度 135～165℃的饱和蒸汽热焓按 630kcal/kg 计算；压力 8 kg/cm^2，温度 170℃以上的饱和蒸汽按 640kcal/kg 计算。

（4）压力 150kg/cm^2 的过热蒸汽热焓：200℃以下按 650kcal/kg 计算；220～260℃按 680kcal/kg 计算；280～320℃按 700 kcal/kg 计算；350～500℃按 700 kcal/kg 计算。

此外，国家统计局统计标准和《炼油厂能量消耗计算方法》规定的不同压力的蒸汽、不同类型的水折算标准煤的系数如下：

1kg 10.0MPa 级蒸汽=0.131429kg 标准煤；

1 kg 3.5MPa 级蒸汽=0.125714kg 标准煤；

1 kg 1.0MPa 级蒸汽=0.108571kg 标准煤；

1 kg 0.3MPa 级蒸汽=0.094286kg 标准煤；

1 kg 小于 0.3MPa 级蒸汽=0.078571kg 标准煤；

1t 新鲜水=0.2429kg 标准煤；

1t 循环水=0.1429kg 标准煤；

1t 软化水=0.3571kg 标准煤；

1t 除盐水=3.2857kg 标准煤；

1t 除氧水=13.1429kg 标准煤；

1t 凝汽式蒸汽轮机凝结水=5.2143kg 标准煤；

1t 加热设备凝结水=10.9286kg 标准煤。

4. 电力折标准煤计算方法

电力的热值一般有两种计算方法：一种是按理论热值（calorific value）计算，另一种是按火力发电煤耗（coal equivalent）计算。两种方法各有用途：理论热值又称电热当量计算法，是指电力按自身的热功当量换算成标准煤，即按每千瓦时电量自身的热功当量 860 kcal，即 0.1229kg 标准煤（当量系数）计算；按火力发电煤耗计算，每年各不相同，为便于对比，以国家统计局每千瓦时电量折 0.404kg 标准煤（等价系数），作为今后电力折算标准煤系数。对于非火力发电厂项目节能评估，电力转算标准煤系数可以按当量值折算。

根据中国电力企业联合会（简称"中电联"）发布的《中国电力行业年度发展报告 2019》，2018 年全国 600MW 及以上火电厂平均供电标准煤耗 0.3076kg/kWh。根据国家能源局 2019 年全国电力工业统计数据，2019 年我国 600MW 及以上电厂供电标准煤耗为 0.307kg/kWh。

三、能耗与碳排放换算方法

节能与减排密不可分，都是可持续发展的必由路径。减排，广义上是指节约物质资源和能量资源，减少废弃物和环境有害物排放；狭义指节约能源和减少环境有害物排放。减少温室气体（特别是二氧化碳）排放和增加碳汇（即通过植树造林、森林管理、植被恢复等措施，利用植物光合作用吸收大气中的二氧化碳，并将其固定在植被和土壤中，从而减少温室气体在大气中浓度的过程、活动或机制）是可执行的重要减排政策，温室气体排放量的控制和计算是建立低碳经济和低碳发展模式的前提和基础，其中温室气体排放量化换算系数也是审计温室气体排放量的关键。

（一）温室气体排放量化换算系数

1. 温室气体排放量化换算系数的概念

某种能源温室气体的排放量是对它们排放活动的定量计算。计算能源的温室气体排放量的相关温室气体排放量化换算系数主要有碳排放系数和二氧化碳排放系数两种。碳排放系数是指消耗单位能源所产生的温室气体量转化为二氧化碳的量进而转化为碳的量；二氧化碳排放系数是指消耗单位能源所产生的二氧化碳的量。

这两种排放系数的意义不同，但都为表征某种能源温室气体排放特征的重要参数。根据二氧化碳（CO_2）的化学分子量（44）和碳（C）的化学分子量（12），它们之间的换算关系如下：

$$EF_{CO_2} = \frac{44}{22} EF_C = 3.667 EF_C \tag{4-9}$$

式中　EF_{CO_2}——以二氧化碳（CO_2）计算的排放系数；

　　　EF_C——以碳（C）计算的排放系数。

碳排放系数和二氧化碳排放系数分别包括了单位能源从开采、加工到使用的所有环节中所排放的温室气体转化为碳的量和直接排放的二氧化碳量。作为由温室气体转化的碳的量以及二氧化碳作为温室气体的主要组成部分，计算得出的二氧化碳直接排放量及碳的排放量是表征温室气体排放量的重要指标。

2. 温室气体排放量化换算系数的获取途径

温室气体排放量化换算系数是随着获取途径的不同，数值也有一定的差异。需要根据节能减排评价目的、对象的量化要求、现有资料及条件和现状等获取温室气体排放量化换算系数。

（1）通过统计数据获得温室气体排放平均量化换算系数。温室气体排放量化换算系数可通过能源消耗量以及统计的温室气体排放数据进行计算，获得能源的平均碳排放系数或平均二氧化碳排放系数。

例如，根据统计，每节约 1kWh 电量，就相对于节约了 0.4kg 标准煤，同时减少 0.997kg 二氧化碳；每千克标准煤的二氧化碳排放系数是 2.493kgCO_2/kgce。

（2）通过测定碳或二氧化碳排放系数的实验获取。根据碳排放系数及二氧化碳排放系数的概念，实验需测定消耗单位某种能源所产生的温室气体的量。投资项目建设或运营过程中某种能源的类型未必只有一种，需要对收集的能源样品按照种类、质量标准等确定。

根据能源实际的消耗过程和温室气体的排放过程，建立贴合实际的实验模型，并保持正常的实验条件，以便准确地获得所需实验数据。

（3）通过平均低位发热量换算获得排放系数。通过对能源进行抽样实测，求得平均低位发热量，测得单位热值含碳量及碳氧化率。能源的二氧化碳排放系数的计算方法为：

$$EF_{CO_2} = Q_{1c} \times c_q \times r_{CO} \times \frac{44}{22} \tag{4-10}$$

式中　EF_{CO_2}——以二氧化碳（CO_2）计算的排放量系数，tCO_2/TJ；

　　　Q_{1c}——某种能源平均低位发热量，参见表 4-4，kJ/kg；

　　　c_q——单位热值含碳量，tC/TJ；

　　　r_{CO}——碳氧化率，%。

部分化石能源二氧化碳排放参考系数见表4-6。

表4-6　　　　　　　　　　　　部分化石能源二氧化碳排放参考系数

分类	能源名称	单位热值含碳量 （tC/TJ）	碳氧化率 （%）	单位热值二氧化碳排放系数 （tCO₂/TJ）
固体燃料	无烟煤	27.4	0.94	94.44
	烟煤	26.1	0.93	89.00
	褐煤	28.0	0.96	98.56
	炼焦煤	25.4	0.98	91.27
	型煤	33.6	0.90	110.88
	焦炭	29.5	0.93	100.60
液体燃料	原油	20.1	0.98	72.23
	燃料油	21.1	0.98	75.82
	汽油	18.9	0.98	67.91
	柴油	20.2	0.98	72.59
	一般煤油	19.6	0.98	70.43
	LPG 液化石油气	17.2	0.98	61.81
	炼厂干气	18.2	0.98	65.40
	石脑油	20.0	0.98	71.87
	沥青	22.0	0.98	79.09
	润滑油	20.0	0.98	71.87
气体燃料	天然气	15.3	0.99	55.54

注　资料来源：《建筑碳排放计算标准》（GB/T 51366—2019）。

（4）通过折标准煤系数换算获得排放系数。如前所述，标准煤作为各种能源换算的标准，利用每千克标准煤的热值与各种能源的平均低位发热量进行对比，计算出各种能源的折标准煤换算系数。

由于每千克标准煤的二氧化碳排放系数是 2.493（kgCO₂/kgce），某种能源消耗的二氧化碳排放系数的计算方法如下：

$$EF_{CO_2} = f_{ce} \times 2.493 \qquad (4\text{-}11)$$

式中　EF_{CO_2}——某种能源消耗的二氧化碳（CO_2）排放系数；

　　　f_{ce}——某种能源的折标准煤换算系数。

（5）通过相关资料收集获得温室气体排放量化换算系数。通过查阅相关论文、报告、指南、政策法规、标准、数据库等资料，国内国际气体排放检测机构、监管机构，能源消耗的企事业单位，国内国际间召开的会议中有关气候、温室气体排放的相关资料收集能源碳排放系数或二氧化碳排放系数。由于不同机构或单位能源构成、实验条件、数据来源、测定方法等的不同，给定的同种能源的量化换算系数存在差异。

（二）投资项目能耗产生的 CO_2 排放量计算

1. 投资项目用能的 CO_2 排放量计算

投资项目建设和运营过程中，需要消耗多种能源，项目用能的 CO_2 排放量一般计算公式如下：

$$W_{CO_2} = \sum_{i=1}^{n} E_i \times f_{cei} \times EF_{CO_{2i}} \tag{4-12}$$

式中　W_{CO_2}——项目能耗的 CO_2 排放量，t；

　　　E_i——项目消耗第 i 种能源的消费总量，t；

　　　f_{cei}——第 i 种能源的折标准煤系数，tce/t；

　　　$EF_{CO_{2i}}$——第 i 种能源的 CO_2 排放系数；

　　　i——项目用能种类（$i=1$，2，…，n）。

2. 投资项目用电的 CO_2 排放量计算

投资项目建设和运营过程中，消耗的 CO_2 排放量计算公式如下：

$$W_{CO_2} = Q_e \times E_{ce} \times 2.493 \tag{4-13}$$

式中　W_{CO_2}——项目用电的 CO_2 排放量，t；

　　　Q_e——项目用电总量，kWh；

　　　E_{ce}——供电煤耗，kgce/kWh；

　　　2.493——每千克标准煤的二氧化碳排放系数，kgCO2/kgce。

四、能源消费影响评价方法

节能评价要求综合考虑当地能源消费和供应水平、节能减排目标和经济发展速度等主要因素，对当地能源消费增量限额进行预测，分析判断项目建成投产后对当地能源消费的影响，包括预测对当地完成节能目标的影响，做好项目所在地未来新建项目的能耗平衡工作，突出项目节能评价的科学性和前瞻性。

（一）能源供应保障情况评价

评价内容主要包括：项目所在地能源供应总量及构成；项目能源供应条件及落实情况，可能出现的问题及风险分析。

评价项目所在地能源供应条件，应全面了解建设单位基本情况及项目基本情况，调研项目所在地的煤炭供需状况、电力供应情况、交通运输状况等，考察项目建设地的"三通一平"情况、煤炭等大宗物资的堆场或库房建设现场、气候变化对能源供应储存的影响等，分析可能出现的供应保障风险。

能源供应保障情况评价需要根据能源品种，分别分析项目所需能源是否能够得到落实。例如，电力是绝大多数项目的主要能源类型，近年来随着国家新上的发电项目的增多及高能耗的产业项目的减少，全国大部分地区电力供应能力总体充足，投资项目节能评价容易忽视项目用能对当地能源供应状况的影响，某些地区供电有剩余不意味为项目供电的变电站有余量，不能未经调查就盲目认为项目用能可满足要求。

（二）项目对当地能源消费控制目标的影响评价

项目对当地能源消费的影响评价是根据当地节能目标、能源消费和供应水平，如单位地区生产总值（GDP）能耗或单位工业增加值能耗、国民经济发展预测（GDP 增速预测值）等，计算当地能源消费增量预测限额，将新建或改建、扩建项目能源消费量与当地能源消费增量预测限额进行对比，分析判断项目新增能源消费对当地能耗总量和强度目标的影响。

投资项目节能评价时，应考虑项目竣工投产当年对所在地能源消费总量及增量的影响，其中增量更能反映影响的大小。在评价实践中，某些项目仅计算了项目新增能耗对所在地能源总量的影响，忽略了增量影响计算；还有部分项目对能源供应总量和增量以及节能目标的影响分析不够，难以警示项目单位采取的节能措施和保障项目用能措施，未能及时向有关部门反映真实的影响情况。

根据《国务院关于印发"十三五"节能减排综合工作方案的通知》（国发〔2016〕74 号），项目能源消费中对超出规划部分可再生能源消费量，不纳入能耗总量和强度目标考核。

1. 项目综合能耗对当地能耗总量目标的影响计算

项目对所在地完成能耗增量控制目标的影响分析，可通过定量计算项目年能源消费增量占所在地能耗增量控制目标的比重，并定性分析其影响程度。特别是高能耗工业项目，其综合能耗对当地能耗总量目标的影响，主要是评价项目综合能耗对当地能耗增量控制目标的比例。

项目能耗对当地能源消费总量影响的计算公式如下：

$$m_1 = \frac{E_0}{E_1} \tag{4-14}$$

式中　m_1——项目投产时能源消费量与当地能源消费总量的比例，%；

E_0——项目建成投产当年能源消费量，（tce，等价值），改建、扩建项目为综合能源消费增量；

E_1——当年项目所在地能源消费总量，（tce，等价值）。

项目能耗对当地能源消费增量的影响的计算公式如下：

$$m_2 = \frac{E_0}{E_2} \tag{4-15}$$

式中　m_2——项目投产时能源消费量与当地能源消费增量的比例，%；

E_0——项目建成投产当年能源消费量，（tce，等价值）；

E_2——当年项目所在地能源消费增量控制目标，（tce，等价值），为当年项目所在地能源消费总量（等价值）与上一年项目所在地能源消费总量（等价值）之差。

在投资项目节能评价实践中，常常需要分析某项目综合能耗对当地五年规划能源消耗控制增量的影响。以"十四五"规划期间拟将开展的投资项目为例，期间某项目综合能耗对当地"十四五"能耗控制数的影响（m）计算如下：

m=项目年综合能源消耗量（等价值）/项目所在地"十四五"能源消费控制增量

项目所在地"十四五"能源消费控制增量=项目所在地"十三五"末（2020 年）GDP×万元　　　　　　　　　　　　　　　GDP 能耗×［(1+"十四五"期间项目所在地 GDP　　　　　　　　　　　　　　　年均增长率)^5–1］×（1–"十四五"期间项目所　　　　　　　　　　　　　　　在地万元 GDP 能耗累计下降率）

式中　项目综合能源消耗量（等价值）——工业生产消费的能源合计－能源加工转换产出合计－回收利用能源合计。

2. 项目增加值能耗对当地能耗强度目标的影响计算

项目增加值能耗对当地能耗强度目标（单位 GDP 能耗）的影响计算公式如下：

$$n = \frac{\frac{a+b}{b+e}-c}{c} \qquad (4\text{-}16)$$

式中　n——项目增加值能耗影响当地单位 GDP（地区生产总值）能耗的比例，%；

　　　a——上年度项目所在地综合能源消费总量，（万 t 标准煤，等价值）；

　　　d——项目年综合能源消费量，（万 t 标准煤，等价值）；

　　　b——项目上年度所在地地区生产总值（GDP），万元；

　　　e——项目年工业增加值，万元；

　　　c——上年度项目所在地单位 GDP 能耗，（t 标准煤/万元），$c=a/b$。

其中，工业增加值是指工业企业在报告期内以货币形式表现的工业生产活动的最终成果，是工业企业全部生产活动的总成果扣除了在生产过程中消耗或转移的物质产品和劳务价值后的余额，也是工业企业生产过程中新增加的价值。

工业增加值有两种计算方法：

（1）生产法。工业增加值=工业总产值（现行价）－工业中间投入+本年应交增值税。其中，工业中间投入=生产成本中的中间投入（原材料、燃料和动力、外购半成品等直接材料+制造费用－生产单位管理人员工资－职工福利－折旧）+管理费用中的中间投入+产品销售费用中的中间投入+利息支出。

（2）收入法。工业增加值=固定资产折旧（含制造费用、管理费用和销售费用中的折旧）+劳动者报酬+生产税净额（销售税金+增值税+管理费用中的税金）+营业盈余（营业利润－其他业务利润－转作奖金的利润）。

3. 项目对当地节能目标影响评价

根据投资项目能耗对所在地能耗消费和节能目标的影响（m 值、n 值）的计算结果，可以参考见表 4-7 评价影响程度。

表 4-7　　　　　　　　　　　项目综合能耗对所在地节能目标影响程度评价

项目新增能源消耗量与所在地能耗增量控制目标的比例 m（%）	项目增加值能耗与所在地能耗强度降低目标的比例 n（%）	影响程度
$m \leqslant 1$	$n \leqslant 0.1$	影响较小
$1 < m \leqslant 3$	$0.1 < n \leqslant 0.3$	一定影响
$3 < m \leqslant 10$	$0.3 < n \leqslant 1$	较大影响
$10 < m \leqslant 20$	$1 < n \leqslant 3.0$	重大影响
$m > 20$	$n > 3.0$	决定性影响

注　节能审查机关可根据本地区实际情况，调整表中对比分析数据，以便适应当地节能管理需要。

项目计算的年综合能源消费量占所在地能源增量的比重（m），或者项目单位增加值能耗对所在地节能目标的影响程度（n）计算结果，可从四个方面对影响情况进行评价：

（1）考虑项目是否适宜建设。如果 m 或 n 过大，项目建设对当地节能目标完成产生重大或决定性影响，而且项目产生的废渣、粉尘等对环境造成不利影响，建议放弃项目建设。

（2）如果 m 或 n 较大，即项目建设对当地节能目标完成产生较大影响，可采取有效节能措施降低项目能耗。

（3）如果 m 或 n 较小，可采取措施保障项目用能。

（4）如果 m 或 n 较大或重大，可腾出其他项目空间，淘汰产能低的项目。

五、能源平衡分析方法

参照《企业能量平衡通则》（GB/T 3484—2009），能源平衡需要编制项目能量平衡表和能源网络图，分析项目能源购入贮存、加工转换、输送分配、最终使用的情况，发现节能薄弱环节和节能重点环节，评价能源利用效率。

（一）项目能源平衡的概念和原理

1. 能源平衡分析的概念

能量平衡分析是以拟建项目为对象，对输入的全部能源与输出的全部能源在数量上的平衡关系分析。能量平衡分析也包括对项目能源在购入存储、加工转换、输送分配、终端使用各环节与回收利用和外供各能流的数量关系的考察，定量分析项目能量利用效率，能量损失的大小、分布与损失发生的原因，以利于确定节能目标，寻找切实可行的节能措施。

2. 项目能源平衡分析的原理

项目能源平衡分析原理框图如图 4-1 所示。

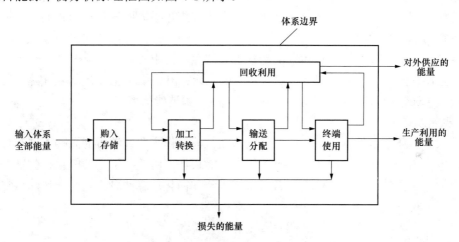

图 4-1 项目能源平衡分析原理框图

如图 4-1 所示，方框内为项目的用能系统，方框用于区分体系内部和外部。输入体系全部能源画在方框的左侧；输出体系的能源包括对外供应的能源和生产利用的能源，画在方框的右侧；损失的能源画在方框的下面。

根据能源守恒定量，项目能源平衡的结果应做到输入体系的全部能源等于输出体系的全部能源。对于有能源输出的项目，在计算项目综合能耗时，要将输出的能源扣除。

能源平衡方程表达式如下：

（1）输入体系的全部能源=输出体系的全部能源。

（2）输入体系的全部能源=生产利用的能源+对外供应的能源+损失的能源。

（3）综合能源消耗量=生产消费的能源合计−能源加工转换产出合计−回收利用能源合计。

3. 能量利用率与能源利用率

采用能量平衡法对项目用能状况进行分析时，通常采用能量利用率指标，即项目的所有能源介质换算均应按当量值，以符合热力学第一定律。

能量利用率和能源利用率均是以能量平衡为基础的用能有效性分析指标。

能量利用率是项目有效利用能与供入能源当量值总量（电的折标系数取当量值，即 0.1229 tce/kWh）的比值，即能量利用率 $=\dfrac{\text{有效能量}}{\text{供入能源量}}$，反映项目内部各用能环节和设备对能量的有效利用程度。

能源利用率则是项目有效利用能与外购能源等价值总量的比值，其将二次能源（如电力）全部折算成一次能源的总量，从而反映出项目对当地能源投入总量的有效利用程度，适用于含有自备发电系统的项目能效分析。

（二）项目能源平衡的计算方法

项目能量平衡分析，应对能源流的每个用能环节进行分解，分别计算用能环节的有效能及能量损失，基于这两部分数据，能量利用率的计算可分别采用正平衡系统法和反平衡系统法。正平衡系统法以计算有效能为核心，即指工艺达到要求时，理论上必须消耗的能量，有效能主要包括输出的电能、机械能、能源转换后的其他能以及化学反应的吸收热；反平衡法则是应用于项目系统中有效能难以确定的情况，先求出能量损失，再计算利用率，损失能量主要包括如排烟热损失、设备散热及蓄热、未完全燃烧热损失以及其他形式的能量损失，通常可以进行通热工检测确定。

如图 4-1 所示，项目能量总体平衡是基于对能源流向中"购入贮存—加工转换—输送分配—终端使用"的 4 个环节的流程分解，从而最终计算出总体的能量/能源利用率，即：项目能源系统效率=能源生产效率×能源中间环节效率×能源消费效率。

1. 购入贮存环节

在购入贮存环节，外购电力的进厂变压站通常被当作企业或项目能源购入储存环节的用能单元，电能消耗量计算中应计入供电系统中电能损耗，而变压引起的能耗损失（变损）属于该环节的能量损失，其电能损失 ΔW_t 可采用理论和简化计算两种方法，理论法可参照计算如下：

$$\Delta W_t = \Delta P_0 t + \Delta P_k (S_c/S_r)^2 \tau \tag{4-17}$$

式中　ΔP_0——变压器空载有功损耗，kW；

$\quad\ \Delta P_k$——变压器负载有功损耗，kW；

$\quad\ \ t$——变压器全年投入运行小时数，取 $t = 8760\text{h}$；

$\quad\ S_c$——变压器计算负荷，kVA；

$\quad\ S_r$——变压器额定容量，kVA；

$\quad\ \ \tau$——最大负荷年损耗小时数。

在购入贮存环节，变压器的容量与选型是节能评价重点关注的内容。

2. 加工转换环节

能源加工转换环节是企业或项目能量损失的主要环节，也是节能潜力最大的单元，投资项目加工转换环节通常包括厂内自建发电站、热电站、冷冻站、空压站、制氢制氧站、锅炉房、泵房等。能源转换效率是决定项目总体能量利用率的重要因素，因此在节能评价时应对各环节的用能与转换情况进行详细分析，对转换单元的输入、输出、损失能量进行平衡计算，确定该环节的能量利用率。

锅炉房、空压站和泵房是众多投资项目，特别是工业项目最为常见的重要能源转换单元，节能评价时应予以重点分析。

3.　输送分配环节

输送分配环节主要包括输配电线路、天然气/煤气/氧氮氩等燃气管网、蒸汽/压缩空气管网等，该部分的能量损失虽不构成项目主要损失量，但作为能源传输的直接方式，不仅要考虑输送过程中"跑冒滴漏"的数量损失，还应关注输送能源的热量质量，节能评价需要对项目中供暖/供冷系统的蒸汽/热水管网、冷冻水管网的保温性能做具体分析和要求。

输配电线路的线损是节能评价中电能平衡分析的重要内容。由于线路的功率损耗与输配电电缆的长度、截面，以及线路电流大小密切相关，投资决策阶段的节能评价往往未开展电缆选型，因此相对于变压器的电能损耗，线损计算较为困难。

4.　终端使用环节

项目的终端使用环节是能源流分析中最复杂的环节，包括了众多的生产和辅助、附属用能设备等，终端用能设备的有效利用率是决定项目总体能量利用率的关键因素。终端使用环节的能量平衡应按主要生产（按生产车间或工序、工段）、辅助生产（检修、测试）、采暖/空调、照明、运输（厂内物料 运输）和其他（厂内食堂、浴室等）等部分分别进行，外供部分能源也可直接体现在这里。

鉴于不同项目用能设备的种类及耗能情况较为复杂，终端使用环节能源平衡通常选择耗能较大的环节进行重点分析。

（三）项目能源平衡表的编制

1.　能源平衡表的概念和作用

能源平衡表是反映能源平衡的矩阵列表，直观地揭示能源的资源供应、加工转换和终端消费之间的数量平衡关系。能量平衡表的数据，除标明的各种能源的实物量及等价值栏外，均为能源的当量值。能量平衡表的结果应符合能量守恒定律。能量平衡表的各种能源的当量值收支总量应保持平衡；供入能量与有效能量及损失能量之和保持平衡。

能源平衡表有多种形式，按能源的内容，分为单项能源平衡表（如电力平衡表）和综合能源平衡表；按平衡范围大小，分为国家能源平衡表、地区或部门能源平衡表、企业能源平衡表，以及车间（工序）或重点耗能设备的能源平衡表。

能源平衡表至少具有以下作用：①能够完整地反映出各种能源从采购、生产到终端消费的全部流程及其各个环节的构成情况；②能够反映一次能源通过加工、炼制、发电等转换为二次能源的投入和产出的关系，以及它们的数量、损耗量和转换效率；③可以分析能源消费的部门结构和行业结构，项目的能源平衡表还可进一步分析产品和工艺结构，为研究能源结构优化提供依据；④能源平衡表与宏观经济数据相结合，可以进行能源预测和规划工作；⑤研究各种能源的平衡数据，以及其在国民经济各部门的合理使用程度，可以分析节能潜力和途径，找出提高能源利用效率的方法。投资项目积累多年能源平衡表的数据，可为计算节能量和制订节能计划提供可靠的依据；⑥可以校核各种能源统计数据的准确性，为改进能源统计工作提供参考。

2.　项目能源平衡表的编制示例

项目能源平衡表是以项目为边界，通过表格的形式，将项目各种能源的购入存储、加工转换、输送分配和终端使用等环节，记入一张表格内，从数量上描述它们互相之间的平衡关系，直观地反映项目报告期各环节的能源供入、有效利用和损失的全貌，从而对能源利用合理性作出评价。

项目能源平衡常常采用矩阵形式，即"列"栏表示各种一次能源和二次能源的供给（供入）、有效利用和损失情况；"行"栏表示项目投资建设和生产活动以及能源流向。以某燃煤电厂新建项目为例，其能源平衡见表4-8。

表 4-8　　　　　　　燃煤电厂项目能量平衡表（示例）　　　　　（tce）

能源种类		购入存储			加工转换		输送分配	终端使用		
		实物量	等价值	当量值	发电机组	小计1		厂内使用（不含变压器和厂内线损）	外供	小计2
		1	2	3	4	5	6	7	8	9
供入能量	煤	189.73万t	1545541	1545541	1540904	1540904				
	柴油	110t	160	160	160	160				
	电力						702725	51035	650987	702023
	合计	—	1545701	1545701	1541064	1541064	702725	51035	650987	702022
有效能量	煤		1540904	1540904						
	柴油		160	160						
	电力				702725	702725			650987	650987
	合计		1541064	1541064	702725	702725	702023	0	650987	650987
损失能量			4637	4637	838339	838339	703	51035	0	51035
能量利用率（%）				99.7	45.6	45.6	99.9	0	100	92.73
		650987÷1545701=99.7%×45.6%×99.9%×92.73%=42.12%								
能源利用率（%）		42.12%								

注 1. 项目能量利用率=终端使用环节的有效能源合计÷购入存储环节的供入能源当量值合计。
　　2. 项目能源利用率=终端使用环节的有效能源合计÷购入存储环节的供入能源等价值合计。
　　3. 对于某些项目，购入存储环节需要供入二次能源（如电力），由于其等价值和当量值不同，因此项目的能量利用率与能源利用率在数值上是不同的。

（四）项目能源网络图的绘制

1. 项目能源网络图的概念

项目能源网络图也称项目能源流动图，是通过网络图的形式对能量在项目生命周期流动过程的描述。项目能源网络图将用能系统划分为购入贮存、加工转换、输送分配与最终使用四个环节，按网络的形式由左向右绘制，每个环节划分为一个或几个用能单元，其中购入贮存、加工转换与最终使用各环节内的用能单元分别以圆形、方形和矩形表示；用带箭头的线段表示能量经各环节的流动情况，并根据不同的要求和用途在各线段上注明相应的数据（如能流量的大小、环节的相对效率等）。

2. 项目能源网络图的绘制方法

参照《企业能源网络图绘制方法》（GB/T 16616—1996）和《企业能源平衡网络图绘制

方法》（GB/T 28749—2012），项目能源网络图的能源流向由左向右，各类能源的流入量与流出量应当平衡。各过程相互衔接的节点处，流入能量总和应等于流出能量的总和；各用能单元的流入能量与流出能量应当平衡。

（1）用矩形图表示的用能单元，其中标注用能单元名称，括号内数字是该用能单元的能量利用率；菱形图表示生产过程中回收可利用能源，上部标注回收能源名称，下部标注回收能源实物量的数字及单位。

（2）购入贮存环节的各种能源，在圆形图上半部标注能源名称，下半部标注供入能源实物量的数字和单位。圆形图左侧的箭头方向，指向圆形图表示购入或期初库存，离开圆形图表示外供或期末库存，箭头上方数字表示购入、外供或出入库存数量和单位；从圆形图右侧绘出的箭头上方数字表示供入能源的等价值和当量值的标准煤量，箭头下方括号内数字表示占供入项目总能量的百分数；等价值和当量值之间用双线隔开，左侧数字为供入项目能源的等价值，右侧数字为当量值。购入贮存环节下部列出供入项目能源的总量。

（3）加工转换环节中，在方形图上部标注转换单元名称，下部表示其加工转换效率。左侧的箭头表示供入的能源，右侧表示供出的能源；箭头上方的数字表示供入或供出能源的标准煤当量值，下方括号内数字表示占供入企业总能量的百分数。

（4）每个用能单元左侧箭头上方标注投入能源的数量，下方括号内数字表示占供入项目能源总量的百分数；从右侧绘出的箭头上方数字表示该单元的有效能量，数字右侧括号内数字表示该有效能量占供入项目总能量的百分数；从用能单元右侧流出向下的箭头表示损失能量，括号内数字表示该损失能量占供入项目总能量的百分数。

3. 项目能源网络图的编制示例

绘制项目能源网络图的基本数据，来自项目公司的能量平衡表。项目能源网络图中各类能源（如煤、燃料油、焦炭、煤气、电力、蒸汽等）由实物量折算为等价值和当量值，应按《综合能耗计算通则》（GB/T 2589—2008）计算。

以某燃煤电厂新建项目为例，其能源流动网络如图 4-2 所示。

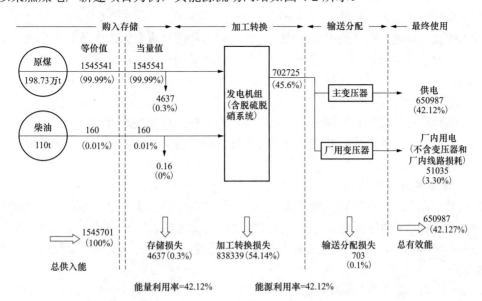

图 4-2 燃煤电厂项目能源流动网络示意图

第五章

工业项目节能评价

工业项目节能评价在节能评价咨询领域占有重要地位，是挖掘节能潜力、应用节能技术、调整产品结构、提升能源效率、完善能源管理、促进绿色发展的重要领域。本章重点介绍工业项目能耗的主要特点，我国工业能耗现状及节能技术推广应用的潜力和重点方向，工业节能评价指标及节能措施的选择。

第一节　工业节能及其标准规范

工业是采掘业与加工工业的总称，主要指采掘自然物质资源和对农产品及工业品进行加工的物质生产部门。工业是我国能源消耗的主要领域，工业节能潜力巨大，通过结构节能、技术节能和管理节能，可以有效提升能源效率，实现经济持续快速增长。

一、工业节能概念及其能耗特点

（一）工业节能

《中华人民共和国节约能源法（2018 年修正）》将节约能源界定为加强用能管理，采取技术上可行、经济上合理以及环境和社会可以承受的措施，从能源生产到消费的各个环节，降低消耗、减少损失和污染物排放、制止浪费，有效、合理地利用能源。

《中华人民共和国节约能源法（2018 年修正）》提出，国务院管理节能工作的部门会同国务院有关部门制定电力、钢铁、有色金属、建材、石油加工、化工、煤炭等主要耗能行业的节能技术政策，推动企业节能技术改造。工业和信息化部负责全国工业节能监督管理工作，组织制定工业能源战略和规划、能源消费总量控制和节能目标、节能政策和标准，组织协调工业节能新技术、新产品、新设备、新材料的推广应用，指导和组织工业节能监察工作等。

《工业节能管理办法》（工信部令〔2016〕第 33 号）指出，工业节能是指在工业领域贯彻节约资源和保护环境的基本国策，加强工业用能管理，采取技术上可行、经济上合理以及环境和社会可以承受的措施，在工业领域各个环节降低能源消耗，减少污染物排放，高效合理地利用能源。

（二）工业项目能耗特点

长期以来，我国产业结构重型化特征明显，结构性矛盾较为突出，工业一直是我国消耗能源的主要领域，工业能源消费占全社会能源消耗的比重高居不下。"十二五"以来工业能耗比重始终在 70% 左右，直到 2014 年能耗增幅开始趋缓，"十三五"期末占全国能源消费总量的 2/3 左右。

根据中国电力企业联合会发布的《中国电力行业年度发展报告 2019》，2018 年全国发电新增生产能力（正式投产）1278.5MW；截至 2018 年年底，全国全口径发电装机容量 19001.2MW；

2018 年全国全口径发电量 69947 亿 kWh，全国全社会用电量 69002 亿 kWh，全国全社会用电量中，第二产业用电量 47733 亿 kWh，依然占据全社会用电量的 69.18%；第二产业用电量中，工业用电量 46954 亿 kWh，占据全社会用电量的 68.05%。

工业项目的电能消耗主要包括工艺设备耗电、照明设备耗电、暖通设备耗电、变压器损耗（简称变损）、线路损耗（简称线损）。

工业项目总耗电量=设备年耗电量+变损+线损，其中工艺设备耗电、照明设备耗电、暖通设备耗电统称为设备年耗电量。

工业节能是节能研究的一个重要领域。长期以来，由于技术装备良莠不齐，部分装备技术性能低下，生产工艺相对落后，导致我国工业能耗指标总体较高，总体用能效率低，制约了国民经济持续发展和转型。这从另一个方面也反映了我国工业项目节能的巨大潜力和空间。在我国"十一五""十二五"和"十三五"节能减排方案中，工业节能都是节能减排工作的重点，也是节能领域的热点。

二、我国工业节能政策与标准规范

工业企业是工业节能主体，应当严格执行节能法律、法规、规章和标准，加快节能技术进步，完善节能管理机制，提高能源利用效率。

（一）工业节能政策的起步和发展

1980 年 8 月 30 日在第五届全国人民代表大会第三次会议上，国务院副总理兼国家计划委员会主任姚依林在报告中就提出了能源节约的多项措施，明确要求各地区、各部门要在改变工业结构和产品结构方面，大力开展以节能为中心的技术改造，尽可能节约能源，这是我国迈向工业现代化的重大步骤；1980 年 10 月 27 日国务院发布了节能指令第一号《关于压缩各种锅炉和工业窑炉烧油的指令》。1982 年 1 月 5 日，国家机械工业委员会、国家能源委员会发布了《关于加速工业锅炉更新改造节约能源报告的通知》。随后，《国务院关于节约用电的指令》《国务院关于节约成品油的指令》《国务院关于节约工业锅炉用煤的指令》《国务院关于发展煤炭洗选加工合理利用能源的指令》等节能指令陆续发布，有力地支持和推动了当时工业节能工作。

在改革开放初期，能源不足，尤其是电力供应紧张是我国国民经济和社会发展中的一个比较突出的薄弱环节，我国出台了多项有关工业节能和资源综合利用的政策。1985 年 6 月 30 日，国务院环保委员会、国家经济委员会（简称国家经委）颁布《工业企业环境保护考核制度实施办法（试行）》，规定工业企业在利用能源和各种资源生产产品的同时，要积极采用无污染或少污染工艺，搞好综合利用，并将工业企业环境保护工作的成果纳入工业企业经营效果评定的重要内容；同年 9 月 30 日，国务院批转《国家经委关于开展资源综合利用若干问题的暂行规定》，要求企业必须执行治理污染和综合利用相结合的方针，对于能源消耗大的企业，应把利用余热、压差、高炉的焦炉煤气以及水的循环利用作为建设和改造的主要内容，企业开展综合利用遵循"谁投资、谁受益"的原则，并出台有关节能财政金融支持政策，1985 年之前节能技改项目从财政拨款转向"拨改贷"，利率为 2.1%；1985 年以后，以低于商业贷款利率 50% 的优惠条件，向建成后被确定的节能项目提供利息返还。

1986 年 1 月 12 日国务院发布《节约能源管理暂行条例》，代替了 20 世纪 80 年代初期的五个节能指令；随后，多个工业部门先后发布了相关的实施细则、规定或办法。例如，原化学工业部于 1986 年 8 月 19 日颁布《化工系统实施国家〈节约能源管理暂行条例〉细则》（化生字〔1986〕第 732 号）；国家医药管理局于 1986 年 10 月和 1987 年 9 月先后颁布了《医疗行业实施国务院〈节约能源管理暂行条例〉办法》和《医药工业企业节约能源管理升级（定级）暂行办法（试行）》；原工业和能源部（简称能源部）1991 年 2 月 5 日颁布了《火力发电厂节约能源规定（试行）》；原机电部（简称机电部）1992 年 6 月 29 日颁布了《机械工业节约能源监测管理暂行规定》；原煤炭部（简称煤炭部）1996 年 4 月 17 日发布了《煤炭工业部节约能源监测管理办法》等，直至 1997 年 11 月 1 日第八届全国人民代表大会常务委员会第二十八次会议通过《中华人民共和国节约能源法》。

自 1990 年以来，我国在工业管理及设计、工业产品能耗定（限）额、工业合理用能、工业设备能效等方面发布了众多标准和规范，并启动和发布了一大批工业建筑、生产工艺节能设计标准和能耗限额以及企业节能管理导则，如钢铁企业节能设计规范、钢铁企业能效指标计算导则、水泥工厂节能设计规范、水泥单位产品能源消耗限额、有色金属冶炼厂节能设计规范、工业锅炉能效限定值及能效等级、工业建筑节能统一标准、工业企业能源管理导则、用能单位能源计量器具配备和管理通则等标准规范。

1980—2000 年期间，我国工业企业节能政策工具主要为命令控制型、指导性的政策工具；2000 以后，我国工业企业节能政策工具综合应用了命令-控制型、激励性和自愿型政策工具，进一步推进了节能工作的进程。

在命令-控制型政策工具方面，如国家发展改革委 2004 年 5 月提出工业节约用电合理用电十项措施；同年 6 月批准《机械行业节能设计规范》（JBJ14—2004）等 95 项行业标准；同年 12 月批准《电石行业准入条件》（国家发展和改革委员会公告〔2004〕第 76 号）《铁合金行业准入条件》（国家发展和改革委员会公告〔2004〕第 76 号）《焦化行业准入条件》（国家发展和改革委员会公告〔2004〕第 76 号）等行业准入条件。

在激励性政策工具方面，如国家发展改革委、国家电监会 2008 年 3 月发布《关于 2007 年 1—9 月可再生能源电价附加补贴和配额交易方案的通知》（发改价格〔2008〕640 号），《关于 2007 年 1～9 月可再生能源发电项目上网电价高于当地脱硫燃煤机组标杆上网电价的部分和可再生能源发电项目接网费用部件、原材料进口税收政策的通知》（财关税〔2008〕36 号），自 2008 年 1 月 1 日对国内企业为开发、制造大功率风力发电机组而进口的关键零部件、原材料所缴纳的进口关税和进口环节增值税实行先征后退，所退税款作为国家投资处理，转为国家资本金，主要用于企业新产品的研制生产以及自主创新能力建设。

在自愿型政策工具方面，如《能源效率标识管理办法》（国家发展改革委、国家质量监督检验检疫总局 2016 年第 35 号令），对节能潜力大、使用面广的用能产品实行能效标识管理，公布《中华人民共和国实行能源效率标识的产品目录》，规定统一适用的产品能效标准、实施规则、能效标识样式和规格。

（二）高耗能行业和产品强制节能要求

工业节能是依法规范工业企业用能行为、推动工业节能的重要依据。对涉及能源消耗的重大项目，尤其是钢铁、有色、煤炭、电力、石油石化、化工、建材等重点耗能行业及高耗能企业投资建设的项目，应重视从建立节约型社会的角度制定节能强制标准，限期淘汰老旧设备，对能耗高于标准的企业实行节能监察制度，有效推进和定期汇报企业的节能工作和节能标准执行情况。

为了加强重点耗能企业节能管理，2006 年 4 月国家发展改革委等五部门颁布《关于印发千家企业节能行动实施方案的通知》（发改环资〔2007〕571号），对2004年综合能源消费量达到18万t标准煤以上千家重工业企业（共1008家）提出了系统性的节能工作要求和跟踪考核机制。《关于印发千家企业节能行动实施方案的通知》（发改环资〔2007〕571号）中提到的千家企业是指钢铁、有色、煤炭、电力、石油石化、化工、建材、纺织、造纸9个重点耗能行业规模以上独立核算企业。千家企业能源消费量前四位的行业是钢铁、电力、化工、石油石化四个行业，占千家企业能源消费量的82%。

对应于这些高耗能行业，我国主要耗能产品有：常规燃煤发电机组、粗钢、铁合金、焦炭、碳素、铜、锌、铅、镍、电解铝、镁、锡、锑、铜合金、铝合金、烧碱、电石、合成氨、黄磷、水泥、建筑卫生陶瓷、平板玻璃等。我国对主要耗能产品制定和实施国家强制性节能标准，包括主要工业耗能设备、家用电器、照明器具、机动车等能效标准；对节能潜力大、使用面广的用能产品实行统一的强制性能效标识制度，为企业和用户的购买提供必要的信息，引导企业和用户选择高效节能产品。

工业和信息化部发布的《全国工业能效指南（2014年版）》，分析整理了全国2000年以来重要节点年份的工业部门，尤其是高耗能行业能源消费总量和结构数据，以及重点用能行业单位产品能耗限额标准限定值、准入值和先进值，并汇编了行业能效标杆指标、行业平均指标和国际先进指标。《全国工业能效指南（2014年版）》中的"高耗能设备（终端用能产品）"部分主要收集整理了风机、水泵、电动机、锅炉、通用设备等工业领域主要耗能设备能效标准，包括能效限定值、节能评价值或I级能效指标，以及部分能效标杆设备指标。

2015年中共中央、国务院印发《关于加快推进生态文明建设的意见》，要求完善标准体系，加快制定修订一批能耗、水耗、地耗、污染物排放、环境质量等方面的标准，实施能效和排污强度"领跑者"制度，加快标准升级步伐。《国务院办公厅关于加强节能标准化工作的意见》（国办发〔2015〕16号）要求在工业领域，加快制修订钢铁、有色、石化、化工、建材、机械、船舶等重点行业节能标准，形成覆盖生产设备节能、节能监测与管理、能源管理与审计等方面的标准体系；完善燃油经济性标准和新能源汽车技术标准。2017年国家发展改革委印发的《节能标准体系建设方案》聚焦七大工业领域，要求加快制定和修订钢铁、有色、石化、化工、建材、机械、船舶等行业节能技术标准，形成覆盖生产设备节能、节能监测与管理、能源计量、能源管理与审计等方面的标准体系。

（三）工业节能标准体系的现状和目标

1. 工业节能标准体系的分类

《企业节能标准体系编制通则》（GB/T 22336—2008）规定了工业企业节能标准体系的编制原则和要求、企业节能标准体系的层次结构、企业节能标准体系的编制格式；国家标准化管理委员会《2008—2010年资源节约与综合利用标准发展规划》将工业节能标准体系分为工业节能设计、能源平衡、能耗测试与计算、能源消耗限额、节能监测、经济运行、能源审计、高效节能产品及装置、节能综合管理与评价等方面的标准。

2. 工业节能标准体系的现状

2010年3月，工业和信息化部发布《关于加强工业固定资产投资项目节能评估和审查工作的通知》（工信部节〔2010〕135号），将完善节能标准体系作为做好节能评估和审查工作的重要举措，要求发布《工业固定资产投资项目节能评估评价导则》，完善重点行业产品能耗限额及准入标准、节能设计规范等。

工业和信息化部《工业节能管理办法》（工信部〔2016〕第 33 号令）提出"加强对重点用能工业企业的节能管理"，其中重点用能工业企业包括年综合能源消费总量 10000t 标准煤（分别折合 8000 万 kWh 用电、6800t 柴油或者 760 万 m³ 天然气）以上的工业企业，以及省、自治区、直辖市工业和信息化主管部门确定的年综合能源消费总量 5000t 标准煤（分别折合 4000 万 kWh 用电、3400t 柴油或者 380 万 m³ 天然气）以上不满 10000t 标准煤的工业企业。

3. 工业节能标准体系的建设目标

《工业节能与绿色标准化行动计划（2017—2019 年）》（工信部节〔2017〕110 号）提出，到 2020 年，在单位产品能耗水耗限额、产品能效水效、节能节水评价、再生资源利用、绿色制造等领域制修订 300 项重点标准，基本建立工业节能与绿色标准体系；强化标准实施监督，完善节能监察、对标达标、阶梯电价政策。《工业节能诊断服务行动计划》（工信部节函〔2019〕101 号）明确，每年对 3000 家以上重点企业实施节能诊断服务，培育壮大一批节能诊断服务市场化组织，制定一批重点行业节能诊断标准。

随着新时代进入高质量发展阶段，为落实中国制造 2025，加快推进绿色制造，需要紧紧围绕工业节能与绿色发展的需要，充分发挥行业主管部门在标准制定、实施和监督中的作用，强化工业节能与绿色标准制修订，扩大标准覆盖面，加大标准实施监督和能力建设，健全工业节能与绿色标准化工作体系，切实发挥标准对工业节能与绿色发展的支撑和引领作用。

第二节　工业节能技术进展及应用效果

一、我国工业能耗及节能技术现状

随着工业化进程的不断发展，我国工业技术水平已经有了很大提高，单位工业能源强度不断下降，但工业能耗总量仍在增加并开始趋于稳定。

以 2017 年与 2000 年工业能耗对比为例。2000 年我国能源消费总量为 14.45 亿 t 标准煤，其中工业能耗为 10.38 亿 t 标准煤，占当年能源消费总量的 71.31%；2017 年我国能源消费总量为 44.85 亿 t 标准煤（2000 年的 3.1 倍），其中工业能耗为 29.45 亿 t 标准煤（2000 年的 2.8 倍），占当年能源消费总量的 65.66%。以上数据对比分析表明过去 18 年我国工业能耗总量实现数倍增加，但占全社会综合能耗的比重是下降的。预计我国工业能源消费总量峰值出现在 2025 年左右且保持高位，工业能耗峰值将先于建筑、交通等能源消费部门到达。

不断淘汰落后产能、推广先进节能减排技术和实施节能技改项目等举措，是我国工业能效提高和单位工业增加值能耗下降的直接原因。近年来，我国工艺技术装备大型化趋势明显，部分行业技术装备达到甚至领先国际水平，约 40% 的工业产品质量接近或达到国际先进水平，行业节能先进技术开发和应用取得显著突破，推动了产品单位能耗持续下降，目前大部分大型企业的工艺水平达到国际先进水平。例如，电解铝综合交流电耗、大型钢铁企业技术水平等处于国际先进水平；水泥企业凭借先进技术广泛参与国际工程服务领域竞争，占有国际水泥工程总承包建设市场 40% 以上份额。以 2016 年数据为例，当年工业粗铜单位产品综合能耗下降 9.45%，单位烧碱综合能耗下降 2.08%，吨水泥综合能耗下降 1.81%。

我国以企业为主体的节能技术创新体系尚未形成，对工业绿色发展的科技支撑还不够显著，我国重点统计钢铁企业科技研发投入只占主营业务收入的 1.1%，远低于发达国家 3% 的水平；节能技术创新和成果产业化的配套政策不健全，中小型企业数量众多且节能技术研发和应用能力较弱，已有先进节能技术的市场化应用仍然存在障碍。

以上原因使得我国工业主要产品单位能耗比国外同类指标高 15%～20%。例如，2014 年每吨新型干法水泥熟料综合能耗已降至 110kgce，但是企业的能耗水平参差不齐现象突出。以 5000t/天水泥生产线为例，部分 5000t/天生产线的煤耗测试数据最高值为 108.31kgce/t，最低值达到 89.80kgce/t，两者相差 18.51kgce/t，部分企业能效指标还达不到《水泥单位产品能源消耗限额》（GB 16780—2012）的能耗限额标准。

二、工业节能先进技术推广及节能潜力

（一）工业节能技术推广概念及其过程

通过技术推广途径获取节能潜力，是工业行业节能的重要方向。先进节能技术在工业行业内推广，是一个技术扩散过程，即节能技术研发成功后，通过企业试点示范，逐步向整个行业扩散，被行业广泛采纳，并逐步完成行业技术更新或迭代过程。

工业节能技术推广应用往往是一个循环过程：①在行业节能减排压力及内在需求下，节能技术进入研发阶段；②技术研发成功后，进行技术示范与改进，不断完善和修正该项技术；③技术发展成熟后，在国家政策支持及行业推动下，向行业企业内进行推广，逐步取代同类型其他技术，提高行业整体技术水平；④技术推广后取得良好的节能效果和收益，创造直接的社会效益和经济效益，为新的技术研究奠定基础。

淘汰落后产能是工业企业自我优化过程。在实际生产过程中，工业企业淘汰落后产能往往面临着老旧设备作废和新设备购置费用两方面经济压力，且淘汰过程对于企业生产过程会造成一定间断，因此在经济因素作用不强烈的情况下，企业一般缺乏自发淘汰落后技术的动力。因此，我国工业行业落后技术淘汰主要依赖于压力型政策，如政府部门颁布的一系列淘汰落后产能的法规或目录。

在淘汰落后产能压力下，人为清理产生的技术推广空间，可有效提高技术准入"门槛"。随着工业部门技术水平的提升，电力、钢铁、水泥等高能耗行业的政策节能空间也在减小，淘汰落后产能等刚性节能措施的潜力愈发有限，预计 2025～2030 年工业能耗开始下降。随着产业结构调整与技术进步，边际节能量将逐渐下降，能耗强度下降速率会逐渐减慢，迫切需要加大先进、颠覆性节能技术创新和规模化的推广应用。

（二）部分重点耗能行业的能效水平和节能潜力

1. 电力行业

电力项目，尤其是燃煤电厂节能评价是一项政策性、专业性、时效性都很强的工作。我国燃煤发电强度居世界较先进水平，燃煤发电技术和装备正不断向高参数、大容量、高效及低排放方向发展，1000MW 级和 600MW 级 600℃超超临界燃煤机组数量及装机容量均居世界首位，拥有自主知识产权并已出口国外，机组发电效率可超过 45%，达到了国际先进水平；二次再热发电技术具备自主开发和制造的能力，技术水平与国际先进水平相当。一些发电集团已经开始进行 700℃超超临界机组的研究，预计我国在 2020 年后将完全掌握先进的 700℃超超临界机组应用技术，并成为未来 20 年内最先进的燃煤机组，该型机组效率将达到 42%，煤耗将降低到 236g/kWh。燃煤电厂能效水平评价需要根据《火电行业能效评价技术依据》，评价的核心指标为供电煤耗，参考指标为发电煤耗和厂用电率。核心指标反映全厂整体能量利用水平，评价要以此指标为准，参考指标反映火电厂工序设备能效水平，仅起"参考"作用。

此外，正在发展的特高压技术和智能电网，也显著地减少了电力输配的能源损耗。以特高压电网为例，截至 2015 年年底，东北、华北、华中、华东、南方电网已形成 500kV 主网，500kV 交流线路长度达到 159529km，500kV 变电容量达到 108722 万 kVA。关于电网输电线损率，目前的统计数据尚存在较大差异：国网北京经济技术研究院提出，2014 年其供电区域内超高压电网线损率在 2% 以下；国家电力规划研究中心提出，2014 年国家电网有限公司（简称国家电网）供电区域内超高压电网线损率 0.76%～6.76%，南方电网供电区域内超高压电网线损率 2.06%～6.97%；南方电网科学研究院有限责任公司提出，2012～2014 年其供电区域内各省区内 500kV 线路线损在 3% 以下，西电东送通道线路较长，线损率在 4.5% 左右，直流工程超过 5%。

2. 钢铁行业

钢铁行业是国民经济的基础产业，也是中国能源资源消耗和污染排放的重点行业，包括金属铁、铬、锰等的矿物采选业、炼铁业、炼钢业、钢加工业、铁合金冶炼业、钢丝及其制品业等细分行业。

钢铁工业是资源、能源密集型行业，能耗高、污染重是其典型特点。2015 年，钢铁行业的能源消耗占全国能源消耗总量的 15%，CO_2 排放占全国 CO_2 排放总量的 15.4%，是中国节能减排的重点行业之一。近年来，我国钢铁产业主体技术装备大型化、自动化、高效化取得显著进步，但是随着新增产能增速的减缓，产业整体技术装备水平的进步将主要依靠淘汰落后和技术改造。2005 年我国重点钢铁企业的吨钢综合能耗为 0.694tce/t，经过十年的节能降耗，2015 年吨钢综合能耗降至 0.572tce/t，与国际平均水平差距在缩小，但与欧美、日韩等先进水平相比仍有差距。能源利用效率水平已经成为影响我国大部分钢铁企业盈利水平和可持续发展能力的关键因素，能源系统的高效运行已经成为先进钢铁企业核心竞争力的标志。

钢铁行业工艺仍然以长流程为主，大部分能源消耗集中在焦化－烧结－炼铁等铁前工序，而低能耗的短流程电炉钢占比仅 13% 左右，远低于国际平均水平；其次，虽然我国宝钢、鞍钢等大型企业技术水平已达到国际先进水平，但行业集中度低，2016 年前十企业产能仅占 35.9%，行业内技术发展很不均衡，仍有大量的中小型钢厂技术落后，单位产品的能耗水平较高。钢铁行业以固体燃料为主，二次能源产生量较大，尽管在余能余热的回收利用上取得很大进步，但占余能余热总量 50% 以上的大量低品质余热和炉渣显热亟待回收利用技术解决。

短期看，节能技术普及率对于能源消耗是更大的制约因素。长期看，我国钢铁行业的生产结构调整将是降低钢铁生产能耗的关键手段。据预测，2015～2050 年，我国钢铁行业节能技术将累计产生 1.49 亿 t 的减排潜力，同时生产结构调整将会产生 2.78 亿 t 的减排潜力。

3. 水泥行业

水泥行业是历史悠久的传统基础材料行业，涉及矿山开采、原料粉磨、熟料烧成和水泥粉磨等主要生产工序。我国水泥行业单位产品综合能耗高于国际平均水平，但大型新型干法水泥工艺装备已达世界先进水平，日产万吨的水泥成套装备可以自行设计与制造。"十一五"以来，我国水泥行业大力淘汰立窑等落后窑型，推广新型干法窑技术，2015 年我国新型干法水泥熟料产量占水泥熟料总产量的比例已达 81.38%，日产 4000t 及以上新型干法生产线成为主流窑型，其熟料产能占新型干法熟料产能的 56.57%。我国新型干法熟料单位煤耗接近国际先进水平，生产工艺结构调整使水泥单位产品能耗持续下降，预计 2030 年前水泥单位电耗受限于新型工艺的突破可能有所改善，在立窑淘汰完成后水泥窑炉的热效改进空间小。化石替代燃料和生物质燃料使用上，国际上发展迅速但我国刚开始示范，远低于世界平均的 12.5%。

4. 电解铝行业

我国电解铝新建及改造电解铝项目已全部采用 400kA 及以上大型预焙槽，主要槽型结构向大型化发展，400～500kA 槽型的生产线已成为电解铝行业的主流槽型，全球首条全系列 600kA 铝电解槽研制成功，具有很高的自主创新和产业化应用能力；产业集中度不断提高，2014 年产量前 10 位的铝业集团及大企业占总产量的 63.8%，400kA 及以上槽型能力占 50%，远远高于世界平均水平。我国电解铝工业整体技术装备水平已达到国际先进水平，单位产品能耗比国外平均能耗要低 1000kWh 以上，整体技术与装备已实现了出口，具备占领国际市场特别是发展中国家市场的能力。

三、我国工业节能技术未来展望

展望未来，传统工业发展着重于提高技术效率，但很难遏制消费规模和产能的增长。随着我国高质量发展和现代产业体系的逐步建立，"十四五"期间工业产量还将增长，并逐步达到峰值且进入平台整理期，工业能耗将达到峰值，为第三产业的节能减排增量提供了空间。未来的工业节能发展将呈现以下趋势：

（1）实施技术分类推广引导。国家主管部门发布实施节能技术引导目录，主要针对关键领域和重点行业最新的节能关键共性技术及核心技术，并制定先进节能技术商业化示范工程实施方案，支持重大节能技术商业示范工程建设，依托商业化示范工程，促进节能关键和共性技术的创新，使其转化为商业装备、工艺技术。对市场认可度偏低及投资回收期长的技术，将制定产业化示范推广方案和配套鼓励政策，推动进一步降低技术的投资成本，提高技术的认知度和技术经济性，为技术的快速推广奠定基础；对经济效益较好、但认知度不高的处于成长期的技术，将制定节能技术推广方案，明确技术推广的思路、目标和途径。

（2）智能设备与信息化将推进工业节能快速发展。在国际工业发展进程中，智能设备与工业的结合为节能提供了精细化管理和深入挖潜的可能，利用工业能源大数据进行能源诊断、改造和提升是未来工业节能的重要方向。其中，通过信息技术、物联网技术、数值模拟、智能体等对工艺流程及能源消耗进行优化，提高组织效率，是未来节能技术的重要突破方向。

（3）跨行业协同节能成为未来发展的趋势。随着工业节能工作的不断深入，单一行业内部能源效率的提升逐渐接近瓶颈，边际成本不断提升。同时，越来越多的先进技术研发致力于多行业联产系统的开发和应用。工业部门不同行业之间的联产，如冶金、化工、建材、电力通过物质流、能量流和废物流的优化，提升多部门联产系统能效和产品产值；工业和农业联产，如利用钢铁、电力等企业的低温余热资源用于海水淡化和生态养殖等。我国工业与各产业之间、工业与其他产业之间的联产节能潜力还值得进一步地深入挖掘。

（4）加强企业自主节能和能源系统优化。重视企业节能的自主性的调动，转变思路进一步挖掘系统节能潜力。企业的一线员工往往从局部或自身操作方便，一些传统做法或行为在不知不觉中浪费了能源。例如，工人用压缩空气冷却马达，压缩空气喷嘴超长时间不更换等，因此加强对企业一线员工的系统节能培训并深入挖潜，是提高企业自主节能的有效途径。

（5）节能技术激励政策应注重差异化。当前的工业节能政策以淘汰落后、强制能效标准等手段为主，技术改造和技术推广应用为辅，形成了刚性的节能政策环境；未来工业节能技术政策应注重柔性设计，针对工业行业特点和企业需求制定更有针对性的节能引导政策。各方共同建立有利于引导节能技术进步的资金支持机制，扩大激励政策的覆盖范围。在实施技术分类推广引导的基础上，以工业节能技术推广基金、财政补贴和奖励、投资补助和贴息、税收优惠、绿色信贷等形式，根据技术节能效果、普及率、经济性等多项指标，区别对待、分类激励，最大限度地发挥支持资金的使用效益，引导节能技术进步。

第三节　工业项目节能评价指标

工业项目节能评价方法除了前述针对具体项目的通用评价方法之外，还可以从系统论的角度出发，针对具体行业的节能情况进行综合评价。综合评价指标体系构建体现了评价的目标、主要内容和侧重点，指标体系研究的关键在于如何选取分项指标以全面反映工业项目节能的情况、如何确定各分项指标的权重以建立有机的指标体系、如何确定标准设计方案检验判定原始设计方案是否能够正确评价节能效果。

一、国外工业节能评价指标体系及其经验借鉴

（一）国外节能评价指标体系类型及其特点

节能评价指标体系的研究，需要先对能源利用效果的影响因素进行研究。能源利用效果是受到多方面因素制约的，国外专家学者已经在这方面做了很多的实证研究。总的来说，可以把能源利用效果的影响因素归纳为经济发展水平、能源价格、产业结构、能源消费结构以及技术投入等几方面。

1. 国外能源消耗及可持续评价指标体系的类型

国际上能源消耗及可持续评价指标体系主要有以下几种：欧盟（EU）能源效率指标体系、英国能源行业指标体系、世界能源理事会（WEC）能源效率指标体系、国际原子能机构（IAEA）可持续发展能源指标体系等。此外，英国国家可持续发展评价指标体系中也把若干能源评价指标综合纳入其中。

2. 国外能源消耗及可持续评价指标体系的特点

国外现行能源及可持续发展评价指标体系具有以下特点：

（1）评价目标各有不同。在设计能源评价指标体系时，这些国家和国际机构都有一个共同的目的，就是要对能源的可持续发展能力和状况进行评估。由于各国家和国际机构在评价主体、关注的重点以及开发评价指标体系时所处的背景等存在差异，导致具体评价目标也有所不同。

例如，英国在其能源白皮书《我们的能源未来—建立低碳经济》中提出了未来能源发展的四个基本目标：环境友好、能源供应的可靠性、消除家庭能源贫困和建立竞争性的能源市场。英国能源行业指标体系的设计就是以这四个基本目标作为评价目标，从而建立了比较系统的能源行业指标体系。

欧盟（EU）建立能源效率指标体系的出发点是用于测度成员国的能源效率水平、变化趋势，以及进行能源效率的国际比较。世界能源理事会（WEC）建立的能源效率指标体系则旨在进行能源效率及节能政策的国际比较研究。

（2）指标体系框架的构建各有特色。英国能源行业指标体系框架为自上而下的分层设计，具体分为三个层级：第一层为主要指标，包括低碳、可靠性、竞争力和燃料贫乏，分别对应

于能源白皮书中提出的四大能源发展目标。其中，"低碳"指标用温室气体和 CO_2 的排放量来衡量；"可靠性"指标用燃气和电力供应能力差幅来衡量；"竞争力"指标用在所选择的 EU 能源市场中的总体竞争力得分来衡量；而"燃料贫乏"指标则用燃料贫困家庭个数来衡量。第二层为支持指标，共有 28 个分指标，分别用来支持上述 4 个主要指标。其中，"低碳"指标包括分行业 CO_2 排放、分行业终端能源消费、单位 GDP 能耗、能源强度、户均能耗等 11 个支持指标；"可靠性"指标包括燃气容量、对客户的电力供应的安全性和可获得性、发电用燃料份额及多样化、一次能源供应多样化等 7 个支持指标；"竞争力"指标包括能源行业生产力的变化、能源支出占国内增加值的比重、工业行业燃料价格指数等 5 个支持指标；"燃料贫困"指标包括燃料贫困家庭总数、燃料贫困严重性趋势、民用部门燃料价格指数等 5 个支持指标。第三层为背景性指标，分为 12 个条目，每个条目下包括若干个指标，用于细化和补充说明上述支持指标。

国际原子能机构（IAEA）可持续发展能源评价体系为单一层次的指标体系，以第一阶段识别的 16 个与可持续能源发展相关的问题为核心，涉及社会、经济和环境领域；对这些问题进行筛选后，确定 41 个指标，其中 23 个是核心指标，包括终端利用能源价格、能源强度、能源构成、能源供应效率、单位 GDP 能耗、能源部门支出、人均能源消费、本土能源产量、净能源进口依存度等。

欧盟（EU）能源效率指标体系是由欧盟成员国与挪威在 20 世纪 90 年代合作开发的，供欧盟成员国、挪威参考使用，用于测度这些国家的能源效率水平、变化趋势以及进行能源效率的国际比较。该指标体系包括六类宏观性质的指标，用于反映国家或行业的能源效率，包括：①能源强度：将能源消费与宏观经济变量相关联。②单位能耗：又称能耗比，将能源消费与活动的某一物理指标相关联。③能效指数：提供一种对能源效率趋势的综合考察。④调整指标：用于进行国际比较。该类指标试图关注国与国之间在结构性差异（气候、经济、技术）。⑤扩散指标：用于监测节能设备和实践的推广应用情况。⑥目标指标：设定，用于和能源效率水平最高的国家进行比较。此外，还包括"CO_2 指标"，作为对能源效率指标的补充。

世界能源理事会（WEC）能源效率指标体系主要是用于能源效率及节能政策的国际比较研究。该指标体系包括 23 个指标，按指标性质可分为两类：一类是经济性指标，用于在整个经济或全行业层面上测度能源效率；另一类为技术经济性指标，即单耗指标，用于测度子行业、终端用能的能源效率。

3. 关于指标体系所涉及内容的研究

以英国能源行业评价体系为例，其指标不仅涵括能源生产、加工转换、消费等能耗环节，并且内容涉及经济、环境和社会多个领域，使该评价体系具有较好的系统性，能客观地反映英国能源行业可持续发展的多种影响因素。

国际原子能机构（IAEA）的可持续发展能源评价体系，整个评价体系以社会—经济—环境三大可持续发展支柱作为整体考虑的系统。

欧盟（EU）的能源效率评价体系将工业、运输、家庭、服务业、转换和宏观经济这 6 个方面的能源效率指标作为主要评价指标。

世界能源理事会（WEC）能源效率评价体系则针对不同评价范围，分为全球评价指标以及区域评价指标的多级评价体系。

（二）国外评价指标体系的借鉴意义

1. 指标体系应具有系统性

指标体系构建不仅应有反映能源利用经济效率的宏观性质的指标，还要有反映能源利用技术效率的指标，同时也要有反映企业加强能源管理、完善相关制度建设及企业节能潜力等方面的指标。

2. 框架设计采用定量指标与定性指标相结合的方式

这种指标设置方式既对企业的节能效果如节能量、单位 GDP 能耗等量指标进行考核，例如英国能源行业指标体系、IAEA 可持续发展能源指标体系、EU 能源效率指标体系、WEC 能源效率指标体系等，主要采用的是定量指标，对每一个指标均给出了适当的解释和定义；同时也对支撑企业节能工作持续发展的各项节能措施进行定性分析，从而可以科学、合理、综合地评价工业企业的节能成效。

3. 指标体系应该具有较强的可操作性

首先，上述指标体系基本采用可量化的指标；其次，具体指标选择较好地考虑了作为评价对象的本国、成员国或相关国家的能源统计工作的实际状况，这使得这些指标体系在实际应用时，在统计上有相应的数据和资料作为保障。

4. 指标设定要具有较好的可比性

这些国家和国际机构所设置的能源评价体系，并不仅仅适用于一个国家，而是可以在国家或国际机构成员国间使用的，所以良好的可比性成为评价指标的重要考虑因素。在这一点上比较突出的是 EU 能源效率评价体系和 WEC 能源效率评价体系。EU 能源效率评价体系考虑到各国在气候、经济结构、技术等方面客观存在的差异，专门设定一项调整能源强度的指标，使国与国之间的能源效率比较有意义。

WEC 在设计能源效率评价体系时，为使能源效率的国际比较有意义，GDP、增加值均转换为购买力平价。能源消费计算也进行了规定：一次电力（核电、水电、地热发电等），按 IEA 规定转换为标油，具体折标油料系数：核电 0.26toe/MWh，水电 0.086toe/MWh，地热发电 0.86toe/MWh。终端电耗按热功当量法转换为标准油当量，即 0.086toe/MWh，不计非能源用途燃料（如用作原料）。此外，按固定 GDP 结构的终端能源强度是终端能源强度的虚拟值，计算时假定 GDP 结构从基年起保持不变，只考虑每个行业能源强度的实际变化。

5. 指标体系应具有较好的引导性

通过指标体系引导企业或项目公司设定节能目标，制定相关规划、实施方案和措施，落实节能责任，注重实效地开展能源消耗管理，从而更好地服务于国家能源发展战略和长远发展目标。

二、我国工业项目节能评价指标体系的构建

工业项目节能评价指标体系是一个多指标体系，应采用多指标综合评价法对其进行评价。目前国内外比较常用的综合评价方法有层次分析法、主成分分析法、数据包络分析（DEA）、模糊综合评价法、灰色关联综合评价法等，但是每种方法考虑问题的侧重点不尽相同。鉴于所选择的方法不同，有可能导致评价结果的不同，因而在进行多目标综合评价时，既要遵循基本原则，又要具体问题具体分析。本节选择几个常用的方法，供使用参考。

（一）指标体系构建的基本原则

构建工业节能评价体系应遵循以下几个基本原则：

1. 目标导向性

目标导向性指工业企业节能评价指标体系的构建,应在高质量发展的理念下,服务于"加快生态文明体制改革,建设美丽中国"目标,服务于供给侧结构改革,推动经济发展质量变革、效率变革和动力变革。工业项目节能评价指标体系的直接用途是评价考核工业项目节能管理的实现情况,因此在评价指标的设置上可将节能量目标完成与否作为否决性指标,即只要未达到预设的节能目标值即为未完成等级。

2. 系统性和科学性

系统性和科学性指在设置和选择评价指标时应尽量做到不重复、不遗漏,指标间信息的重叠度低,避免使研究对象的某一面得到夸大或缩小,这需要在对各评价指标选取中,认真分析相互间的关系;在计算方法上可以采用数学方法如模糊数学评判法、层次分析法进行过滤,尽可能减少指标间的重叠,以保证评价结果的准确性、真实性。

3. 定量和定性相结合

定量和定性相结合指评价体系在框架设计上应采用定量指标与定性指标相结合的方式,既要对工业项目的节能效果如节能目标的实现、单位工业增加值能耗等定量指标进行考核,同时也要对支撑企业节能工作持续发展的各项节能措施进行定性分析。这是由于节能措施的落实情况受到地域差异、行业差异的影响显著,不能进行统一的定量考核,而采用定性考核能更好地达到节能评价的目的。定量指标和定性指标相结合可以达到科学、合理、综合地评价工业项目节能效果的目的。

4. 可行性和可操作性

可行性和可操作性指评价指标体系的构建应充分考虑其可操作性。考虑到目前我国能源统计基础工作较为薄弱的实际,在定量指标的选择上,应充分考虑到在统计上是否有相应的数据和资料作为保障。

5. 重点突出,统筹兼顾

重点突出,统筹兼顾指工业节能涉及众多部门和环节,每个部门和环节都有各自的能源消耗特点,评价指标体系的建立应以耗能比重和节能潜力较大的部门和环节为主,兼顾其他部门和环节的节能管理,使指标体系能够反映和评价今后工业节能的方向和重点。

6. 评价指标应有较强的指引性

评价指标应有较强的指引性指构建评价体系的目的不是为了开展评价而评价,更多是帮助和督促企业对自身的各项节能活动及相应成效进行全面认识,发现问题和不足,引导工业项目有目的地开展节能工作;支持政府掌握节能的全面情况,为及时制定和调整政策方向、发挥重大项目的综合效益服务。

(二)工业项目节能效果评价体系

2006 年 4 月,国家发改委、能源办等部门联合印发了《关于印发千家企业节能行动实施方案的通知》(发改环资〔2006〕571 号),拟在钢铁、有色、煤炭、电力、石油石化、化工、建材、纺织、造纸等重点耗能行业组织开展"千家企业节能行动"。为了在期中或期末开展相应的评估和监测活动,推动该项行动的有效实施,2008 年国家发展改革委能源研究所在分析能源统计和监测指标及其计算方法的现状与问题的基础上,开发了一套适用于千家企业节能行动实施效果评估的指标体系,如图 5-1 所示。工业项目节能效果评价体系可参考该评估体系,对每项指标设定评价基准值,并通过指标权重计算综合评价值或评分值。

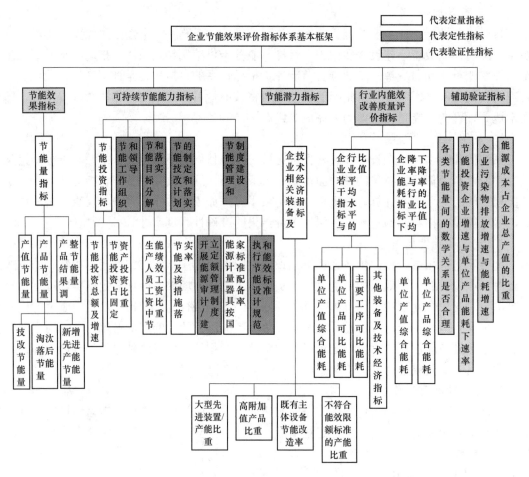

图 5-1　工业项目（或企业）节能效果评价体系的基本框架

资料来源：国家发展和改革委员会能源研究所课题组.千家企业节能效果评估体系研究报告［R］，2008.

1. 工业项目节能评价体系的基本框架

工业项目节能综合评价指标体系首先按评价的具体内容和不同出发点分为五大类，在每一大类下根据不同指标类型又分为不同小类，直至细化到单个可验证、可获取的指标，通过逐层分析影响工业项目节能效果的各因素，可以建立一套评价工业项目节能效果的综合评价体系。

（1）节能效果指标。节能效果指标主要描述项目在节能方面取得的重要效果，这些效果用实现的节能量来表示，包括产值节能量、产品节能量、结构调整节能量等多层次的节能量。

（2）可持续节能能力指标。可持续节能能力指标主要用以表征项目在加强能力建设和制度建设、增强节能持续推动力方面的状况。这一大类指标主要体现在五大方面：一是有关节能投资的情况；二是有关节能工作组织和领导的情况；三是节能目标分解和落实的情况；四是有关节能技改计划的制定和落实情况；五是有关节能管理和制度建设方面的情况。

（3）节能潜力指标。节能潜力指标用以表征项目在短期内可能实现的技术进步和能源利用水平的提高。这一类指标由一系列有关项目技术装备水平的指标构成，如主体设备的节能改造率、需要淘汰的落后产能或设备的比重等，这类指标既反映工业项目的现状，也反映短期内技术水平提升的空间和节能潜力，也从一定程度上定量反映了项目推进节能工作的难易程度。

（4）项目能效改善质量评价指标。项目能效改善质量评价指标主要从全行业层面评价项目能效提高的质量，由两方面指标系列构成，一方面是项目若干指标绝对值与其所在行业平均水平的比值，反映了项目的现状及在行业中所处的位置，是项目开展节能工作的基线和出发点；另一方面是项目能耗指标下降率与行业平均下降率的比值，反映了项目节能降耗效果在行业中的地位。

（5）对项目关键评估指标进行校核和验证的指标。对项目关键评估指标进行校核和验证的指标包括：各类节能量间的数学关系是否符合逻辑，节能投资增速与单位产品能耗下降率是否匹配，项目主要污染物排放量增速与能源消费总量增速是否协调，能源成本占企业总产值的比重是否出现大幅波动等。

上述指标体系构成了工业项目节能评价指标体系的基本框架。在实际工业项目节能评价应用过程中，还应根据评价目的、项目所属行业或地区的不同，进行适当的扩展或简化。

2．各项评价指标的解释

根据图 5-1 的节能评价体系框架，工业项目（或企业）的节能效果、可持续节能能力、节能潜力、行业内能效改善质量和辅助验证指标为一级指标，下设二级指标和三级指标，各项指标的解释见表 5-1。

表 5-1　　　　　　　　　　工业项目（或企业）评价指标体系的解释

指标名称	定义或内涵
1　节能效果指标/节能量	描述项目（或企业，下同）在节能方面取得的重要效果
1.1　产值节能量	以项目单位产值综合能耗计算出的节能量
1.2　产品节能量	按项目各种产品的单位产量节能量之和计算出的总量，而某种产品单位产量节能量是指按产品单位产量综合能耗计算出的节能量
1.2.1　技改节能量	项目实施设备更新、改造和采用新工艺等措施后，比采取该措施前生产同样数量的产品（工件）所减少的综合能源消耗量，反映了项目技术改造措施的节能效果
1.2.2　淘汰落后节能量	项目淘汰落后的工艺、设备及相应产能并新建先进产能予以替代所形成的节能量，在数量上等于利用先进产能生产同样数量产品（工件）所消耗的能源比原有落后设备消耗量的减少量
1.2.3　新增先进节能量	在原有产能规模基础上，为扩大产能而完全新增先进产能（区别于为淘汰落后产能而形成的替代产能）所形成的节能量，在数量上等于利用新增先进产能生产同样数量产品所消耗的能源比原有设备平均消耗量的减少量
1.3　结构调整节能量	由于产品结构变化和产品所代表价值变化形成的节能量，反映了结构变化和产品增值的节能效果
2　可持续节能能力指标	描述项目在建立节能长效推动机制方面所采取的措施和付出的努力
2.1　节能投资	项目以节能降耗为目的，实施的技术改造和基本建设项目的投资总额
2.1.1　节能投资总额及增速	企业以节能降耗为目的，实施的技术改造和基本建设项目的投资总额
2.1.2　节能投资占固定资产投资比重	是一个相对指标，反映节能投资在项目总投资中的地位和重视程度
2.2　节能工作组织和领导情况	包括是否建立由企业主要负责人为组长的节能工作领导小组、是否设立或指定节能管理专门机构

指标名称	定义或内涵
2.3 节能目标分解和落实情况	是否按年度将节能目标分解到具体单位或个人,是否对节能目标落实情况进行考评,是否实施节能奖惩制度
2.3.1 节能绩效工资占工资总额的比重	为定量指标,反映项目实施节能奖惩制度和调动全员节能积极性的力度与进展
2.4 节能技改计划落实和完成情况	是否制订节能技改计划,是否按计划进行各项措施的落实
2.4.1 节能措施落实率	为定量指标,通过这一指标可督促企业加强各项措施的实施
2.5 节能管理和制度建设情况	是否开展能源审计并建立耗能设备能耗定额管理制度,是否依法依规配备能源计量器具、新/改/扩建项目是否按节能设计规范和用能标准建设
2.5.1 企业能源计量器具依规配备率	为定量指标,定量评估企业能源计量器具配备情况,反映项目能源计量器具配备的实际情况与国家标准要求之间的差距
3 节能潜力指标	描述项目在未来一段时间内进一步提升用能水平的可能性和潜力
3.1 既有主体设备节能改造率	是指在当前设备基础上已经实施的节能改造项目占所有可在该设备上实施的技术上可行、经济上合理的节能技改措施的比重
3.2 大型先进装置/产能比重	项目主体设备中属于行业先进水平(或结构调整目录中鼓励类)的设备占所有主体设备的比重,反映了企业技术装备的先进程度
3.3 不符合能效限额标准的产能比重	项目内不满足国家能效限额强制标准最低限的生产能力(装置)占全部产能的比重
3.4 高附加值产品比重	高附加值产品产值占项目总产值的比重,各行业应统一高附加值产品的定义和范围
4 行业内能效改善质量评价指标	评价项目能源利用状况对全行业的贡献和影响情况,评价项目提高能效的"质量"
4.1 项目若干指标与行业平均水平的比值	综合反映项目能源利用状况在全行业中的地位,反映项目提高能效的基点和质量,该比值越低说明项目能源利用和改善能效的质量越高,对行业的贡献越大
4.1.1 单位产值综合能耗	项目在统计报告期内的综合能耗与期内创造的价值总量的比值
4.1.2 单位产品可比能耗	生产某种产品时综合能耗与期内产生的合格品总量的比值,采用按行业统一规定计算方法计算的可比值
4.1.3 主要工序可比能耗	在某一特定生产环节消耗的综合能源量与合格产品(工件)总量的比值,采用按行业统一规定计算方法计算的可比值
4.2 企业能耗指标下降率与行业平均下降率的比值	反映项目节能降耗成效在行业中的地位和水平,其值越高,说明企业节能降耗成效越显著
4.2.1 单位产值综合能耗	项目在统计报告期内的综合能耗与期内创造的价值总量的比值
4.2.2 单位产品综合能耗	生产某种产品时综合能耗与期内产生的合格品总量的比值
5 辅助验证指标	基于提高数据采集的准确性和评价方法的正确性的考虑而设计
5.1 各节能量之间的数量关系	
5.1.1 项目产值节能量各项构成	项目产值节能量=产品节能量+结构调整节能量
5.1.2 项目产品节能量各项构成	产品节能量=技改节能量+淘汰落后节能量+新增先进节能量
5.2 单位产品能耗下降率与节能投资增速是否匹配	考虑到单位产品能耗的下降与节能投入的增加是分不开的
5.3 项目污染物排放量增速与能耗增速是否匹配	以相对准确的污染物排放数据为基础,验证能源消耗数据的准确性

三、层次分析法与灰色关联评价方法的应用

（一）层次分析法和灰色关联综合评价法的内涵及其优势

1. 评价方法的基本思想

工业项目节能效果评价采用层次分析法和灰色关联综合评价法，其基本思想是：由层次分析法构建层次结构关系图，依据判断矩阵定量计算出准则层和方案层中各项指标的相对权重；然后，运用灰色关联综合评价法来计算关联度，从而得出工业企业节能效果优劣的顺序排名。

2. 评价方法的相对优势

层次分析法和灰色关联综合评价法具有以下相对优势：

（1）国内外对节能评价指标体系的研究主要集中在如何选取合理的评价指标上，对各项指标权重的确定仍有所欠缺。为避免权重赋值的随意性，采用目前在综合评价中运用较为广泛的层次分析法，通过调查工业企业能源管理专家对影响节能效果各因素之间相对重要性的判断，确定各准则的权重系数。

（2）在该评价指标体系中，既有定性指标、也有定量指标，一方面由于定性指标的评价准则存在模糊性而使模糊评价方法得到了广泛应用；另一方面因评判者的能力与偏好不同，导致评价信息常带有一定灰度，从而又为灰色理论在企业节能效果评价中的应用提供了依据。所以，在运用层次分析法确定各项指标权重的基础上，选用灰色关联度综合评价法来对评价指标体系进行综合评价。使用灰色关联度综合评价法具有下面两个优点：

1）灰色关联度综合评价法计算简单，通俗易懂，数据不必进行归一化处理，可用原始数据进行直接计算。

2）灰色关联度综合评价法无须大量样本，也不需要经典的分布规律，只要有代表性的少量样本即可，计算简便。

（二）基于层次分析法的节能效果评价指标体系构建

根据上述节能评价指标体系的构建思路和原则，基于层次分析法原理，工业企业节能效果评价指标体系构建如图 5-2 所示。

在图 5-2 中，工业企业（或项目）节能评价的一级指标（B 级）包括节能效果、节能措施和节能潜力，对应的二级指标（C 级）分别为 3 个、5 个和 4 个；节能措施指标（B2）进一步细化为三级指标，分别用 D1～D18 项指标编号表示。其中：D1 为建立节能工作领导小组并定期研究部署企业节能工作；D2 为设立或指定节能管理专门机构并提供工作保障；D3 为节能工作领导机构和协调机制得到实际运作；D4 为实施节能目标责任制；D5 为实施节能评价考核制度；D6 为落实节能奖惩制度；D7 为节能专项资金占企业成本的比重；D8 为实施并完成年度节能技改计划；D9 为按规定淘汰落后耗能工艺、设备和产品；D10 为贯彻执行节约能源法及配套法律法规及地方性法规与政府规章；D11 为执行高耗能产品能耗限额标准；D12 为实施主要耗能设备能耗定额管理制度；D13 为新、改、扩建项目按节能设计规范和用能标准建设；D14 为实施能源审计或监测，并落实改进措施；D15 为按时按质报送能源利用状况报告；D16 为设立能源统计岗位，建立能源统计台账，并报送能源统计报表；D17 为依法依规配备能源计量器具，并定期进行检定、校准，D18 为开展节能宣传和节能技术培训工作。

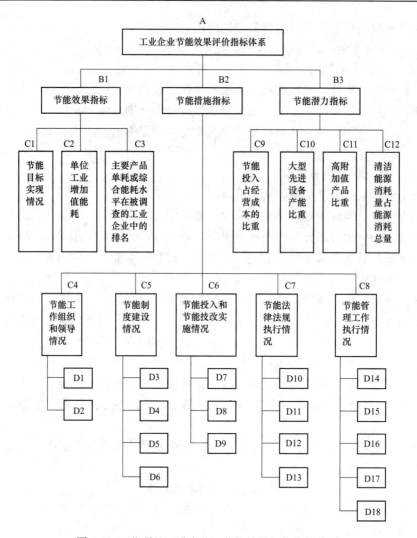

图 5-2 工业项目（或企业）节能效果评价指标体系

资料来源：覃梓盛.工业企业节能效果评价指标体系理论研究与实证分析［D］. 广州大学，2010.

（三）层次分析法确定指标体系的权重

根据图 5-2 所示的节能评价层次结构，首先运用层次分析法来确定各项指标的权重，据此建立评判矩阵，对各项指标的相对重要性进行评分。

为了获得比较客观的评价，可以向工业企业的能源管理专家发放调查问卷（实现大样本），邀请他们对评价指标体系中各项指标的相对重要性进行打分，作为分析依据。

由于该指标体系涉及的指标众多，为了方便计算，可以采用专业软件（如 MCE 软件）计算各项指标的权重，并进行灰色关联综合评价。

分别计算出各项指标相对权重后，再取各问卷结果的平均值，把上面所确定的各项指标的权重平均值汇总后，可得最终权重。最终权重=一级指标权重×二级指标权重×三级指标权重；若没有三级指标则用前两级制表相乘。

（四）灰色关联综合评价法在节能效果评价中的应用

基于层次分析法确定各项指标的权重后，为了检验该评价指标体系在实际应用中的可行性和可靠性，可以运用灰色关联综合评价法来对节能效果进行综合评价。

由于各个指标之间计量单位和数量级不尽相同，使得各指标间不具有综合性，不能直接进行综合分析，需要对各指标数值进行规范化处理，解决各指标数值不可综合的问题。

对原始数据进行规范化处理后，计算出各指标与参考值中最佳值的关联系数，并得出工业项目（或企业）与最优值的关联度，关联度越大，则表示综合评价效果越好。

第四节　工业项目节能措施评价

一、工业项目通用节能措施

（一）制定项目节能减排的目标

明确的节能目标是实现投资项目节能管理工作的指向标。工业节能必须遵循工业发展的绿色理念，按照项目全生命周期理念，构建高效、低耗、清洁的绿色制造产业体系，开发绿色产品，打造绿色供应链，强化绿色监管。节能目标制定要契合项目及其所属行业的实际情况，尽可能运用数学模型科学地预测和制定项目节能目标。在项目总节能目标制定以后，分解细化到基层组织，最终与项目机构和人员的经济利益挂钩，从而促进节能目标的实现。

为实现节能减排目标，需要健全节能标准和指标体系。根据工业行业节能技术的特征和属性，建立以单位产品能耗指标为主，经济能源效率指标、技术经济指标、节能量指标等相结合的节能技术指标体系，统一指标核算边界。对各类能源消耗实行分级分类计量，合理配备和使用符合国家标准的能源计量器具，提高能源计量基础能力。通过节能监察，强化强制性标准约束，倒逼工业企业主动节能减排。特别是对重点用能工业企业的节能目标，加强节能审计和监察，对不能完成年度节能目标的企业或项目，有关主管部门予以通报或采取其他惩罚措施。

（二）加强项目公司内部节能组织的管理

能源统计是国民经济核算的重要组成部分，也是认识能源经济现象的重要工具，更是能源领域的一项基础性法律制度。节能减排是一项复杂的系统工程，对于投资项目节能管理而言，能源统计也是项目公司内部节能管理的基础工作。

重点用能工业企业及其拟建的工业项目应当根据能源消费总量和生产场所集中程度、生产工艺复杂程度，设立能源统计、计量、技术和综合管理岗位，任用具有节能专业知识、实际工作经验及中级以上技术职称的企业高级管理人员担任能源管理负责人，形成有岗、有责、全员参与的能源管理组织体系。

高能耗工业项目在设计组织架构时，考虑项目公司内部设立专门的节能管理岗位，培养具有系统节能管理知识的专门人才，提升节能管理能力。

（三）以科技进步促进工业节能

技术创新始终是工业节能的关键推动力。一方面，积极发展新技术取代传统的工艺过程，发布实施节能技术引导目录，主要针对关键领域和重点行业最新的节能关键共性技术及核心技术，制定先进节能技术商业化示范工程实施方案，支持重大节能技术商业示范工程建设；另一方面，将智能设备与工业节能相结合，提高精细化管理水平，利用工业能源大数据进行能源诊断、改造和提升是未来工业节能的重要方向。通过信息技术、物联网技术、数值模拟、智能体等技术，优化工艺流程及能源消耗，提高能耗和碳排放控制的组织效率。

（四）分析并挖掘工业项目节能潜力

工业节能是一项长期而艰巨的任务，目前我国工业项目在节能投入、新能源使用等方面还比较薄弱，导致了工业项目节能难以取得实质性的进展和可持续发展。通过在钢铁、水泥、电解铝等行业实施基于能耗限额标准的阶梯电价政策，完善工业能耗核查与价格政策实施联动机制，利用价格手段促进工业企业提升能效，降本增效，保证工业节能工作得到有效、持续地发展。

二、部分高能耗项目节能措施

我国工业总体上尚未摆脱高投入、高消耗、高排放的发展方式，高耗能、高污染行业一直是节能减排工作的重点。《工业绿色发展规划（2016—2020 年）》对重点耗能行业系统改造提出了严格的措施：钢铁行业实施高温高压干熄焦、烧结烟气循环等技术改造；有色行业实施新型结构铝电解槽、铝液直供、富氧熔炼等技术改造；石化化工行业实施炼化能量系统优化、烯烃原料轻质化、先进煤气化、硝酸生产技术提升等技术改造；水泥行业实施高固气比熟料煅烧、大推力多通道燃烧等技术改造；造纸行业实施纸机高效成型、高效双盘磨浆机等技术改造；纺织行业实施小浴比染色、氨纶单甬道 64 头纺丝等技术改造。

这里仅以钢铁、化工和建材行业为例，综述其节能方向和主要措施。

（一）钢铁行业项目节能方向和措施

钢铁项目能源利用效率对其能源消耗和 CO_2 排放有直接影响，提升能效水平仍是未来较长时间内钢铁工业节能减排的重点。2010 年 4 月工业和信息化部发布《关于钢铁工业节能减排的指导意见》（工信部节〔2010〕176 号），提出钢铁企业要全流程系统优化和提升煤气、余热、余压资源回收利用等节能措施。面向未来，为了推动钢铁工业的绿色化、智能化发展，钢铁项目节能方向和措施如下。

1. 分类推广先进技术，提高总体能源利用效率

按照重点推广技术、完善后推广技术、前沿探索技术三个阶段，发展钢铁工业节能技术。

（1）重点推广技术。如高温高压干熄焦技术，能源中心及优化调控技术，烧结矿显热回收利用技术，富氧燃烧技术和蓄热式燃烧技术，焦化工序负压蒸馏技术，冶金煤气集成转化和资源化高效利用技术等。

（2）完善后推广技术。如界面匹配及动态运行技术，烟气除尘和余热回收一体化技术，烧结机节能减排及防漏技术，钢厂中、低温余热利用技术等。

（3）前沿探索技术。如竖罐式烧结矿显热回收利用技术，钢厂物质流和能量流协同优化技术及能源流网络集成技术，焦炉荒煤气余热回收技术，钢厂利用可再生能源技术，换热式两段焦炉，高效、清洁的全废钢电炉冶炼新工艺，高炉渣、转炉渣余热高效回收和资源化利用技术等。

2. 物质流/能量流相互匹配，提升流程综合能效水平

构建钢铁生产流程的物质流、能量流及其耦合模型，开发界面技术，完善物质流/能量流相互匹配关系，合理预测能源需求，提升钢铁生产综合能效水平，降低能源消耗和 CO_2 排放。同时，优化钢铁生产流程物质流/能量流相互耦合关系，实现生产过程的连续化、紧凑化和高效化，提高钢铁生产流程能源使用效率，降低污染物排放，逐步实现从工序节能到系统节能的真正转变。

3. 挖掘能量流网络动态特性，完善能源管控系统功能

钢铁生产过程中能源介质种类繁多，其中煤气、蒸汽、电力是主要的能源介质，占企业总能耗的60%以上，是能量流网络运行的主体，依靠人工经验为主的调度方式往往造成煤气、蒸汽等能源的大量放散。因此，挖掘能量流供需动态特性，提升能源管控系统的智能化水平成为当前钢铁生产过程节能降耗的关键环节之一。所以要完善能量流网络化功能，在信息化基础上提升智能化水平。

4. 科学评估节能减排技术，挖掘技术节能减排潜力

大力实施节能重点工程，普及和推广先进节能低碳技术装备，研发能源高效利用技术、持续有效推进工业化技术成果转化，加快能效提升领域的跨行业融合，挖掘先进技术节能减排潜力，为钢铁工业的节能减排贡献力量。开展钢铁工业先进节能减排适用技术的科学评价与应用实践，对推动工业企业生产工艺升级、节能减排技术改造具有重要作用。

5. 加快钢铁行业流程结构优化，实现低碳绿色发展

钢铁工业低碳绿色发展是指按照循环经济的基本原则，以清洁生产为基础，重点抓好资源高效利用和节能减排两个方面。通过总量调整、工艺结构调整等措施来解决区域环境质量不平衡、区域产业发展不平衡等问题，推动钢铁工业布局结构调整。随着我国废钢铁资源量的大幅度增长，逐步完善废钢铁产业支撑体系，适度鼓励钢铁短流程工艺发展，发挥短流程工艺的低碳绿色优势，实现钢铁工业的可持续发展。

（二）化工行业项目节能方向和措施

1. 热能的梯次利用

化工行业建设项目的产品生产工艺流程中一般化学反应、产品浓缩或干燥往往要耗用热能，多采用不同压力等级的蒸汽或导热油。在工艺流程一般根据在制品的工艺温度要求对蒸汽采取梯次利用节能措施，以期达到热能利用效率最大化。

化工装置中往往设有逆程式再沸器、多效蒸发器、真空干燥器和闪蒸器等换热设备，这些换热设备在热能利用过程中起到了热能梯次利用和余热、余压利用的作用，可以达到提高热能利用效率的效果。

2. 余热、余压、余能的利用

化工行业多为耗热能大户，工业低品位余热资源较多，蒸汽凝结水多利用于锅炉给水、冬季余热利用采暖等节能措施。夏季可以采用溴化锂热泵利用蒸汽凝结水余热制冷；对于高位热能，可采用在反应器中设置再生器，内、外取热器，以及在再生烟气系统设置余热锅炉的方式予以回收，内、外取热器产生的饱和蒸汽再在再生烟气余热锅炉中过热，产生过热蒸汽，达到回收高位热能的目的。

化工行业循环冷却水系统多采用循环冷却水塔，循环水系统带压回水，采用水轮机玻璃钢冷却水塔可利用循环水系统余压无级调速带动冷却水塔风叶。

3. 变频调速节能技术

化工装置中变流量、变压力的机泵设备较多，可采用变频调速器控制电动机转速，实现对风机和输送泵流量、压力的调节，满足工艺要求的同时节约能源。

化工项目可加装变频器，一次压缩机、二次压缩机采用同步电动机驱动，以提高电网系统的功率因数，节约电能；部分生产设备、生产辅机、动力辅机、循环水泵、补水泵、风机、空气压缩机等可采用变频技术降低设备的启停频率，优化设备及系统运行，使设备能耗随生

产负荷的降低逐步降低，从而极大地降低机泵的电力消耗。

4. 节约用水措施

化工项目采用技术先进、低能耗、低耗水量的生产工艺，尽量采用循环水，少用直流水；装置内合理安排换热流程，尽可能多地采用空冷器，急冷水返塔冷却，水洗水中段冷却，从而减少循环水的用量；尽量减少新鲜水用量，新鲜水进装置入口处设置切断阀及计量设施，实行用水计量；循环水进、出装置前也设置计量设施，且要求循环水不得用于冲洗地面或随意排放；采用先进的水处理技术和科学的水管理体系，将全厂各种废（污）水处理后再生回用，最大限度地提高水的重复利用率。

化工行业部分固体颗粒产品干燥前需要淋滤、洗涤，一般采用水的梯级利用或一水多用。临海项目可采取海水冷却的节水技术；新建项目要采取中水利用节水技术，除了用于浇洒路面、冲厕、绿化用水外，也可用于循环冷却水系统。

（三）建材行业项目节能方向和措施

建材工业是重要的原材料产业，包括水泥、平板玻璃、建筑卫生陶瓷等高能耗产业。近年来，我国建材工业规模不断扩大，结构逐步优化，创新、绿色和可持续发展能力明显增强，但水泥、平板玻璃等行业产能严重过剩，产业升级任务和节能减排的压力很大。根据《国务院办公厅关于促进建材工业稳增长调结构增效益的指导意见》（国办发〔2016〕34 号）和《工业和信息化部　住房城乡建设部关于印发〈促进绿色建材生产和应用行动方案〉的通知》（工信部联原〔2015〕309 号）等政策要求，水泥、平板玻璃、建筑卫生陶瓷等建材行业需要加强创新驱动，从遏制新增产能、调结构、淘汰落后、创新标准等方面落实节能攻坚措施。

1. 水泥行业

中国水泥行业的年产量，占全球总产量的一半以上。水泥行业作为高能源消耗和高二氧化碳排放的行业之一，也是中国大气污染的主要来源。2010 年 11 月工业和信息化部发布《关于水泥工业节能减排的指导意见》（工信部节〔2010〕582 号），提出优化预分解窑炉工艺设计，形成高能效窑炉设备系列等节能技术措施。"十三五"期间，我国水泥行业要求全部生产线能耗达到《水泥单位产品能源消耗限额》标准要求，60%以上水泥生产线的节能减排指标达到届时国际领先水平。

（1）推进结构性供给侧改革，化解产能过剩。遏制新增、去产能是水泥供给侧改革重中之重的工作，国务院办公厅《关于促进建材工业稳增长调结构增效益的指导意见》（国办发〔2016〕34 号）提出，2020 年年底前，严禁备案和新建扩大产能的水泥熟料项目；水泥熟料排名前 10 家企业的生产集中度达 60%左右。

（2）推广先进技术装备，加快节能减排达标步伐。坚持科技与发展相结合理念，把科技支撑、服务、引领行业发展作为重点。加快行业科技成果转化，修订《中国水泥协会重点推广节能减排技术目录》，将更多的实用技术与装备推介给广大水泥企业，使科技成果转化为生产力。

（3）创新驱动绿色发展，参与二代技术装备攻关。"二代"新型干法水泥技术的研发是中国水泥工业超越世界引领世界的重要举措，是全行业共同奋斗、共同完成中国成为水泥强国的目标。水泥行业需要积极参与"二代"的技术研发及各项标准、政策的制定工作，早日实现超越引领目标。

（4）推广水泥窑协同处置生活垃圾及城市污泥。水泥窑协同处置垃圾、污泥、危废，不仅可以做到无害化完全处置，同时还可以为水泥窑提供热值，替代部分燃料。加快推进具备垃圾、污泥协同处置条件的项目，真正实现垃圾处理的"无害化、减量化、资源化"目标，进一步实现水泥行业的可持续发展。

2. 平板玻璃行业

"十三五"期间，平板玻璃行业企业生产线力争全部达标，即全部在产生产线的能耗达到《平板玻璃单位产品能源消耗限额》（GB 21340—2013）标准要求，达到国际领先水平的生产线比例达到 60%以上。

（1）加快产业结构调整和转型升级。加快淘汰落后和产业转型升级，实现产业结构优化和节能减排达标目标。

（2）通过多种途径促进达标。针对窑炉技术水平和燃料构成，制定完善节能减排达标要求，新建生产线不达标的不允许点火，现有生产线不达标的提出整改期限，整改后仍不达标的坚决予以淘汰。

（3）实施淘汰落后产能专项行动。以淘汰第三类、提升第二类工艺装备为主要目标，明确落后产能的标准目录、制定时间表和退出路线，"十三五"努力淘汰落后产能 1.8 亿重量箱的任务目标。

（4）实施"二代浮法创新研发"示范工程。通过"二代浮法"示范生产线，引导平板玻璃行业工艺和技术装备水平提升。

3. 建筑卫生陶瓷行业

"十三五"期间，建筑卫生陶瓷行业节能减排力争全面达标，万元产值综合能耗降低 15%，淘汰落后产能 30%，建筑卫生陶瓷行业前十家企业达到届时的世界先进水平。

（1）加快产业结构调整与优化。实施"扶持一批、转型一批、淘汰一批"战略，鼓励规模大、创新能力强、管理水平高的企业发挥技术、管理、品牌、资本等要素的比较优势，盘活存量企业，实施联合重组，培育龙头企业；鼓励中小企业转型发展、差异化发展，形成一批"专、精、特、优"的特色企业。

（2）实施节能减排技术装备推广、提升专项行动。在行业推广陶瓷薄板、挤出陶板、泡沫陶瓷板等材料的开发与生产，陶瓷砖干法制粉工艺，高效清洁煤制气工艺，低排放喷雾干燥技术，建筑陶瓷集中制粉工艺，建筑陶瓷多层辊道式干燥器等先进的节能减排技术及装备。

（3）倡导资源减量化，大力推进陶瓷砖薄型化、卫生陶瓷轻量化，推广节水型卫生洁具的应用。研究开发陶瓷砖薄型化和卫生陶瓷轻量化所需的技术、工艺、装备、规范，同时加大节水型卫生洁具的研发和推广力度，联合社会各方和政府相关部门推动陶瓷砖向薄型化发展。

（4）坚持全面自主创新。我国已基本实现了建筑陶瓷与卫生洁具整线生产设备的国产化，并具备一定的出口竞争力，但在产品的装饰、设计以及新技术的自主研发创新方面与世界先进水平仍有较大差距。加快推进"陶瓷砖干法制粉""连续球磨生产""卫生陶瓷高压成型"等新技术的应用，建立健全自主创新的激励机制。

第六章

建 筑 项 目 节 能 评 价

推动建筑节能是节能减排工作的重要内容，建筑项目节能评价是工程项目节能评价的重要组成部分，是推进建筑节能工作的关键环节。本章阐述建筑节能的主要内容及专业特点，建筑节能评价体系及指标选择的基本思路，建筑节能评价的主要内容及分析框架，以及建筑节能措施及其分析评价的具体方法。

第一节 建筑节能及其标准规范

建筑节能是贯彻国家可持续发展战略的重要组成部分。根据发达国家发展经验，在工业化、城市化快速发展阶段，建筑能耗总量及建筑能耗占全社会终端能源消费的比例均呈上升趋势。新建建筑应严格执行节能设计标准，积极开展既有建筑的节能改造，使建筑能耗大幅度降低。

一、建筑节能概念及其能耗特点

（一）建筑能耗

1. 建筑及其类别

建筑是建筑物和构筑物的总称，是人工创造的空间环境。公元前 32~22 年间，罗马建筑家马可·维特鲁威（Marcus Vitruvius Pollio）在其所著的现存最早的建筑学专著《建筑十书》中主张，一切建筑物都应当恰如其分地考虑"用"（实用）、"强"（坚固）、"美"（美观）的特点。可见，建筑是人们为了满足社会生活需要，利用所掌握的物质技术手段，并运用一定的科学规律、风水理念和美学法则创造的人工环境。建筑是建筑节能的物理载体。

建筑有多重分类标准。最常见的是按照使用功能分类，建筑分为民用建筑、工业建筑和农业建筑。其中，民用建筑按照《民用建筑节能条例》的定义，是指居住建筑、国家机关办公建筑和商业、服务业、教育、卫生等其他公共建筑；工业建筑是以工业性生产为主要使用功能的建筑，如生产车间、辅助车间、动力用房、仓储建筑等；农业建筑是以农业性生产为主要使用功能的建筑，如温室、畜禽饲养场、粮食与饲料加工站、农机修理站等。

2. 建筑能耗及其分类

所谓建筑能耗，狭义是指建筑运行能耗，即人们日常用能，如采暖、空调、照明、炊事等能耗；广义建筑能耗是指从建筑材料制造、建筑施工，直到建筑使用的全过程发生的能源消耗。通常所说的建筑能耗是广义上的能耗。

建筑能耗分为居住建筑能耗及公共建筑能耗两大类。其中，公共建筑实行强制性节能标准，按节能设计标准，分为甲类公共建筑和乙类公共建筑。前者是单栋建筑面积大于 $300m^2$ 的建筑，或单栋建筑面积小于或等于 $300m^2$ 但总建筑面积大于 $1000m^2$ 的建筑群；后者是单栋建筑面积小于或等于 $300m^2$ 的建筑。

（二）建筑节能

1. 建筑节能的概念

我国《民用建筑节能管理规定》（中华人民共和国建设部令〔2005〕第 143 号）和《民用建筑节能条例》（中华人民共和国国务院令〔2008〕第 530 号）都提到了民用建筑节能概念，是指在保证民用建筑使用功能和室内热环境质量的前提下，降低其使用过程中能源消耗的活动。具体而言，建筑节能指在建筑物的规划、设计、新建（改建、扩建）、改造和使用过程中，执行节能标准，采用节能型的技术、工艺、设备、材料和产品，提高保温隔热性能和采暖供热、空调制冷制热系统效率；加强建筑物用能系统的运行管理，利用可再生能源，在保证室内热环境质量的前提下，减少供热、空调制冷制热、照明、热水供应等活动所节约的能耗。

2. 全面的建筑节能

更广义而言，建筑节能是指在建筑生命全过程节能的总和，即"全面的建筑节能"概念，反映建筑在全寿命周期内各个环节中降低建筑能源消耗，合理有效使用能源活动的行为。具体而言，全面的建筑节能要求建筑在选址、规划、设计、建造和使用过程中，通过采用节能型的建筑材料、产品和设备，执行建筑节能标准，加强建筑物所使用的节能设备的运行管理，合理设计建筑围护结构的热工性能，提高采暖、制冷、照明、通风、给排水和管道系统的运行效率，以及利用可再生能源，在保证建筑物使用功能和室内热环境质量的前提下，降低建筑能源消耗，合理、有效地利用能源。

实行全面的建筑节能是一项系统工程，必须由国家立法、政府主导，对建筑节能作出全面的、明确的政策规定，由政府相关部门按照国家的节能政策，制定全面的建筑节能标准，同时还须由设计、施工、各级监督管理部门、开发商、运行管理部门、用户等利益相关方，全面地贯彻执行各项节能标准和措施。

（三）我国建筑能耗的主要特点

不同国家因其地理位置、人口、气候环境等因素的不同使得各国建筑能耗呈现不同特点。就我国而言，建筑能耗具有以下特点：

1. 建筑能耗占比高

由于我国人口众多，建筑面积庞大，建筑总能耗占全社会能源消耗的比例很大。美国劳伦斯·伯克利国家实验室测算该比例为 25%；国际能源署（IEA）的数据显示，我国建筑能耗比重维持在 30% 左右。中国建筑节能协会能耗统计专委会在测算更新全国及分省建筑能耗数据的基础上研究认为，2016 年中国建筑能源消费总量为 8.99 亿 t 标准煤，占全国能源消费总量的 20.62%，其中公共建筑能耗 3.46 亿 t 标准煤，占建筑能耗总量的 38.53%；城镇居住建筑能耗 3.39 亿 t 标准煤，占比 37.71%；农村居住建筑能耗 2.14 亿 t 标准煤，占比 23.76%。随着我国城镇化进程加快，人民对美好生活的追求日益迫切，建筑能耗总量和比例还将持续增长。

2. 城乡建筑能耗差异大

城乡住宅能耗差异大，主要由于其使用的能源种类不同，城市以煤、电、燃气为主，而农村除部分煤、电等商品能源外，许多地区秸秆、薪柴等生物质能仍为农民的主要能源。近年来我国城镇居住能耗强度总体上保持稳定，截至 2015 年年底，全国城镇新建建筑节能标准

103

执行率达 100%，2016 年城镇居住建筑单位面积能耗为 12.17kgce/m²，比 2000 高 0.87kgce/m²；2000～2016 年农村居住建筑能耗强度逐年上升，单位面积能耗由 2000 年的 3.51kgce/m² 上升到 2016 年的 8.86kgce/m²，增长 2.5 倍；农村居住建筑能耗强度变化主要影响因素，①农村居住条件大幅度提升导致单位面积用能需求增长迅速；②农村非商品能源消费比例下降；③农村建筑节能工作滞后，没有明确的节能路径；④北方城镇集中供热单位面积能耗下降趋势显著。

3. 建筑用能效率普遍偏低

由于节能技术的差距和节能材料的落后，以及节能标准的不完善，我国建筑能源，特别是公共建筑的有效利用率远低于西方发达国家水平。目前，我国大部分地区实行节能 50% 的标准，只有北京、天津等少数地开始执行 75% 节能设计标准。从单位面积能耗强度看，我国公共建筑能耗强度在各类建筑用能强度中是最高的，且近年来一直保持增长趋势。按照发电煤耗法口径，公共建筑单位面积能耗为 30.11kgce/m²，分别是城镇居住建筑的 2.5 倍（12.17kgce/m²）和农村居住建筑的 3.4 倍（8.86kgce/m²）。

二、我国建筑节能政策与标准规范

节能建筑是指按节能设计标准进行设计和建造，使其在使用过程中能够降低能耗的建筑。建筑节能标准是建筑节能工作的基础，我国《2008—2010 年资源节约与综合利用标准发展规划》将建筑节能标准体系包括建筑节能设计、城镇建设、建筑物评价、建筑物及其附属设备、建筑材料、工程施工与验收、商用及公共建筑能耗等方面的标准。目前我国建筑节能还主要依靠国家主管部门颁布的强制性建筑节能设计标准来实现，是必须坚决执行的标准，并推动了建筑节能向更高的目标发展。

（一）建筑节能目标从 30%～75%

我国的建筑节能标准从《民用建筑节能设计标准（采暖居住建筑部分）》（JGJ 26—1986）起步，对北方集中采暖地区新建、扩建居住建筑提出从该年起，在 1980～1981 年住宅通用设计建筑能耗基础上节能 30%，其中建筑物约承担 20%、采暖系统约承担 10%。据此标准，可大大改善室内热环境条件，居室温度普遍达到 18℃左右，节能投资不超过土建工程造价的 5%，投资回收期 10～15 年。

1995 年建设部制定《民用建筑节能设计标准（采暖区居住建筑部分）》（JGJ 26—1995），后来又陆续制定了各类气候区各种建筑的节能标准，从 1996 年开始将 30% 节能目标提升至 50%，即在 30% 基础上再节能 30%，（100-30）×30%=21%，21% + 30% = 51%（约 50%）。这里所说的节能 50% 是指在没有采取节能措施的原有建筑采暖空调耗能情况下节省 50%，如北京在 20 世纪 80 年代建筑每个采暖季节采暖耗能折标准煤 25.2kg/m²，节能 50% 后降到 12.6kg/m²。

2001 年我国又将建筑节能目标提高到 65%（即第 3 个 30%），并将节能范围从严寒寒冷地区扩大到夏热冬冷、夏热冬暖地区；2005 年颁布的《公用建筑节能标准》（GB 50189—2005），将公共建筑明确纳入建筑节能的范围。除了国家发布的节能标准外，各省、直辖市、自治区建设主管部门还批准发布了有关建筑节能的地方标准和实施细则，如北京、天津等地区在 2004 年制定了建筑节能 65% 的新标准，要求每平方米建筑每个采暖季节采暖能耗要进一步降到 8.8kg 标准煤，推行了更高的建筑节能标准。

2017 年在北京、天津、河北、山东、新疆等地开始，在城镇新建居住建筑中实施节能

75%强制性标准。新的节能设计标准完善了原有标准的内容，从设计、构造、设备等方面保证建成项目的节能效果，如住宅层高的限制、南向外窗玻璃考虑太阳得热因素充分利用自然能源、夏季东西外窗遮阳、太阳能热水器使用规定、公共建筑将实行分类年度总能耗指标计算等作为强制性条款加以控制，并出台相关的管理规定，设计、施工、验收、检测各环节严格审查把关，为进一步降低建筑能耗和节能评估审查打下了扎实的基础。

为改善公共建筑和北方采暖地区的室内环境，提高能源利用效率，近年来住房城乡建设部先后发布《公共建筑节能设计标准》（GB 50189—2015）和《严寒和寒冷地区居住建筑节能设计标准》（JGJ 26—2018）等标准规范，在改善围护结构保温隔热性能、提高建筑设备及系统的能源利用效率、利用可再生能源、降低建筑暖通空调、给水排水及电气系统的能耗等方面又提出了更高的标准。

（二）绿色建筑从概念引入到实际执行

绿色建筑（green building）的概念在 20 世纪 90 年代引入我国，包括节能、节地、节水、节材、室内环境质量和环境保护等要求，全面考虑了建设项目节约资源、保护环境和可持续发展问题，包括了绿色建筑节能标准体系的相关内容。《绿色建筑评价标准》（GB/T 50378—2019）定义的绿色建筑，是指在全生命周期内，节约资源、保护环境、减少污染，为人们提供健康、适用、高效的使用空间，最大限度地实现人与自然和谐共生的高质量建筑。

绿色建筑强调利用生态条件，改善环境质量，避免土地过度开发和利用尚可使用的旧建筑来减少单位面积的用能消耗；通过建设项目的合理规划，采用适应当地气候条件的总体布局和平面形式，充分利用日照和自然通风减少冬季采暖、空调使用和夏季空调、通风设备使用；充分利用自然条件进行日照、通风、采光，推行太阳能、地热、风能等可再生能源的使用，进一步减少常规能源的消耗；选择适用的技术和材料，提高建筑材料的利用效率，采用可再利用材料、可再循环材料和地方材料来降低材料生产、运输过程中的能耗；加强运营管理，建立节能管理制度和建筑智能化系统，规范物业管理，提高运营过程能源使用效率。

2003 年年底，由清华大学、中国建筑科学研究院、北京市建筑设计研究院等机构组成的课题组公布了详细的"绿色奥运建筑评估体系"，被认为是国内第一个有关绿色建筑评价的研究成果。2006 年正式发布了第一部有关绿色建筑的国家标准[《绿色建筑评价标准》（GB/T 50378—2006）]，标志着我国的建筑节能进入了绿色建筑的发展阶段；此后于 2014 年和 2019 年分别进行了修订并发布。

2010 年我国发布《民用建筑绿色设计规范》（JGJ/T 229—2010），此后不同类型公共建筑绿色评价标准纷纷立项，并从民用建筑扩展到工业建筑，形成了以《绿色建筑评价标准》为核心的标准体系。

2012 年财政部、住房和城乡建设部联合发布《关于加快推动我国绿色建筑展的实施意见》（财建〔2012〕167 号），按照绿色建筑星级的不同，实施有区别的财政支持政策，以单体建筑奖励为主，支持二星级以上的高星级绿色建筑发展（二星级绿色建筑 45 元/建筑 m²，三星级绿色建筑 80 元/建筑 m²）；对高质量绿色生态城区，调增补助资金，补贴绿色建筑建设增量成本、城区绿色生态规划、指标体系制定、绿色建筑评价标识及能效测评等相关支出。

2013 年 1 月 1 日，国务院办公厅转发国家发展改革委、住房和城乡建设部制订的《绿色建筑行动方案》（国办发〔2013〕1 号），要求"十二五"期间新建绿色建筑 10 亿 m²，标志着绿色建筑从规划层面落实到操作层面。《住房城乡建设事业"十三五"规划纲要》提出，到

2020 年，城镇新建建筑中绿色建筑推广比例超过 50%，绿色建材应用比例超过 40%，新建建筑执行标准能效要求比"十二五"期末提高 20%。

因此，积极推进绿色建筑有利于节能评估和审查制度的深入开展，也有利于提高节能评估和审查的评估指标、评估质量，使节能评估和审查在社会经济发展中发挥重要的作用。

（三）建筑节能标准体系的建立与完善

我国的建筑节能已从采暖地区既有居住建筑节能改造，全面扩展到所有既有居住建筑和公共建筑节能改造；从建筑外墙保温工程施工，延伸到建筑节能工程质量验收、检测、评价、能耗统计、使用维护和运行管理。现有建筑节能标准已基本实现了对民用建筑领域的全面覆盖，并从传统能源的节约扩展到可再生资源的利用，包括太阳能、地热能、风能和生物质能等，实现了能源类型的扩展。

我国建筑节能政策主要集中在六大领域：执行新建建筑节能标准、既有居住建筑节能改造、大型公共建筑节能改造与监管、可再生能源在建筑中的应用、绿色建筑示范推广、住宅全装修和装配式施工推广。其中，新建建筑节能标准执行和既有建筑节能改造是建筑节能政策长期关注的领域，而绿色建筑示范推广和可再生能源建筑应用是节能政策的重点支持方向。

2008 年，国务院先后颁布民用建筑和公共机构节能条例。其中《民用建筑节能条例》（中华人民共和国国务院令 2008 年第 530 号）对新建建筑节能、既有建筑节能改造、建筑用能系统运行节能、可再生能源应用等方面提出了要求，规定了各级人民政府、建设单位、设计单位、监理单位和施工单位在建筑节能方面的责任和义务；《公共机构节能条例》（中华人民共和国国务院令 2008 年第 531 号）要求公共机构实行能源消费计量制度，区分用能种类、用能系统实行能源消费分户、分类、分项计量，并对能源消耗状况进行实时监测，按照规定进行能源审计，对本单位用能系统、设备的运行及使用能源情况进行技术和经济性评价，根据审计结果采取提高能源利用效率的措施。

随着《民用建筑节能条例》和《公共机构节能条例》的制定并发布，我国先后制定和更新了针对不同建筑、不同气候地区的建筑节能标准，如《夏热冬冷地区居住建筑设计标准》（JGJ 134—2001）、《夏热冬暖地区居住建筑设计标准》（JGJ 75—2003）、《严寒和寒冷地区居住建筑节能设计标准》（JGJ26—2018）和《公共建筑节能设计标准》（GB 50189—2015）等，民用建筑节能标准体系初步形成。

2012 年 3 月，住房和城乡建设部公布《既有居住建筑节能改造指南》（建办科函〔2012〕75 号），要求从外墙屋面、采暖系统、供热管网、综合节能等四方面进行既有居住建筑的节能改造。

2017 年，国家发展改革委、国家标准委印发的《节能标准体系建设方案》（发改环资〔2017〕83 号）提出，在建筑领域，我国要完善绿色建筑与建筑节能设计、施工验收和评价标准，修订建筑照明设计标准，建立绿色建材标准体系；住房城乡建设部印发的《建筑节能与绿色建筑发展"十三五"规划》（建科〔2017〕53 号）表明，"十二五"时期，全国城镇新建民用建筑节能设计标准全部修订完成并颁布实施，城镇新建建筑执行节能强制性标准比例基本达到 100%，累计增加节能建筑面积 70 亿 m²，节能建筑占城镇民用建筑面积比重超过 40%；到 2020 年，城镇新建建筑能效水平比 2015 年提升 20%，部分地区及建筑门窗等关键部位建筑节能标准达到或接近国际现阶段先进水平。为此，需要加快提高建筑节能标准，严格控制建筑节能标准执行质量，在不同气候地区开展重点城市节能标准领跑计划和标杆项目（区域）标准领跑计划。

总体而言，我国建筑节能标准要求远低于同等条件的发达国家，在标准执行率方面也处于较低的水平。城镇既有建筑中节能建筑占比仅为 40% 左右，农村地区推行建筑节能仍处于起步阶段。这就要求我国不断提升建筑节能设计强制性标准，建立推荐性的更高节能性能的技术标准作为引导，最终实现建筑能耗总量控制，这是我国建筑节能标准发展的必然趋势。

为了促进建筑能源可持续性，欧盟国家在 21 世纪初已制定十分严格的零能耗住宅标准。当前，我国建筑领域也开始超低能耗建筑的探索。超低排放的绿色建筑不仅有利于节能减排，同时也能创造出更大的经济效益。2019 年 9 月 1 日起，《近零能耗建筑技术标准》（GB/T 51350—2019）正式实施，这是我国首次通过国家标准形式对零能耗建筑相关定义进行明确规定❶，将在零能耗建筑领域建立符合中国国情的技术体系，提出中国解决方案。零能源建筑（zero energy consumption buildings）是不消耗常规能源建筑，完全依靠太阳能或者其他可再生能源，根本目的是要降低二氧化碳排放量。

第二节　建筑项目节能评价体系

一、国外建筑节能评价体系

建筑行业对环境和能源的影响很大，地球上约 50% 的资源是在建筑的建造和使用的过程中被消耗掉的。为了实现可持续发展的目标，西方发达国家十分重视建筑的能耗分析与评价。从 1990 年开始，一些发达国家开发了综合评价指标体系，如美国绿色建筑评估体系（leadership in energy & environmental design，LEED）、英国建筑研究中心的环境评价方法（building research Establishment environmental assessment method，BREEAM）、加拿大的绿色挑战测评体系（green building challenge，GBC）、日本的建筑物综合环境性能评价体系（comprehensive assessment system for building environment efficiency，CASBEE）、澳大利亚的建筑环境评价体系（national australian built environment rating scheme，NABERS）、德国的可持续建筑评估体系（deutsche gesellschaft fur nach-haltiges bauen，DGNB）、法国高品质环境评价体系（high quality environmental standard、HQE）等。各个国家的建筑节能评价体系的设计思路类似，都是共用一套评价指标体系，通过对其增、减、分、和、扩、缩、改等方法修改权重或分值以及调整具体指标来适应各阶段和各类型；不同之处在于各国确定评价体系时结合了本国特色，主要体现为评价指标的权重设置不同。

（一）美国的绿色建筑评估体系（LEED）

LEED 由美国绿色建筑委员会（US Green Building Council，USGBC）于 2000 年开发的绿色建筑评价体系，其评估体系为满足美国建筑市场对节能与生态环境建筑评定的要求设立，较完善且实施容易，并由第三方完成，已经被世界多个国家的测评机构所认可。

LEED 标准评级认证，既包括新建筑物，也包括已有建筑的操作与维护；涉及行业包括商业、学校、零售业、医疗、保健、住宅小区等，应用范围已经从个别楼宇和住宅发展到整

---

❶　《近零能耗建筑技术标准》（GB/T 51350—2019）对"近零能耗建筑"定义：建筑能耗水平较国标《公共建筑节能设计标准》和《严寒和寒冷地区居住建筑节能设计标准》《夏热冬冷地区居住建筑节能设计标准》《夏热冬暖地区居住建筑节能设计标准》降低 60%～70% 以上的建筑。

个街道和社区。LEED 评估系统最新版是绿色建筑评估标准 LEED V4 系列，该评价指标体系由一体化进程、区位与交通、可持续场址、用水效率、能源与大气、材料与资源、室内环境、创新和设计过程、地域优先 9 类指标组成，其中创新和设计过程、地域优先为加分项。按照评价总得分确定认证级（40～49 分）、银级（50～59 分）、金级（60～79 分）和铂金级（80～110 分）。

LEED 标准的评价指标体系由节地与室外环境、节能与能源利用、节水与水资源利用、节材与材料资源利用、室内环境质量、施工管理、运营管理 7 类指标组成。每类指标均包括控制项和评分项。评分指标体系还统一设置加分项。按照评价总得分确定一星级（50～59 分）、二星级（60～79 分）和三星级（80～110 分）。

（二）英国的建筑研究组织环境评价方法（BREEAM）

BREEAM（是由英国建筑研究中心（Building Research Establishment）于 1990 年制定的新建办公建筑评价系统，是世界上最早出现的建筑环境评价体系。该体系旨在评判建筑在整个寿命周期对环境的影响，为建筑提供一个可信赖的、环保的绿色标签，激励人们对绿色建筑的需求。由于工程实践在不断发展，关于建筑和环境的立法也在变化，为了跟上社会发展的节奏，BREEAM 建筑环境评估体系几乎每年都要修订，补充一些新内容，并摒弃过时的条款。

BREEAM 体系的目标可以概括为减少建筑物对环境的影响，其评为项目共有十项：管理、身心健康、能源、交通、水消耗、材料、垃圾、土地利用及生态、污染、创新，十项类别下分若干子项目，子项目对应不同得分点，每个得分点从建筑性能、设计与建造以及管理与运行对建筑三方面进行评价，满足要求即可得到相应的分数。依据 BREEAM 标准认可的性能和措施，认证级别分为五级，"通过"对应一星级别，"杰出"对应五星级别。目前，BREEAM 被认为是绿色建筑发展、设计、建造和操作中的最佳实践标准，已经成为建筑环境性能的最全面和最广泛的认可标准之一。

（三）加拿大的绿色挑战测评体系（GBC）

GBC 是一种开放的评价体系，它由加拿大自然资源部（Natural Resources Canada）于 1996 年发起，由阿根廷、澳大利亚、奥地利等 20 多个国家参与制定。该系统主要有 3 个总体目标，分别是促进建立最先进的建筑环境性能评估方法；维持与观察可持续发展问题，确定绿色建筑相关性，特别是建筑环境评估方法中内容和结构；促进学术研究者之间的交流。

GBC 的核心内容是绿色建筑评价工具（green building tool，GBTool）的开发和应用，提供了一个较为统一的测评工具和测试平台，方便测试机构和评估机构运作。自 1998 年以来，GBC 经历了 GBC98、GBC2000、GBC2002 和 GBC2005 等版本。评估内容主要针对新建和改建翻新建筑中环境的可持续发展指标、资源利用、环境负荷、室内空气质量、可维护性、经济性、运行管理和术语表范围 8 个部分。GBTool 根据绿色建筑发展的总体目标，提出了基本评价内容和统一的评价框架。在 GBTool 软件中，采用 0～5 的评分标准，其中 0 代表行业平均水平，3 代表行业最高水平，5 代表不考虑成本可以达到的最佳效果。各国采用该标准时，可根据本国特色，对某些评价项目增删某些条款，以及设置新的权重和标准，从而拥有本国或本地区版的 GBTool。

（四）日本的建筑物综合环境性能评价体系（CASBEE）

CASBEE 是在日本国土交通省的支持下，由企业、政府、学术界联合组成的日本可持续建筑协会合作研究的成果。它诞生于美国 LEED、英国 BREEAM、加拿大 GB Tool 的评价体系之后，从 CASBEE 2001 起步，更新至多个版本。CASBEE 针对新建筑、既有建筑、城市发展、独立住宅、热岛开发等形成了不同的评价工具，构成了一个较为完整的体系，且处于不断发展中。

CASBEE 评价系统是亚洲国家首个关于建筑节能的评价系统，明确划定了建筑物环境效率评价的边界，提出了以用地边界和建筑最高点之间的假想封闭空间作为建筑物环境效率评价的封闭体系。该评价体系从"环境效率"定义出发，分为建筑环境质量与性能（Q）与建筑外部环境负荷（L）两大部分。建筑环境质量与性能包括室内环境、服务性能、室外环境；建筑环境负荷包括能源、资源、材料、建筑用地环境。其中，每个项目都含有若干小项，CASBEE 采用 5 分制，最高水平为 5 分，一般水平为 3 分，最低要求为 1 分。

参评项目通过建筑环境质量与性能和建筑外部环境负荷中各个子项得分乘以它们所对应权重系数，分别计算出加权平均建筑环境质量与性能得分（SQ）与加权平均建筑外部环境负荷得分（SL）。评分结果显示在细目表中，可计算建筑物的环境性能效率，即 BEE（building environmental efficiency）值，BEE=SQ/SL，充分体现了可持续建筑的理念，即"通过最少的环境载荷达到最大的舒适性改善"，使得建筑物环境效率评价结果更加简洁、明确。

（五）澳大利亚的国家建筑环境评估体系（NABERS）

NABERS 是由澳大利亚国家环境与遗产办公室于 2001 年发布的第一个全面建筑环境评估系统，正式实施于 2003 年。该体系是以建筑实际运转为基础，并不对为建成的建筑进行评测，主要衡量建筑能源利用效率、水的利用、废物管理和室内环境质量及其对环境的影响。

NABERS 评估体系由办公建筑和住宅建筑组成，办公建筑是对既有商用办公建筑进行等级评定，住宅建筑是对特定地区住宅平均水平的比较。目前，NABERS 评估体系有关办公建筑包含了能源和温室气体评估（NABERS energy，即 ABGR）、水评估（NABERS water）、垃圾和废弃物评估（NABERS waste）和室内环境评估（NABERS indoor environment）。具体评价指标分为三个方面：一是建筑对较大范围环境的影响，包含能源使用和温室气体排放、水资源的使用、废弃物排放和处理、交通、制冷剂使用（可能导致的温室气体排放和臭氧层破坏）；二是建筑对使用者的影响，包含室内环境质量、用户满意程度；三是建筑对当地环境的影响，包含雨水排放、雨水污染、污水排放、自然景观多样性。

NABERS 采用"星级"评价方式，通过使用性能测量和验证信息，将数据转换成一个简单地从 1～6 星级的星级评定量表。评估的建筑星级等级越高，实际环境性能越好。如 1 个 6 星级的评级表明市场领先的性能，而 1 星级则指建筑物还有很大的改进余地。

（六）德国的可持续建筑评估体系（DGNB）

DGNB 是德国促进和认证可持续建筑与德国政府共同开发编制的。DGNB 建筑认证的目的是使得建筑在平衡中获取更高的价值，在获得更多销售额或租金的同时，将可持续发展作为辅助参数指标来考虑，促进公众对 DGNB 建筑认证体系理解，促进环境和健康的改善。

DGNB 包含绿色生态、建筑经济、建筑功能与社会文化等因素，覆盖建筑产业链，展示出绿色建筑的经济平衡。数据收集过程适当考虑环境方面的要点，如能源和资源节省、回收、室内空气质量及其他方面。DGNB 体系以确保业主和使用者最关心的建筑性能为核心，而不是简单地以衡量有无措施为标准，这种方式为业主和设计师达到目标提供了广泛途径；

DGNB 以德国和欧洲工业标准为基础，保持了可持续建筑的科学严谨性。

（七）法国的高品质环境评价体系（HQE）

HQE 绿色建筑认证是一套定义、实现和评估绿色建筑环保性能的法国认证体系，由巴黎的高质量环境协会（ASSOHQE）于 1992 年颁布。目前 HQE 在法国已经形成了市场，得到 HQE 认证的建筑的出租率较一般建筑更高，法国多数建筑已经自愿申请 HQE 绿标认证。

HQE 各项性能指标体现了室内环境和室外环境两个方面。室外环境评价包括 7 个指标：建筑与环境的和谐统一、建筑方法和建筑材料的集成、规避建筑点的噪声、能耗的最小化、用水的最小化、废物的最小化、建筑维护和维修的最小化；室内环境评价也包括 7 个指标：热水的控制管理措施、声控的管理措施、视觉吸引力、气味的控制管理、室内空间的卫生与清洁、空气质量控制、水质量控制。HQE 对上述 14 个目标分高、中、低评价等级，分别为高性能、性能良好、基本满足。HQE 的评价方式是，用户根据实际情况，选择 14 个目标中至少 3 个目标达到"高性能"等级，至少 4 个目标达"性能良好"等级，并保证其余目标均达到"基本满足"等级，才能得到 HQE 证书，在最终颁发的 HQE 证书中，会标出该建筑的 14 项目标各达到的等级，而证书本身没有等级，即法国的绿色建筑只有得到 HQE 认证与未得到 HQE 认证之分。

二、我国建筑节能评价系统

（一）绿色建筑评价标准

我国绿色建筑评价相比发达国家发展较晚，目前应用最多的评价体系是住房和城乡建设部出台的《绿色建筑评价标准》（GB/T 50378）。《绿色建筑评价标准》（GB/T 50378）是在部分参考了英国 BREEAM 和美国 LEED 等评价体系的基础上，为推动绿色建筑发展而出台的评价标准，最早发布于 2006 年（GB/T 50378—2006），2014 年 4 月进行了较大更新（GB/T 50378—2014）。最新版本是 2019 年 3 月 13 日由住房和城乡建设部发布（GB/T 50378—2019），自 2019 年 8 月 1 日起实施，旨在贯彻落实绿色发展理念，满足人民日益增长的对美好生活需要。

根据《绿色建筑评价标准》（GB/T 50378—2019），绿色建筑评价指标体系由安全耐久、健康舒适、生活便利、资源节约、环境适宜 5 类指标组成。每类指标包括控制项和评分项；评价指标体系还统一设置加分项。控制项的评定结果应为达标或不达标，评分项和加分项的评定加总为分值。《绿色建筑评价标准》（GB/T 50378）将绿色建筑划分为基本级、一星级、二星级、三星级 4 个等级。当满足全部控制项要求时，绿色等级应为基本级；一星级、二星级、三星级 3 个等级的绿色建筑应满足全部控制的要求，而且每类指标的评分项得分不应小于其评分项满分值的 30%，当总得分分别达到 60、70、85 分，绿色建筑等级才可能分别评为一星级、二星级、三星级。

（二）香港建筑环境评估方法（HK-BEAM）

我国香港特别行政区采用建筑环境评估法（building environmental assessment method, HK-BEAM)）进行评价。HK-BEAM 是由 BEAM Society Limited 于 1996 年提出并建立的，分为新建办公建筑与既有办公建筑两个指标体系。与其他绿色建筑认证体系类似，HK-BEAM 也分为节地、节材、节能、节水、室内环境和创新项，但各项比重相对于其他体系是不同的，主要表现其能耗所占比例尤为突出。该体系新建建筑评价流程分为预评审和最终评审，前者更注重前期的设计以及材料、设备的采购是否符合绿色建筑规范要求，后者则更侧重施工和运营过程中的技术措施。

（三）建筑能效测评与标识技术导则

为落实《民用建筑能效测评标识管理暂行办法》（建科〔2008〕80号），做好民用建筑能效测评标识试点工作，2008年住房和城乡建设部组织中国建筑科学研究院和各地方建筑科学研究院共同编制《民用建筑能效测评标识技术导则》（试行）（建科〔2008〕118号）。

《民用建筑能效测评与标识技术导则》（试行）（建科〔2008〕118号）将民用建筑能效的测评标识内容分为基础项、规定项与选择项，按照居住建筑和公共建筑分别测评，并将建筑能效标识划分为五个等级：①当基础项（按照国家现行建筑节能设计标准的要求和方法，计算得到的建筑物单位面积采暖空调耗能量）达到节能50%～65%且规定项均满足要求时，标识为一星；②当基础项达到节能65%～75%且规定项均（按照国家现行建筑节能设计标准要求，围护结构及采暖空调系统必须满足的项目）满足要求时，标识为二星；③当基础项达到节能75%～85%且规定项均满足要求时，标识为三星；④当基础项达到节能85%以上且规定项均满足要求时，标识为四星；⑤若选择项（对高于国家现行建筑节能标准的用能系统和工艺技术加分的项目）所加分数超过60分（满分100分）则再加一星。

建筑能效的测评与标识以单栋建筑为对象，在对相关文件资料、部品和构件性能检测报告审查以及现场抽查检验的基础上，结合建筑能耗计算分析结果，综合进行测评。

（四）其他建筑能效测评与标识方法

2011年4月2日住房和城乡建设部公告批准并发布的《节能建筑评价标准》（GB/T 50668—2011），是针对新建建筑和既有建筑改造后达到节能标准的建筑。此标准考虑到我国目前建设市场的情况，侧重评价总量大的居住建筑和公共建筑中能耗较大的办公建筑、商业建筑、旅游建筑、科教文建筑，其他公共建筑也可参照执行。此标准将得分项分成了一般项和优选项，一般项即节能建筑需要满足的最低项数要求，优选项是难度大、节能效果较好的可选项。本评价标准主要考虑建筑节能的围护结构、暖通空调、电气与照明等关键影响因素指标。

此外，一些地区以国家《建筑能效测评与标识技术导则》为模板，结合本地区特点，制定了适宜本地区的建筑能效测评与标识方法。例如，重庆市建设委员会颁布了重庆市建筑能效测评与标识管理办法以及建筑能效测评与标识技术导则。

第三节　建筑节能评价的内容和方法

一、建筑节能评价的内容与流程

建筑节能评价是指根据节约能源法规、标准，采用一定的评价方法，对建筑建造过程及使用过程的能源利用是否科学合理进行的分析评价。

（一）建筑项目节能评价内容

建筑项目节能评价的主要内容包括：项目概况（包括项目规模、建设项目采用的能源种类、周边环境等）；评价依据（所依赖的法律法规等）；建筑节能减排现状及效果预测（包括能源消费量、能源消费结构、能源利用效率等方面的分析评估）；建筑节能措施评估（包括建筑本体结构节能分析，给水排水系统应用及节能，电气节能分析，空调、通风、动力等节能分析）；存在问题及建议（提出运行管理办法）等。

（二）建筑项目节能评价流程

建筑项目节能评价，包括既有建筑的评价和尚未建成的建筑设计的评价。对于这两种情况，这里给出统一的评价流程如图 6-1 所示。

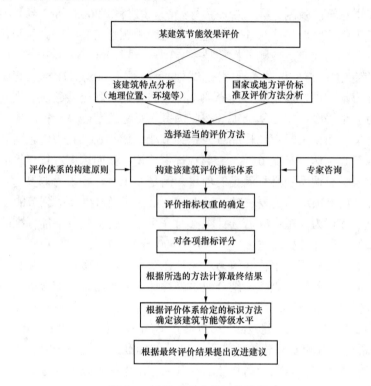

图 6-1　建筑项目节能评价流程

二、建筑项目节能指标体系的构建

在建筑项目节能评价中，建立完善的评价指标体系是关键。合理的指标体系将评价对象的整体性能展现出来，做到不重不漏，保证整个评价过程的科学性。

建筑项目节能评价指标体系是由一系列指标或标准组成的集合。合理的指标体系是对建筑进行全面综合评价的基础，有利于科学评价建筑物在整个寿命周期中的能源、资源消耗状况及其对环境的影响，能够帮助决策者在项目建设伊始清楚掌握上述能源消耗与影响，并通过不断改进、完善设计方案，提高项目资金的使用效率，并达到节能环保的目的，极大地提高了项目的经济效益与社会效益。

（一）建筑项目节能指标体系的构建流程

评价指标的选取是否适宜，将直接影响综合评价的结论。建筑项目节能评价指标体系构建流程参考如图 6-2 所示。

（二）建筑节能评价指标体系的来源

建筑节能评价指标的来源主要为以下三个方面：

1. 国外建筑节能及环境评价方法

虽然建筑由于位于不同国家不同地区拥有各自的特殊性，但国外构建指标的方法以及建筑物指标的选取能够为我们自身指标构建提供帮助。

2. 我国建筑节能技术标准及规范

我国颁布的各种建筑节能相关标准和规范是根据我国建筑特点及实际应用经验总结规

范而成，是我们选择指标的主要参考依据。

3. 其他学术研究选用的指标体系

目前已有很多学者对建筑节能指标体系进行了研究，为选择节能评价指标提供参考。

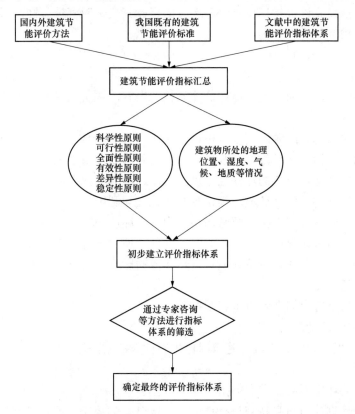

图 6-2 建筑项目节能评价指标体系的构建流程

（三）建筑节能评价指标体系构建原则

1. 科学性原则

科学性原则指影响建筑物节能效果的因素较多，只有坚持科学性原则，获得的信息才具有可靠性和客观性，评价的结果才会真实有效，才会准确反映建筑物节能状况。

2. 可行性原则

可行性原则指选定的评价指标应当可以量化以及便于数据采集，应使评价程序和工作尽量简化，避免纷繁复杂，影响评价效果。

3. 全面性原则

全面性原则文件号指拟建立的指标体系是一个相对完备的整体，以便在现阶段尽量全面、准确地反映建筑的节能水平。

4. 有效性原则

有效性原则指剔除无关或无效信息，把握住建筑节能评价的主要指标。

5. 差异性原则

差异性原则指我国区域发展不平衡，区域间自然条件差异较大，因此应考虑不同地域的特殊性。同时，人们对事物发展变化的特征与规律的认识具有相对性，因此这种基于对事物变化的认识而建立起来的评价系统又具有相对性，所以必须随社会发展而变化，不断地修改补充评价指标体系。

6. 稳定性原则

稳定性原则指建立评价指标体系时，选取的指标其变化应有规律性，那些受偶然因素影响而变化较大的指标就不能入选。

（四）评价指标体系的构建

1. 指标选择

综合前述国内外现有的建筑节能评价体系相关内容，建筑项目节能主要评价指标的选择应重点考虑如下内容。

（1）能源，包括化石能源的利用、可再生能源与 CO_2 排放。

（2）水资源，包括节水设施、污水处理与再生利用以及雨水利用。

（3）材料，包括建筑材料的环保性，以及制作过程的环保性。

（4）污染与废弃物，包括环境污染、废弃物处置与利用。

（5）健康，主要涉及与人类健康密切相关的室内环境和室外环境等因素。

（6）管理，主要考虑绿色生态建筑的施工管理、使用管理和操作管理等。

（7）生态系统，主要考虑建筑环境对自然环境的影响、对自然环境的破坏两个方面。

（8）服务质量。

（9）建筑项目全寿命周期的投资和回报等。

（10）社会与经济功能。

（11）设计，指设计中意在改进建筑绿色生态性能的手法等。

2. 常用指标

建筑物所处的环境不同，选取的指标亦会有差异，在选取评价指标时，参考既有评价指标的同时，也应根据建筑自身特点进行选取。我国既有的建筑节能评价指标汇总见表 6-1。针对不同地理位置、不同环境的建筑，可以有针对性地选取相应指标。

表 6-1 建筑节能评价常用指标

序号	指标名称	序号	指标名称	序号	指标名称
1	建筑选址	13	施工现场室内空气质量	25	住宅周围生活设施完善
2	建筑外部园林绿化	14	空调系统可控度	26	家庭办公
3	减少光污染	15	室内热湿环境	27	可再生能源及低碳排放量能源
4	节约用水	16	天然采光和视野	28	日光照明
5	最低能源消耗	17	CO_2 排放量	29	隔声
6	优化能源利用	18	建筑围护结构热工性能	30	私人空间
7	绿色电能	19	干燥空间	31	住户节能使用手册
8	施工废物管理	20	建筑设备的环保标签	32	考虑周到的建设者
9	资源再利用	21	内部照明	33	节能新技术使用
10	可循环利用物质	22	外部照明	34	地热能利用
11	室内二氧化碳监测	23	公共交通	35	室内声环境
12	提高通风效率	24	自行车存放空间	36	室内光环境

序号	指标名称	序号	指标名称	序号	指标名称
37	可再生能源的直接利用	60	电磁污染	83	吸收式冷（温）水机组的设备能效
38	可再生能源的转换利用	61	成本和经济	84	房间空调器能效
39	空调设备	62	社会影响方面	85	空调室外机安装
40	通风设备	63	节能意识	86	蒸汽压缩循环冷水（热泵）机组性能系数（COP）
41	照明设备	64	窗前比	87	排风新风系统之间热量回收
42	热水供应设备	65	体形系数	88	采暖系统末端温度自动控制设施
43	电梯设备	66	建筑物全年耗电量	89	空调系统末端温度自动控制设施
44	高效能源利用设备	67	建筑外窗气密性	90	可再生能源利用比例
45	建筑运行管理体制	68	建筑小区的日照	91	生活热水分户计量
46	雨水利用	69	建筑小区密度	92	使用节水器具
47	资源的再利用	70	居住区绿地率	93	住宅按户设置电能表
48	节能投资收益	71	住宅建筑侧面的间距	94	变压器空载损耗能效
49	使用对健康无害的材料	72	自然采光设计	95	变压器负载损耗能效
50	对既有建筑主体再利用	73	建筑外表面颜色	96	照明灯具能效值
51	旧材料再利用预测量	74	太阳能利用	97	照明设备镇流器的能效因数
52	避免使用氟利昂与哈龙	75	外窗的遮阳系数	98	照明节能自熄开关
53	建筑选址	76	屋面绿化	99	物业管理人员通过建筑节能管理岗位的上岗培训
54	温室气体排放	77	热负荷逐项计算	100	电梯节能运行方式
55	室内空气质量	78	冷负荷逐时计算	101	主要用能设备节能运行管理制度
56	项目规划	79	集中采暖系统热计量	102	节能知识科普宣传
57	雨水，工业废水	80	集中热水采暖系统的耗电输热比（HER）	103	用能设备维修、调试和保养
58	通风	81	空调水系统输送能效比（ER）	104	编制住户节能手册
59	噪声和声响	82	单元式空气调节机能效	105	能耗的数据统计与公示

3. 评价指标体系示例

我国幅员辽阔，横跨三个气候带，很难给出统一的评价指标，因此需结合评价对象特征建立相应的指标体系。现以夏热冬冷地区为例构建该地区的居住建筑指标体系，如图6-3所示。

4. 指标权重的确定

建筑节能评价中关于评价指标的确定定及权重的分配起着至关重要的作用。选择正确的指标才能对评价对象进行有效评价，而指标权重是评价指标相对重要程度的量化表达。确定评价指标权重的方法大致可分为客观和主观两类。

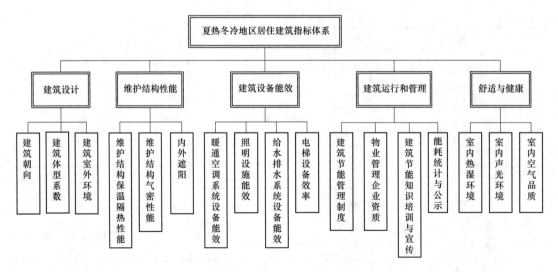

图 6-3 夏热冬冷地区居住建筑节能评价指标体系示例

（1）客观赋权法。客观赋权法是根据各指标的统计数据，按照数学规则计算出指标权重。此类方法的基本思想是不同建筑在某一个指标上的数值差异性越明显，这个指标对应的权重就越大，反之，差异性越小，则权重越小。该类方法主要包括因子分析法、熵值法、秩和比法（RSR）、关系数法等，其中因子分析法、熵值法是常用的方法。该类方法权重完全取决于调研数据，通常不受个人主观意愿的影响，所以决策者或者专家的意向不能体现。然而，权重应当反映评价的目的，权重本身表明决策者或者评价者在评价中的态度。在建筑节能评价实践中，采用客观赋权类方法确定建筑节能评价指标权重并不常见。

（2）主观赋权法。由专家根据经验判断或者决策者的意志确定各评价指标的相对重要程度，然后经过综合处理获得指标权重的方法。该类方法大致包括德尔菲法（Delphi）、层次分析法（AHP）、简单排序编码法、倍数环比法、优序环比法等，其中德尔菲法（Delphi）和层次分析法（AHP）为最常采用的方法。运用主观赋权法确定各指标权重系数反映了决策者的意向，将专家的专业知识运用其中，有利于得出科学的指标权重，但权重结果具有很大的主观随意性。

三、建筑节能评价方法

（一）建筑能效评价方法

目前国内外与建筑能效相关的评价方法很多，大致可以分为清单列表法、生命周期评价法、建筑能耗计算和模拟为基础的建筑评价和标识法、基于 BIM 技术的建筑节能法。

1. 清单列表法

清单列表法实际上是采用一些带有标记的问题，不同的权重分配给一个分类或某个问题，评分以及最后的结果根据提问计算出来。应用此方法的包括美国的绿色建筑评估体系（LEED）、英国的建筑环境评价方法（BREEAM）、日本的建筑物综合环境性能评价体系（CASBEE）等。

2. 生命周期评价法

按照生命周期评价方法的基本框架，对建筑的物质和能量的输入和输出的作清单分析，需要一个涉及建筑过程与管理的材料与资源的详细目录。国际上建筑能效相关的生命周期评价方法包括中国香港机电工程署开发的香港商业建筑生命周期成本分析（LCC）、香港商业建筑生命周期能量分析（LCEA）、美国的 BEE、加拿大的 Athena、法国的 EQUER 和 TEAM 等。

3. 建筑能耗计算和模拟为基础的建筑评价和标识法

建筑能耗计算和模拟为基础的建筑评价和标识法是基于一套建筑能耗计算方法或者计算机模拟软件，计算结果通常为建筑运行阶段的能耗，在计算出的单位面积能耗基础上进行评价。美国能源之星（ENERGY STAR）以及在欧盟建筑能效指导 EPBD 2002/91/EC（energy performance of buildings directive）框架下的建筑能耗证书制度都属于该类建筑能效评价方法。

4. 基于 BIM 技术的建筑节能

BIM 技术，即建筑信息模型技术，是基于三维可视化技术将建筑信息整合统一的三维数字化技术，具有可视化、协调性、模拟性、优化性、可出图性等诸多优点，可实现建筑方案设计、施工管理、运营维护各阶段的信息共享。利用 BIM 技术建立建筑模型，模拟建筑物的局部气候，分析自然通风及日照效果，并对空调负荷及系统能耗模拟计算，比常规方法更全面、更有效、更准确地评价建筑能耗水平。BIM 核心建模软件是 BIM 技术的基础，常见的有 Autodesk 公司 Revit 系列、Bentley 建筑、结构和设备系列、ArchiCAD、Dassault 公司 CATIA，其中 Revit 系列主要针对民用建筑领域，功能较全面，界面易用。各类建筑能耗模拟软件在某种意义上属于 BIM 可持续分析软件，常用的如 Ecotect、GreenBuildingStudio、DeST、EnergyPlus 等。由于统计数据的不完善，除了少数几个发达地区外，不少地方缺乏既有建筑能耗数据，这为建设项目采用类比分析方法进行能效水平评价增加了难度，实际操作中可采用参照模式，采用可收集到的同类型建筑运行能耗，修正气候特征、生活习惯等差异因素后进行能效水平评价。

除了上述四种方法外，很多研究团体或学者对建筑节能评价方法进行了研究，包括综合评价法、能值分析等。综合评价法指通过一定的数学模型将多个节能评价指标值合成为一个整体性的综合评价值，评价过程中一般需要根据指标的重要性进行加权处理，最终得到节能综合评价指数或分值，以判定建筑的节能状况。常用的综合评价方法有模糊评价法、数据包络分析法、人工神经网络法等；能值分析以系统生态学理论为基础，借鉴生态系统中的食物链理论，通过网络分析的计算方法计算生产某一产品或服务所需要的全部能量投入，用于建筑节能进行评价可以衡量建筑系统可持续发展的能力与潜力，此方法的研究成果包括 haukoos，buranakam 等对建筑材料的再利用和再循环能值分析，Roudehush 提出的建筑环境价值工程评价模型。

另外，我国节能评价的各种方法同样适用于建筑节能评价。如标准规范对照法、专家经验判断法、单位面积指标法、能量平衡分析法等。建筑节能评价具体的用能方案评估、能耗数据确定、节能措施评价等可以根据需要选择相应的评价方法。

建筑能效选择评价方法后进行评价结果确定时，可以根据具体评价方法进行评分计算，根据得分对应评价系统中规定的节能认证等级确定评价对象的等级水平，也可以算出具体能耗水平分析其能耗情况，分析其用能水平。

（二）建筑能耗计算方法

民用建筑的能耗类别相对简单，主要包括电力、热力、燃气和水等，对于使用集中供热、集中供冷以及利用余热资源的建筑物，能耗估算时还应考虑输入的热及冷量。按照建筑项目消耗的各种能源品种，分类计算建筑能耗。

1. 电力能耗

建筑物耗电量通常可采用单位指标法或单位面积功率法进行估算。单位指标法适用于具有不同功能性质的建筑（群）或同一建筑物（群）内的不同功能单元，如商办大楼、混合型住宅小区等。单位用电指标的单位通常为 W/户、W/单元、W/m^2 等。

单位面积功率法则是对建筑物内的不同用电负荷进行分类估算，逐项累加，如照明、插座、电梯、给排水、通风、空调设备等，相应的负荷指标可参照《全国民用建筑工程设计技术措施节能专篇—电气》《建筑照明设计标准》（GB 50034—2013）等规范合理取值。

单位指标法与单位面积功率法可单独使用，也可结合使用。前者更适用于方案设计阶段，尤其是仅有建筑方案而公辅设备专业方案不完整的建筑项目，估算结果相对准确；后者更适用于某一类建筑中一类负荷设备的用电量估算，耗电量估算时在具体设备使用时间上更为精确，该方法符合建筑物能耗分项计量的原则，而且其结果可以在今后的建筑物能耗分项监测中得以验证。

建筑项目电耗的估算公式如下：

建筑项目年耗电量（10^4 kWh）=功率×年运行天数×每天运行小时×有功系数×需要系数

（6-1）

2. 热力消耗

建筑项目采暖热量（GJ）=热负荷×采暖天数×日小时×负荷修正系数　　（6-2）

3. 燃气消耗

民用建筑使用燃气的单元主要为厨房、食堂及锅炉房，我国所用燃气大多为城市天然气、人工煤气或液化石油气。

标准状态下建筑项目采暖耗气量（m^3）=采暖耗热量/燃气低热值/设备效率/管网输送效率

（6-3）

标准状态下建筑项目餐饮耗气量（m^3）=耗热量指标×使用人数（座位数）/燃气低热值

（6-4）

4. 水耗

建筑物耗水量，除常规的建筑物内生活用水外，还应包括绿化、道路洒水、地下车库冲洗水及空调补充水等；同时，建议采用《民用建筑节水设计标准》（GB 50555—2010）中的节水定额指标进行用水量的估算。

四、民用建筑项目节能措施评价

（一）建筑工艺方案节能评价

建筑工艺方案的科学性与合理性是建筑节能设计的基础。建筑总平面布局、建筑平面及立面设计应结合所在地区的特点，充分考虑项目所在地的气候环境、绿化条件、建筑朝向、整体布局等条件。主要应从建筑布局、体形系数及建筑围护结构等方面进行节能分析。

1. 建筑布局

总平面布置、朝向、日照、通风、采光是建筑项目节能的关键因素，节能评价应主要从总平面布置、朝向、通风、采光方面综合考虑。

（1）总平面布置。总平面布置应在实现建筑功能的基础上，充分利用冬季日照并避开冬季主导风向，利用夏季凉爽时段的自然通风，以利于冬夏两季的节能。同时，总平面布置时亦应考虑建筑群内的环境影响，如垃圾转运站的臭气、锅炉房的燃烧烟气、地下车库的尾气、变压站的电磁辐射以及周边交通的噪声等因素，合理布置公辅设施，将区内外污染影响降至最低。

（2）朝向。建筑的主要朝向宜选择项目所在地的最佳朝向，主要考虑因素为冬季能保持有适量的阳光射入室内，夏季则尽量减少太阳直射。

（3）通风。建筑布局对建筑群内的整体自然通风有着很大的影响。一般而言，错列式、斜列式以及自由式建筑群体布局形式要比行列式、周边式优越，建筑相互挡风较小。建筑单体的自然通风则与外窗位置及开启面积有着重要关系，夏季能引主导风入室，冬季则避免冷风直吹室内。对于某些特定的建筑项目，节能评价可以采用专业风环境模拟软件对冬季、夏季和过渡季节分别进行模拟，以符合生态节能的要求。

（4）采光。采光除受窗户开启面积与位置因素影响外，还存在区内高大建筑的遮挡，建筑群内单体高度设置时宜采用北高南低的格局，以确保可获得冬至日 1h 以上的满窗日照。

2. 体形系数

体形系数对于建筑能耗有着显著的影响。以夏热冬冷地区为例，如果体型系数由 0.4 降至 0.3，围护结构传热损失可降低 25%，全年采暖空调能耗可减少 13%左右。

节能评价应根据相应建筑的特点，在不影响建筑物服务功能的前提下尽量减少外墙面大的凹进或凸出，尽可能地控制体形系数，其取值应符合国家及地方公共建筑或居住建筑节能设计标准中的强规要求。

3. 建筑围护结构

我国建筑热工设计分为严寒、寒冷、夏热冬冷、夏热冬暖、温和五个地区，不同地区的围护结构节能潜力不同，外窗、外墙、屋顶等围护结构的节能贡献能力存在较大差异。因此，围护结构节能评价应抓住重点，围护结构的保温和细部设计应有利于节能降耗。

例如夏热冬暖区的围护结构节能贡献率为外窗＞外墙＞屋顶，节能设计重点首先考虑外窗遮阳；夏热冬冷地区则为外墙＞外窗＞屋顶，节能设计重点首先体现在外墙保温。

节能评价应分析窗墙面积比、窗的热工性能、活动外遮阳的设置、屋顶绿化的设置等内容，明确各围护结构的保温隔热做法、材料的热工性能及相应的围护结构节能技术措施。同时，节能评价需要详细分析热工计算公式及结果的合理性与准确性，热工设计指标应按该地区相应公建、居住建筑节能设计标准进行校核。

（二）民用建筑用能设备系统节能评价

民用建筑用能设备系统的节能设计是实现建筑低能耗运行的重要内容。建筑项目节能评价应在暖通空调、电梯、照明、泵房等电器、设备系统的能效指标计算的基础上，提出节能评价措施。

1. 暖通空调系统

暖通空调系统是建筑物内的耗能大户，民用建筑中暖通空调设备的负荷占比为 43%～52%，可见暖通空调系统节能评价非常重要。

暖通空调系统节能评价应重点评价室内外设计参数、冷热源系统、输配系统、空调末端设备等，应明确室内外设计参数与所在地区建筑节能设计标准的符合性；分析空调形式与建筑性质的适用性，冷热源选择及容量配置的合理性，是否可以利用所在区域的余热余能资源，主要冷热源设备能效指标等；分析输送系统与建筑特点的符合性，明确水系统输送能效比、耗电输热比、风机单位风量耗功率等能效指标，水管、风管的保温措施等；分析空调末端设备选择的适用性，送风温度的合理性，以及送、回风方式的可行性等。

2. 电气系统

电气系统节能措施评价主要是建筑项目配电系统、电气照明系统、建筑电气设备控制系统、可再生能源利用等节能措施的合理性和可行性进行分析。

配电系统主要评价配电线路供电半径以及三相线路平衡性等；照明系统主要评价照明场所的照度及功率密度标准、灯具布置方案及控制方式、光源及镇流器选择等；建筑设备控制系统主要评价电气设备启动、控制方式等；可再生能源的利用评价主要是通过方案比选，把最适合于拟建项目的可再生能源利用于项目中，评价其技术方案、安装方式、节电量、投资回报等是否合理。

（三）建筑项目节能优化方向和措施

建筑项目节能涉及众多内容，从围护结构、设备电气和可再生能源利用系统的角度看，主要节能优化方向和措施如下：

1. 建筑物围护结构

（1）选用适宜的外保温或夹芯保温体系，确保达到外墙和屋面传热系数要求。例如，采用措施加强屋面保温隔热性能；采取措施阻止热桥，避免结露；采用措施减少外窗热工损耗；采用遮阳措施等。

（2）采取措施加强自然采光通风。

（3）条件许可时，采用计算机模拟技术辅助建筑节能设计。

2. 设备电气系统

（1）在条件许可情况下，暖通空调系统的能源宜优先选用可再生能源（直接或间接），如风能、太阳能等。邻近河流、湖泊的建筑，可考虑采用水源热泵（地表水）作为建筑的集中冷源；当公共建筑内区较大，冬季内区有稳定和足够的余热量时，宜采用水环热泵空调系统。通过定性计算或计算机模拟的手段，来优化冷、热源的容量、数量配制，并确定冷、热源的运行模式。

（2）推荐运用模拟软件对建筑室内风环境进行模拟以获得理想的自然通风效果。在自然通风的基础上，采取适当的改进措施，如：合理布置自然进风口（排风口）位置；自然进风的进风口设过滤措施；自然进风的进、出风口设调节及关断措施；以提高自然通风可控性能及效果。

（3）公共建筑的内区过热，在室外温度适宜时，应优先利用室外空气的通风消除；酒店、餐饮、医院等生活热水耗量较大的场所，在经济技术合理时，宜采用风冷模块式冷水机组、冷凝器热回收型冷水机组或其他节能方式；燃气锅炉宜充分利用烟气的余热，采用余热回收装置或冷凝式炉型，选用配置比例调节燃烧机的炉型；全年需要供冷和供热的变制冷剂流量多联分体式空调系统应采用热泵式机组；在建筑中同时有供冷和供热要求的，当其冷、热需求基本匹配时，宜并为同一系统并采用热回收型机组。

（4）公共建筑投资项目应根据建筑物的性质、楼层、服务对象和功能要求，进行电梯客流分析，合理确定电梯的型号、台数、配置方案、运行速度、信号控制和管理方案，提高运行效率。

（5）选用高效照明光源、高效灯具及其节能附件，在符合标准的前提下，尽可能降低能耗。

3. 可再生能源利用系统

（1）建筑物（群）应尽可能使用太阳能。有条件的单位可以利用太阳能实现天然可调节采光，以节省背阴用房的电器照明等。

（2）建筑物（群）在有技术保证的前提下可使用地下水地源热泵热源井方案，用于调节室内温湿度等。重点是必须采用可靠的措施，防止回灌水的污染。冰蓄冷系统对于峰谷电价差别大的地区有应用价值，建议根据实际情况选择使用。

（3）太阳能光伏电源系统可用于公共建筑内的指示照明、调节温度等，室外的景观照明、交通指示等多种场合。

（4）在有条件的地方可以使用风力发电系统、海水源热泵系统等可再生能源利用系统，达到公共建筑室内外功能区内的有效节电、节能的目的。

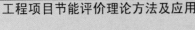

第七章

交通运输项目节能评价

交通运输业是能源消费的重要行业。交通运输基础设施项目建设方案对交通运输工具使用中的能源消耗，以及交通运输基础设施的建设和运营维护全生命周期中的能源消耗都会产生重要影响。本章重点介绍交通运输业的能耗状况、节能政策、标准规范、评价指标，以及公路、铁路、民航、港口等运输方式基础设施项目节能评价应关注的核心问题。

第一节 交通运输节能及其标准规范

一、交通运输业发展及其能耗现状

（一）交通运输业的基本情况

1. 主要交通运输方式

交通运输部门是指提供旅客出行和货物运送的部门。交通运输行业又可分为铁路、道路、水运、航空和管道等不同运输方式，每种运输方式根据消耗的燃料类型等又分为多种子运输方式，如图 7-1 所示。例如，铁路分为蒸汽机车、内燃机车、电力机车 3 类；道路（公路）分为客运柴油车、客运汽油车、货运柴油车、货运汽油车 4 类；水运（柴油）分为内河船舶、沿海船舶、远洋船舶 3 类。

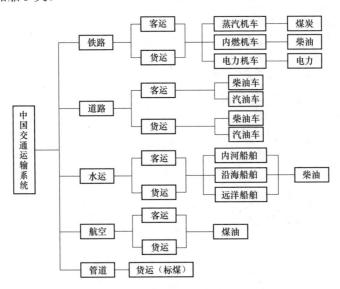

资料来源：吕小明. 基于产业层次的中国能源效率研究 ［D］. 重庆大学，2012.

图 7-1 我国交通运输系统构成

2. 我国交通运输业发展现状

交通运输是基础性、先导性、战略性产业，是经济社会发展的重要支撑和强力保障。自改革开放以来，中国经济社会快速发展，交通运输领域也取得了优异成绩，创造了众多举世瞩目的"中国速度"和"中国模式"。

根据中华人民共和国交通运输部（简称交通运输部）发布的《2018年交通运输行业发展统计公报》，2018年年末全国铁路营业里程达到13.1万km，其中高铁营业里程2.9万km以上，全国铁路路网密度0.0136km/km²；全国公路总里程484.65万km，其中四级及以上等级公路里程446.59万km（占公路总里程92.1%），公路密度0.5048km/km²；全国内河航道通航里程12.71万km，其中等级航道里程6.64万km（占总里程52.3%）；全国港口拥有生产用码头泊位23919个，其中拥有万吨级及以上泊位2444个；全国共有颁证民用航空机场235个，年旅客吞吐量达到100万人次以上的通航机场有95个。2018年全国营运客运量完成179.38亿人次，总客运周转量达34217.43亿人·km；营业性货运量完成506.29亿t，总货运周转量达199385.00亿t·km。

（二）交通运输业的能耗现状

1. 交通运输业能耗总量与品种结构

交通行业是国民经济的基础性、先导性产业，同时又是资源密集型行业，交通建设占用大量的土地、岸线资源，消耗数量庞大的建筑材料，运输过程中飞机、火车和汽车等交通工具消耗多种能源品种，是我国汽油和柴油等能源消耗的大户。

根据国际清洁交通委员会对全球乘用车百公里油耗标准的研究，我国在2005年之前乘用车效率在全球处于落后地位；2004年我国制定出台了《乘用车燃料消耗限值》（GB 19578—2004），规定四个阶段的乘用车燃料消耗量的限值。2016年开始实行第四阶段标准，目标是在2020年内将乘用车平均燃料消耗量降到5L/100km，达到甚至超过美国和日本的标准。

根据《中国能源统计年鉴（2018）》，2017年全国交通运输、仓储邮政业的能源消费总量为42191万t标准煤，占全国能源消费总量的9.4%，比2016年的消费总量增加了6.4%。交通运输、仓储邮政业消费的各种能源总量、增长率及占全国相应能源品种消费量的比例见表7-1。

表7-1 2017年我国交通运输业消费的各种能源数量及占全国比重

项目	汽油	煤油	柴油	燃料油	天然气	电力
实物消耗量	5698.53万t	3173.31万t	11253.69万t	1771.34万t	284.71亿m³	1417.98亿kWh
比上年增长率	3.4%	12.7%	1.7%	17.2%	11.8%	13.3%
占全国该品种能源的消费量比重	45.9%	95.4%	66.2%	36.2%	11.9%	2.2%

注 数据来源：《中国能源统计年鉴（2018）》。

在表7-1中，交通运输业消费的各品种能源总量的上升，是在乘用车单位能耗不断下降的情况下发生的，充分表明了我国交通运输量扩张之迅猛。从交通能源消费品种看，汽油、柴油消费量增长平稳，但燃料油、天然气、电力消费增长速度都比上年高出10%，表明新能源汽车近年增长迅猛，绿色交通正加快发展。截至2017年，我国新能源汽车产销量已经连续

3 年居世界首位。此外，煤油消费量增长率也超过 10%，而且占全国煤油消费量的比例高达 95% 以上，表明我国民航业运输规模近年也显著提升。

2. 交通运输业能源效率现状

我国交通运输能耗统计监测报表制度直接从典型企业获取公路客运、公路货运、内河货运、海洋货运各子行业的能耗数据，数据质量较高，但企业覆盖范围相对较小，只有 120 多家企业。

根据 2018 年我国监测的 123 家公路水路运输企业统计数据，监测的城市公交企业每万人次单耗 1.5t 标准煤，百车公里单耗 41.7kg 标准煤；公路班线客运企业每千人每公里单耗 14.6kg 标准煤，百车公里单耗 29.1kg 标准煤；公路专业货运企业每百吨公里单耗 2kg 标准煤；远洋和沿海货运企业每千吨海里单耗 4.1kg 标准煤；港口企业每万吨单耗 2.3t 标准煤。

二、我国交通节能政策与标准规范

（一）交通运输节能标准体系分类及其作用

标准化在交通运输体系建设中具有基础性、战略性作用，能够有效促进交通运输经济持续健康发展和社会全面进步。

交通运输节能标准体系结构层次的划分，传统上多以行政系统类别或交通运输方式为依据，按照技术、产品、服务、管理或公路、水路等进行分类，虽然容易理解，但随着标准化需求的提升，无法系统归纳。《2008—2010 年资源节约与综合利用标准发展规划》将交通运输节能标准体系分为交通运输节能设计、能源监测和检验及计算、能耗限额、能源平衡、能耗产品的用能要求、能源利用评价与管理等方面的标准。

目前，我国交通运输行业环保与节能标准体系主要包括基础标准、生态保护标准、污染防治标准、节能降碳标准、监（检）测-统计-评定及监管标准、环境安全与污染事故应急标准等不同类型的标准。

（二）我国交通节能标准规范的发展

1. 交通节能管理体系的建立

改革开放以来，我国的政府行政管理体制进行了数次改革创新，政府职能转变明显，交通运输行政管理体制为交通节能管理提供了制度保障。

早在 1980 年，原交通部就设立了能源管理小组，由分管能源的副部长任组长，各司局均有 1 位局级领导为成员，各省、市、区、厅局均设立了能源机构。交通部设有专门的能源管理办公室，配备专职能源管理人员管理全国交通行业的合理用能工作。在计划经济条件下建立的能源管理机构设置较为完善，对交通行业的节能工作起到了重要作用。

自 1998 年，由于机构改革和市场经济等原因，尤其是政企分开后，政府不直接管理企业，经过人员精简，虽然保留了能源管理办公室牌子，但不设专职人员，一段时间内节能管理力量相对弱化。

2006 年，为加强交通行业节能工作的领导，交通部决定重新成立节能工作协调小组，为部非常设机构。由部长任组长，分管能源的副部长任副组长，5 个司局负责人为成员。2007 年，交通部节能协调小组不单设办事机构，日常工作由体改法规司（交通部能源管理办公室）具体承担。2008 年，交通部节能工作协调小组调整为节能减排工作领导小组。

2008 年我国政府大部门体制（简称"大部制"）改革后，交通运输部正式挂牌，节能减排工作领导小组的任职格局没有改变，但日常工作改为交通运输部节能减排与应对气候变化工作办公室具体承担；同时，地方各级交通运输主管部门也成立了相应的工作机构。

2014 年，交通运输部调整了部节能减排工作领导小组及部节能减排与应对气候变化工作办公室成员。交通运输部节能减排工作领导小组由主管副部长担任组长，12 个相关司局及所属机构负责人担任成员；节能减排与应对气候变化工作办公室日常管理主要由法制司负责。

2. 交通节能标准规范的发展过程

标准化工作是规范和引领交通节能的重要技术支撑。为了指导各类交通工程项目的节能评价和设计，交通运输部、原铁道部等部门先后出台了公路、铁路、水运、港口等工程项目的节能标准和规范。

早在 20 世纪 80 年代，根据"开发与节约并重，把节约放在优先地位"的能源战略方针，交通运输行业先后制定或修订发布了一系列交通运输节能标准。道路运输方面制定了《载货汽车运行燃料消耗量》（GB/T 4352—1984）和《载客汽车运行燃料消耗量》（GB/T 4353—1984）等标准；水路运输方面制定了《运输船舶燃油消耗量海洋船舶计算方法》（GB/T 7187.1—1987）等节能标准规范。

20 世纪 90 年代，特别是随着《国务院关于加强节能工作的决定》的发布和《中华人民共和国节约能源法》的修订，交通部及时发布了《关于交通行业全面贯彻落实〈国务院关于加强节能工作的决定〉的指导意见》和《公路、水路交通实施〈中华人民共和国节约能源法〉办法》，进一步规定了交通节能技术标准。在道路运输方面，先后制定了《汽车节油技术评定方法》（GB/T 14951—1994）、《汽车节能产品使用技术条件》（JT/T 306—1997）、《汽车燃油节能添加剂试验评定方法》（GB/T 17752—1999）等标准；在水路运输方面，先后制定了《沿海港口企业能量平衡导则》、（JT/T 0025—1992）《内河港口能量平衡通则》（JT/T 202—1995）、《船舶供受油管理规程》（JT/T 339—1997）等标准。

2000 年以后，特别是在交通运输部发布《建设节约型交通指导意见》和《关于印发公路水路交通节能中长期规划纲要的通知》等指导性文件之后，我国继续推动交通运输节能减排工作向纵深方向发展，先后制定了《营运车辆综合性能要求和检验方法》（GB 18565—2001）、《运输车辆能源利用检测评价方法》GB/T 18566—2001）、《公路运输行业能源消耗统计及分析方法》（GB/T 21393—2008），以及《营运客车燃料消耗量限值及测量方法》（JT 711—2008）、《营运货车燃料消耗量限值及测量方法》（JT 719—2008），并对《载货汽车运行燃料消耗量》（GB4352—1984）、《载客汽车运行燃料消耗量》（GB 4353—1984）、《汽车节油技术评定方法》（GB/T 14951—1994）、《汽车节能产品使用技术条件》（JT/T 306—1997）等标龄较长的标准重新进行了修订。水路运输领域先后出台了《运输船舶燃油消耗量长江船舶计算方法》（GB/T 7187.2—2001）、《运输船舶燃油消耗量内河船舶计算方法》（GB/T 7187.3—2001）、《船舶运输行业能源消耗统计及分析方法》（GB/T 21392—2008）等，以及《水运工程节能设计规范》（JTS 150—2007）等，并对《运输船舶燃油消耗量海洋船舶计算方法》（GB/T 7187.1—1987）、《沿海港口企业能量平衡导则》（JT-T 0025—1992）等标准进行了适时的修订。

截至 2016 年年底，我国交通运输环保与节能相关标准共计 45 项，包括国家标准 6 项，行业标准 11 项，已列入标准计划项目 28 项（均为行业推荐性标准）。其中，基础标准 5 项，生态保护标准 6 项，污染防治标准 10 项，节能降碳标准 2 项，监（检）测、统计、评定与监管标准 22 项，主要涉及道路运输、船舶运输、港口建设与运营 3 个行业。

在标准对象方面，这些节能标准以方法标准和工程建设标准为主。以港口工程节能标准为例，先后出台了《水运工程节能设计规范》（JTS 150—2007）、《港口能源消耗统计及分析方法》（GB/T 21339—2008）、《港口企业能量平衡导则》（JTT 25—2009）、《港口固定资产投资建设项目装卸生产设计可比能源单耗评估》（JT/T 491—2014）等。

在标准约束力上，已发布的标准规范主要以推荐性标准为主，强制性标准数量相对较少。在强制性标准方面，《营运车辆综合性能要求和检验方法》（GB 18565—2001）是明确营运车辆能耗退出依据的主要标准；《营运客车燃料消耗量限值及测量方法》（JT 711—2008）、《营运货车燃料消耗量限值及测量方法》（JT 719—2008）是营运车辆能耗准入的重要技术依据；《水运工程节能设计规范》（JTS 150—2007）是港口建设节能设计的规范性标准，这些强制性标准在交通运输节能领域影响力很大。推荐性标准，如《港口建设项目节能验收报告编制规范》（JTS/T 121—2018）成为水运工程推荐性行业标准；再如，《公路工程节能规范》（JTG/T 2340—2020），作为公路工程行业推荐性标准，自 2020 年 5 月 1 日起施行。

（三）绿色交通标准规范及其发展趋势

1. 绿色交通理念及其标准规范

绿色交通理念与可持续性发展理念一脉相承，强调交通运输的"绿色性"，即减轻交通拥挤、减少环境污染、促进社会公平、合理利用资源等，其本质是建立维持可持续发展的交通体系，以满足人们的交通需求，以最少的社会成本实现最大的交通效率。绿色交通理念融合了三个方面内容：通达、有序；安全、舒适；低能耗、低污染。

随着国家对于发展绿色交通以及对交通运输节能减排标准化工作提出新的要求，现有标准体系无法适应支撑节能环保绿色交通体系建设的需要，需要加大力度研究引领绿色低碳循环交通运输发展的节能标准体系。

2013 年交通运输部印发《关于加强交通运输标准化工作的意见》（厅科技字〔2013〕237 号），首次提出"组织开展绿色交通标准体系研究工作"。

2014 年交通运输部印发《关于全面深化交通运输改革的意见》（交政研发〔2014〕242 号），提出了推进交通运输治理体系和治理能力现代化的改革目标，要求完善绿色交通体制机制，研究制定绿色交通发展框架和评价指标体系，引导社会各方共同推进绿色交通发展。

2015 年国务院办公厅印发《关于加强节能标准化工作的意见》（国办发〔2015〕16 号），要求在交通运输领域，加快综合交通运输标准的制修订工作，重点制修订用能设备设施能效标准、绿色交通评价等标准。

2016 年，交通运输部印发的多个政策文件都要求加强绿色交通标准规范制定。《交通运输标准化"十三五"发展规划》确定了绿色交通标准制修订发展方向，提出"绿色交通制度和标准规范体系进一步完善"的发展目标，明确了"发布绿色交通标准体系"的工作任务；《绿色交通标准体系（2016）》提出了制定和修订 221 项交通领域重要节能环保标准；《交通运输部关于印发交通运输节能环保"十三五"发展规划的通知》（交规划发〔2016〕94 号）提出将绿色发展理念融入交通运输发展的各方面和全过程，要求"十三五"期间继续推进交通运输结构调整，提升交通运输装备能效水平，优化交通运输能源消费结构，深化节能降碳制度创新与技术应用；健全绿色交通制度和标准体系，强化行业节能环保管理，加强节能环保统计监测。

2017 年国家发展改革委印发的《节能标准体系建设方案》（发改环资〔2017〕83 号）提出，在交通运输领域，完善用能设备设施能效标准、绿色交通评价、交通运输工具能耗监测等标准；同年，交通运输部印发《关于全面深入推进绿色交通发展的意见》（交政研发〔2017〕186 号），要求从交通运输结构优化、组织创新、绿色出行、资源集约、装备升级、污染防治、生态保护等方面入手抓重点、补短板、强弱项，推动形成绿色发展方式和生活方式，进一步明确提出了要完善绿色交通制度标准体系的任务。

为深入贯彻绿色发展理念，交通运输部以公路行业为突破口，2016 年发布《关于实施绿色公路建设的指导意见》（交办公路〔2016〕93 号），明确了绿色公路的发展思路、建设目标和主要任务，并在 2016 年 5 月、2017 年 1 月和 4 月先后启动三批 33 个绿色公路典型示范工程建设。2018 年 5 月再次发布关于加快推进绿色公路典型示范工程建设的通知，要求总结绿色示范工程的经验、措施和成效，进一步推广应用。

2. 绿色交通标准规范体系发展趋势

交通发展，绿色先行。绿色交通标准规范体系正引领交通节能领域的重要趋势，引领交通高质量大发展。为了推动绿色低碳交通运输体系建设，鼓励引导交通运输企业应用先进适用的节能低碳新技术、新产品，促进能源高效利用，减少碳排放，2019 年交通运输部发布了《交通运输行业重点节能低碳技术推广目录（2019 年度）》，对道路运输、公路、船舶运输、航道、港口等交通领域重点推介了 38 项节能技术。

绿色交通，节能出行。交通运输部等十二个部门和单位印发了《绿色出行行动计划（2019—2022 年）》，提出到 2022 年，我国初步建成布局合理、生态友好、清洁低碳、集约高效的绿色出行服务体系。2019 年交通运输部还印发了《关于修改〈道路运输车辆技术管理规定〉的决定》（交通运输部 2019 年第 19 号令），再次强调道路运输车辆技术管理应当坚持分类管理、预防为主、安全高效、节能环保的原则。

随着交通工具的燃油经济性不断提升，以及大力发展替代燃料，我国未来交通运输能源需求不仅增速放缓，而且交通用能结构也将显著改善，逐步摆脱对油品高度依赖。未来生物燃料、天然气和电力将成为交通用能增速最快的能源品种，其中电力消费将成为第二大交通用能品种，天然气成为第三大交通用能品种。

第二节　交通运输业节能评价指标及节能量计算

交通运输业是一个由多种因素相互作用、相互制约下的复杂系统。从系统分析的观点看，该系统的节能评价是一个系统工程，评价指标体系、评价方法和控制措施等是构成评价体系的主要工作。

一、交通运输业节能评价指标体系构建思路

（一）指标体系构建原则

评价体系是由若干个具有相互作用的要素构成的复合体，具有特定的性质和功能。基于交通运输业节能评价指标体系的系统性和复杂性，构建该体系应遵循以下基本原则：

1. 科学性原则

科学性原则指评价体系必须建立在科学的基础上，指标概念明确，要能客观、真实地反映节能状况，各指标应协调一致，并且相对独立。

2. 系统性原则

系统性原则指交通运输业是一个繁杂的系统，必须考虑行业的特点，同时从社会经济系

统的全局出发，把评价对象置身于大系统中加以考虑，评价指标应系统、广泛，同时又要确定具有代表性的关键指标，从而建立完整、协调的指标体系。

3. 目的性原则

目的性原则指评价的目的在于分析行业整体节能效果，从而发现存在的问题与不足，有针对性地提出今后的发展方向与整改措施，最终达到节能目的。

4. 可操作性原则

可操作性原则指选取的指标含义明确，抓住关键因素，按照可测、可比的要求，尽量量化和简化指标，全面而又突出重点，便于实际操作。

5. 定量指标和定性指标相结合的原则

定量指标和定性指标相结合的原则是指在选取指标时，为了进行合理、科学、准确的评价，尽量选取定量指标，当指标特性难以量化时，合理地选取定性指标。

6. 前瞻性原则

前瞻性原则指要针对交通运输业节能工作的现状及发展趋势，设计能促进评价目标实现的指标，使指标体系有针对性和预见性，充分发挥评价的导向作用。同时，指标体系也要根据行业发展的要求，具有一定的可扩展性。

（二）交通运输业节能评价指标体系的结构

根据交通运输业节能减排工作的现状以及交通运输业行业与项目（或企业）的具体情况，建立交通运输业节能评价指标体系结构框架，如图 7-2 所示。

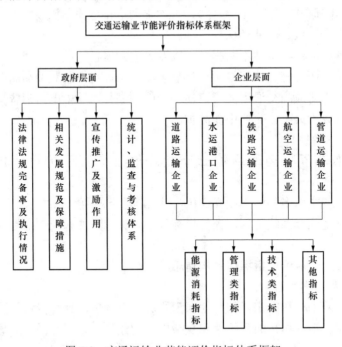

图 7-2　交通运输业节能评价指标体系框架

政府层面的节能减排考核主要目标是充分调动交通运输企业开展节能减排活动的积极性，推动交通运输业节能工作的不断深入、健康地发展。政府相关管理部门应积极为企业创造良好的法制环境，出台相关激励政策，强化监管职能与退出机制的实施，并开展节能减排的相关活动，加强宣传，树立示范企业以推广成功经验。

项目层面的考核指标由能源消耗类指标、管理类指标、技术类指标和其他相关指标构成。能源消耗类指标包括能源单耗、节能量等；管理类指标包括组织领导、考核制度、安全管理等；技术类指标包括节能新技术和新产品的应用率、生产工具节能率等。

（三）交通运输业节能评价指标选取及评价模型的构建流程

评价指标选取是否合适将直接影响到评价的结论。交通运输业节能评价指标体系中涉及的指标众多，指标之间难免存在相关性。因此，遵循合理的指标选取程序和选取方法，对于获得完整、科学的指标体系而言至关重要。

首先根据评价指标体系的构建原则，参考国家及部门相关法律、法规，行业特征、项目具体要求等，采用文献资料分析、多案例研究等方法确定初选指标，结合专家经验，建立一般评价指标体系；再根据具体评价对象的特征，充分考虑环境、市场等因素，进一步咨询专家意见，对指标进行调整、比较、分析与综合，确定评价指标体系；采用专家评价法等定性方法，结合数理统计等定量评价方法，确定评价指标的权重，最终完成评价模型的构建。具体的评价指标选取与评价模型构建的流程如图 7-3 所示。

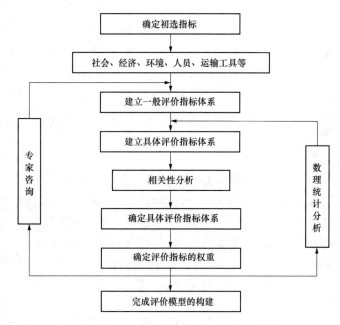

图 7-3 评价指标选取及评价模型构建的流程

二、特定运输方式节能评价指标体系构建

这里以港口行业为例，阐述特定运输方式节能评价指标体系构建的基本思路及需要考虑的核心问题。

（一）港口项目节能影响因素分析

1. 结构性因素

影响港口项目节能减排的结构性因素主要包括港口规划、码头类型结构、码头吨位结构和能源消费结构等。

港口规划在源头上影响港口整个行业的"大节能减排"。港口的规划涉及多方面内容，分为港口布局规划、港口总体规划和港口总图规划三类。港口布局规划是在海运规划或流域规划的基础上进行的；港口总体规划是一个港口建设发展的具体规划，根据远、近期客货吞吐量、货物种类及其流量流向，经过多方案的分析论证后，提出港口发展建设的分区、分期、分阶段的具体安排；港口总图规划是根据港口客货规划吞吐量、货物种类、流量流向和进港船型，对一个港口的进港航道、港池、锚地、码头、仓库货场、铁路道路以及装卸工艺等整套设施，进行充分的分析研究，使其组成一个完整的系统。通过规划构建综合性运输枢纽，实现多种运输方式的"无缝衔接"和"零换乘"，减少中间环节。充分利用港口区位优势、自然条件、腹地经济发展需求和发展潜力，建设层次分明、分工合理、大中小结合的港口体系，提高码头泊位专业化、规模化水平，提高港口通过能力和效率，可以实现整个港口行业的产业结构合理，对于港口乃至运输体系节能减排具有重大意义。

码头类型结构、码头吨位结构也是影响港口节能减排的重要因素。不同的码头类型耗能和污染物排放程度不同，集装箱码头的耗能来源主要是集疏运的顺畅程度和装卸机械设备，散货码头的耗能和粉尘污染主要来源于皮带机的数量和效率。油品码头装卸船时需要对储罐及输油管道加热和维持温度，耗能量巨大。针对不同的耗能和污染物，采取不同的措施和手段进行节能减排。码头的吨位结构决定了码头的生产能力及规模，码头的规模越大，现代化程度越高，能源的综合利用效率就越高，能够实现规模经济效益。

能源结构在根本上影响港口的节能减排。港口的能源消耗主要是煤炭、石油和电力。能源消耗比重不同，对港口能耗和污染物排放影响很大。若矿物质一次性能源（煤、油）所占能耗比例较高，能耗成本就会上升，污染排放严重，在一定程度上制约港口发展。逐步提高电力消耗，能够实现清洁生产。此外，在严峻的能源形势下，使用替代能源和可再生资源的利用是实现可持续发展的必然。

2. 技术性因素

影响港口节能减排的技术性因素主要包括港口码头设计水平、生产工艺及设备水平、港口节能减排技术应用情况等。港口码头设计是影响单个港口节能减排的源头性因素。港口码头设计主要包括港口总平面布置、水工设施、港口装卸工艺及配置港口机械、码头配套设施。港口能源消耗和污染排放90%以上都是在生产经营活动和管理活动中产生的，码头的装卸设备和生产工艺流程都是重要的耗能环节。这些因素是开始设计中就被定型的，一旦建成投入使用留给使用者和管理者运作的空间就非常有限。因此，港口码头设计是实现节能减排根本性改变的重要影响因素。

从港口经营看，一旦港口的规划、设计确定之后，影响港口能源消耗和污染排放的主要因素就是装卸设备和工艺技术。港口的装卸生产能耗占港口总能耗比例最大，以集装箱码头为例，生产用能占总能耗的80%以上，而生产用能中，主要装卸设备（岸桥、场桥）用能量最大。在堆场应用轨道式龙门起重机要比轮胎吊起重机更节约能源，生产效率更高。因此，生产工艺及设备的水平决定了港口的生产力先进程度，在根本上决定了能源消耗和污染物排放的程度。

港口节能减排技术的应用能够大大影响港口的能源结构以及减排效果。在既有的港口布局条件下，通过技术的进步和推广应用，提高港口能源利用效率，将在源头节约能源，在过程中减少能源浪费，回收利用废物，控制污染物排放，能够实现港口集约化管理和内涵发展。

3. 管理性因素

影响港口节能减排的管理性因素主要包括港口经营管理水平、港口装卸工艺管理、辅助用能管理、港口作业操作水平、信息化管理水平等。港口的经营管理包括港口主管部门管理和港口企业自身管理。

交通运输行业主管部门和地方政府部门通过制定法规、政策及行业指导意见，推行节能减排工作的进行，同时制定行业节能减排标准，建立统计、监测和评价体系，对港口节能减排绩效进行监督考核；通过政府职能，完善市场机制等其他辅助手段，帮助港口企业实现节能减排；港口企业贯彻执行国家政策，完善企业节能减排管理制度，制定节能减排专项规划等，是实现港口节能减排的主体。

港口装卸工艺的管理对于港口装卸作业的能源消耗有着直接关系，装卸工艺流程优化、合理配备装卸机械和工具，能够大大降低单耗，同时装卸设备在使用一段时间后，会出现机械故障，也会增加能耗。

港口辅助生产的能耗数量十分可观。辅助生产涉及港口设备维修、建筑物、港口照明、给排水、供热及通风空调、洗浴餐饮等多方面内容，忽略这些方面的考虑也会给港口企业造成很大的能源浪费。

港口作业操作水平直接影响着港口的生产效率。同一港口机械由不同水平的人员操作，能耗量大不相同，操作水平的高低与操作人员的素质、对港口机械的熟练程度、操作方法是否恰当、港机操作培训方法、港机本身操作的难易等具有直接关系。信息化管理是港口集约化管理的体现，其节能减排主要体现在建立完善的能源统计监测体系，港口污染源监测及生产信息化水平等，如电量自动采集及能耗智能分析系统，实现了在运行设备上自动计量能源消耗，数据采集更及时准确，对不同工况的能耗情况进行统计、分析、对比，生成电量消耗的各类相关报表及单位电能变化的曲线图表，为考核提供有效依据；港口配置监测仪器，对污水、废气排放点设置自动采样、流量及主要污染因子的在线监测，对各污染源实施自动监控，可以实时掌握污染防治设施运行和污染物排放情况；港口生产调度，实现中央控制室调度指挥系统化、流程化作业，能够在大屏幕上指挥各个货种的生产调度，提高了生产效率，大量节约能源消耗和浪费。

（二）港口节能减排评价指标

评价指标是评价体系的重要元素，评价指标的选定是建立节能减排体系非常重要的一个环节。针对港口节能减排的影响因素，结合港口节能减排的现状，动态修订所选指标，这里确定机构建设与制度管理、能源消耗与统计等 7 个一级指标和生产综合能源单耗等 16 个二级指标的指标体系，其基本框架如图 7-4 所示。

（三）港口节能减排评价指标体系说明

1. 机构建设与制度管理

机构建设与制度管理指标用于考核节能减排专项机构建设和节能减排制度管理情况，主要从专项机构建设与完善、专项制度制定与完善和节能减排制度执行三个方面进行评价。

（1）专项机构建设与完善。专项机构建设与完善指标主要考核港口企业节能减排专项机构的建立和其职能的完整程度。

（2）专项制度制定与完善。专项制度制定与完善指标主要考核港口企业针对自身实际制定与完善节能减排专项管理制度的情况。

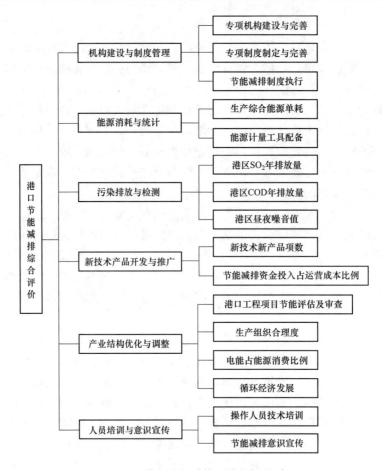

图 7-4　港口节能减排评价指标体系

（3）节能减排制度执行。节能减排制度执行指标用于考核港口节能减排政策及管理制度的落实情况。

2. 能源消耗与统计

能源消耗与统计指标用于考核各港口企业能源的使用效率及统计情况，主要从生产综合能源单耗和能源计量工具的配备率两个方面进行评价。

（1）生产综合能源单耗。生产综合能源单耗指标考核港口装卸生产和辅助生产的能耗水平，是整个港口生产流程能耗的直接反映。生产综合能源单耗是指统计期内完成每万吨本港吞吐量所消耗的生产综合能源量。生产综合能源消耗量包括港口装卸生产与辅助生产能源消耗量两部分，计算公式如下：

$$e_s = \frac{E_s}{T_b} \qquad (7-1)$$

式中　e_s——港口生产综合单位能源消耗量，t 标准煤/万 t 吞吐量；

　　　E_s——港口生产综合能源消耗量，t 标准煤；

　　　T_b——本港吞吐量，万 t。

其中 E_s 为港口企业装卸生产综合能源消耗量与辅助生产能源消耗量之和。E_s 和 T_b 的具体数值可通过港口单位填写的港口能耗表得到。

（2）能源计量工具配备。能源计量工具配备指标用于考核港口企业能源计量工具的配备情况。

3. 产业结构优化与调整

产业结构优化与调整指标用来考核港口产业结构优化与调整情况，主要从港口工程项目节能评估及审查情况、生产组织合理度、电能占能源消费比例和循环经济发展四个方面进行评价。

（1）港口工程项目节能评估及审查。港口工程项目节能评估及审查指标考核港口对固定资产投资项目节能评估及审查情况。

（2）生产组织合理度。生产组织合理度指标考核港口生产组织的合理性。港口生产组织主要指装卸工艺流程和组织调度管理。

（3）电能占能源消费比例。电能占能源消费比例指标考核港口能源结构调整情况。港口能源消费主要有煤炭、石油类、电力。

具体计算公式如下：

$$N_3 = \frac{电能消耗总量}{能源消耗总量} \times 100\% \tag{7-2}$$

（4）循环经济发展。循环经济发展指标考核港口循环经济发展情况，循环经济在企业层面主要表现为清洁生产。

4. 人员培训与意识宣传

人员培训与意识宣传指标用来考核港口对节能减排意识宣传及人员的技术培训情况，主要从节能减排意识宣传和操作人员技术培训两方面进行考核。

（1）操作人员技术培训。操作人员技术培训指标考核港口机械操作水平。操作水平的提高主要依靠人员的技术培训。

（2）节能减排意识宣传。节能减排意识宣传指标考核港口节能减排的宣传工作是否到位，让广大职工充分了解节能减排的重要意义。

三、交通项目节能量计算

交通运输各种运输方式节能量的计算思路基本类似。这里以公路项目为例，阐述交通运输项目节能量计算的基本逻辑。

（一）交通运输节能的内涵

交通运输节能是指在完成相同运输生产任务的前提下，通过采取一定的措施，使能源的消耗量减少，其实质是提高能源利用效率。交通运输节能包括交通基础设施建设期间的节能和营运期间的节能，不仅要识别和计算能源节约，亦要识别和计算能源消耗。能源节约的识别相对简单，主要为燃油；而能源消耗的识别和计算则较为复杂，需要根据项目的性质和特点进行有针对性识别。以公路因素项目为例，相关分析思路介绍如下。

1. 项目建设期节能

项目建设期间的能源消耗是一次性投入，主要是人力、物力的大量投入，虽然存在着对能源的直接消耗，但其比例相对较小，节能潜力不大。

建设期能源消耗计算根据投资估算中各项能源 （包括重油、汽油、柴油、水、电能和煤）消耗数量进行计算，根据《综合能源计算通则》（GB/T 3589—2008）换算为标准煤，并分析建设期的能源利用是否科学合理。

建设期要从综合运输角度，构建综合性运输枢纽，切实减少旅客和货物中转次数，努力实现多种运输方式的"无缝衔接"和"零换乘"。

2. 项目营运期节能

项目营运期间的能源消耗是一种长期的连续投入，主要体现在运输过程中各种公路运输工具的燃耗。

运营期沿线设施正常运营所耗用的电能根据项目沿线设施设置情况。对于公路运输项目而言，包括收费站、管理中心、服务区、停车区、养护工区、隧道、隧道监控所、路灯、可变信息情报板、景观照明、桥梁除湿等，结合各项设施运行情况进行计算，并根据《综合能源计算通则》（GB/T 3589—2008）换算为标准煤。

运营期养护维修、大中修机械设备等耗用的燃油和电能计算，根据同类项目实际运营过程中的能源消耗统计，采用类比法进行计算，并根据《综合能源计算通则》（GB/T 3589—2008）换算为标准煤。

随着公路交通的日益发展，汽车的燃油消耗越来越大，因此在项目建设过程中采取措施节约运输燃油对国民经济具有一定的意义。同时要大力推进节能科技进步，研究高速公路养护技术，研究推广公路沿线设施太阳能综合利用技术、废旧轮胎翻新利用等成熟的节能技术。

（二）交通运输中燃油消耗的影响因素分析

影响交通运输燃油消耗的因素很多，但主要包括交通运输工具本身的燃油经济性和运行状态。

1. 车辆本身的燃油经济性

车辆的燃油经济性是由车辆本身的构造和制造工艺决定的，即在出厂之前已是相对定值。

2. 车辆的行驶状态

车辆的行驶状态取决于车辆运行具体环境以及驾驶员的操作技能，可概括为几个方面：①道路条件，包括几何特征（纵坡、曲率和路面宽度等）和路面特性（平整度等）；②车辆特性，包括物理特性和行驶特性（发动机功率、转速和车辆重量等）；③交通状况，如流量、交通组成、行人流量和非机动车流量等；④地区因素，如司机的驾驶行为和车速限制等。

世界银行研究报告《高速公路投资优化及提升可行性研究方法研究》（study of prioritization of highway investments and improving feasibility study methodologies）对不同道路条件和交通条件下分车型汽油燃油消耗量做了较深入的研究，其计算模型见表 7-2。

表 7-2   分车型燃油汽车消耗量计算模型

车型	基本燃油消耗 [L/（百车·km）]	修正系数			
		道路条件		交通条件	
		平整度（IRI）	平均纵坡 G（%）	速度（km/h）	拥挤度（V/C）
小客	11.3	0.979+0.0104×IRI	0.9568×exp（0.027×G）	0.291+24.26/s+0.000087s^2	1+0.14×（V/C）
大客	27	0.989+0.00584×IRI	0.861×exp（0.129×G）−0.045	0.341+24.64/s+0.000068s^2	
小货	16	0.979+0.01044×IRI	0.9568×exp（0.027×G）	0.291+24.26/s+0.000087s^2	
中货	23	0.990+0.00484×IRI	0.861×exp（0.129×G）−0.045	0.209+31.04/s+0.000068s^2	
大货	26	0.978+0.01094×IRI	0.811×exp（0.1525×G）-0.019	0.524+16.81/s+0.000056s^2	

（三）交通运输项目节能计算方法

交通项目建成后的油耗节约效益的计算将采用"有无比较法"，以公路运输项目为例，无项目时的汽车燃油消耗与建设此项目后新老路汽油燃油消耗之差额即为油耗节约量。公路建设项目在运营期的燃油节约，包括三大部分：①新建公路建设项目的实施，提高了道路行驶条件，包括平曲线半径、纵坡、路面宽度、平整度等，使得车辆行驶单位里程燃油消耗减少所节约的燃油量；②由于新建公路增加了交通通道，使得相关道路部分交通量发生转移，改善了相关道路交通状况，包括混合交通情况、交通流大小、横向交通干扰程度、行车速度等，使得车辆行驶单位里程燃油消耗减少所节约的燃油量；③由于新建公路里程的缩短，使得行驶车辆降低燃油消耗。

1. 公路升级所产生的油耗节约

公路建设项目的实施，使得车辆单位里程的燃油消耗减少而节约的燃油量。燃油节约计算方法为：

$$B_1 = (C_o - C_N) \times L_N \times Q_N \times 365 \tag{7-3}$$

式中　B_1——公路升级的年燃油节约量，L；

　　　C_N——新建项目上的平均燃油消耗，L/（km·车）；

　　　C_o——无本项目时，老路上的加权平均燃油消耗，L/（km·车）；

　　　Q_N——新建项目上的年均日交通量，辆/日；

　　　L_N——新建项目的全程长度，km）。

2. 相关道路减少拥挤所产生的能耗节约

按有无对比法，如果不新建项目，原有相关公路的交通量会不断增加，平均行车技术速度相应降低，停车次数增加。有新建项目后，由于原有相关公路部分交通量发生转移从而减少了拥挤，原应提高的单位燃油量不再提高，从而形成了节约。燃油节约计算方法为：

$$B_2 = (C_1 - C_o) \times L_o \times Q_o \times 365 \tag{7-4}$$

式中　B_2——减少拥挤所产生的年燃油节约量，L；

　　　C_1——建设项目后，老路上的加权平均燃油消耗，L/（km·车）；

　　　L_o——老路的加权平均里程，km；

　　　Q_o——建设项目后，老路上的平均日交通量，L/（km·车）。

3. 缩短里程而产生的能耗节约

新的公路建设项目缩短了里程，从而直接节约了在其上运行车辆的燃油消耗。燃油节约计算方法为：

$$B_3 = (L_o - L_N) \times Q_N \times C_o \times 365 \tag{7-5}$$

式中　B_3——缩短里程而获得的年燃油节约量，L；

第三节　交通运输项目节能措施评价

一、公路项目节能措施评价

公路建设项目节能评价是对其建设、运营整个评价期内的能源节约、能源消耗进行识别、计算，并对当地能源供应影响进行分析，针对性地提出节约能源主要措施，以便公路建设管理决策者衡量项目全寿命周期内的节能程度。公路项目节能措施评价需要根据《公路工程节能规范》（JTG/T 2340—2020）等标准规范，公路工程要在满足公路交通运输要求的前提下，在规划、设计、施工、运营、养护等全生命周期，以节能、节水、节地、资源综合利用和发展循环经济为重点，以提高资源利用效率为核心，以尽可能少的资源消耗，尽可能小的环境代价，创造尽可能多的经济社会效益，促进公路行业的可持续发展。

（一）可行性研究阶段

可行性研究阶段应统筹考虑公路工程建设项目的全寿命周期技术与经济特性，采用有利于降低建设期及运营期综合能耗的技术标准、建设方案和实施方案。公路建设项目可行性研究报告的节能评价应包括建设期能耗分析、运营期能耗分析计算、对当地能源供给的影响、主要节能措施及节能评估。改建、扩建项目的可行性研究报告应包含施工期交通组织方案，确定合理的区域路网交通组织形式，降低转运交通能耗。

线路走向的选择、主要技术指标和规模的确定应将节约能源作为重要因素，综合考虑自然环境、土建施工条件、所经区域经济和社会条件等因素，充分利用线位资源，合理布局。路线交叉、服务设施和管理设施的选址应根据功能、自然环境、物资运输、人员交通等需求确定，并应有利于提高路网通行能力，缩短车辆行驶距离和能源供应输送距离。

主要节能措施可包括节能规范或标准、各参与单位的节能管理、重点能耗设备用能监测与管理，以及新材料、新工艺、新技术和可再生能源的应用等。节能评价应对公路建设项目的节能效益和可行性进行综合评价。

（二）设计阶段

公路项目设计阶段节能评价，应遵循合理用能、优化资源和能源配置原则，从总体方案、材料与工艺、能源类型、用能供能设备、节能控制等方面制定节能措施和技术要求。设计阶段的节能设计是施工阶段和运营阶段能源节约的先决条件和首要因素。

节能设计方案比选应将建设期能耗和运营期能耗作为重要因素，对材料、工艺、机械的能源消耗指标进行分析，选择能源利用率高的方案。施工机械设备能耗可根据《公路工程预算定额》（JTG/T 3832—2018）和《公路工程机械台班费用定额》（JTG/T 3833—2018）进行计算。

在满足行业标准、规范的前提下，设计阶段应结合项目所在区域地形地质条件，因地制宜，尽量增加节能设计，降低能耗，包括合理确定技术等级、设计速度、路面宽度等建设规模指标，优化设计方案，减少填挖方工程数量、降低桥隧比等；设计文件应注明施工阶段及运营阶段主要节能措施、能耗监测方案和节能管理的技术要求；设计阶段应优先选用国家、行业相关节能技术目录中的技术或产品，列出公路工程所应使用的节能技术或产品清单。

（三）施工阶段

施工阶段应落实设计阶段提出的节能设计方案，并根据实际施工情况，对节能方案进行优化和细化，对选用的设备和系统进行容量核算，降低施工能耗。施工管理水平是减小建设期能源消耗的重要方面，编制施工组织方案应将能耗作为重要指标，通过优化施工场地布设、施工方法、标准化工艺、作业流程、工序等降低施工期能耗。

施工阶段主要针对施工管理、施工工艺、施工材料方面提出，采用先进的施工工艺与施工技术、合理选用节能型施工机械及施工材料、采用合适的运输方式及运输工具等均能有效减少建设期能源消耗量，是建设期节能的主要控制环节。

施工阶段应对重点用能环节进行能耗统计和监测，对主要施工机械加强能耗计量管理。

应根据设计的节能产品清单及国家对节能产品的相关规定，优先选用国家、行业相关节能技术目录中的技术或产品。应充分利用信息化技术，提高施工效率。

（四）运营阶段

公路工程运营阶段应执行并优化设计阶段提出的节能措施。应从管理能耗和使用者能耗两方面进行节能控制，加强重点能耗环节和设施的能耗监测与统计，根据实际运营情况确定节能控制方案。

运营阶段应建立节能工作保证机制，把节能工作纳入日常管理和生产经营活动中，推行节能科学管理方法。节能措施主要针对运营管理方面提出，包括照明系统、空调系统、供水系统、监控系统、维修养护等。

运营阶段能源消耗具有长久性的特点，制定严格的运营管理制度和科学的养护维修计划对于减少运营阶段能源消耗量有着重要意义。应充分利用设计、施工阶段的工程数据，开展数据分析应用，提高基于数据的运营管理监测分析能力。

（五）养护阶段

公路工程养护阶段应从养护材料、工艺、用能和供能设备状况等方面降低养护作业能耗、提高设备工作能效。公路工程应积极推广精细化养护、标准化作业等节能新技术。

养护阶段应合理运用再生技术提高沥青、混凝土等旧路面材料的循环利用率，减少废弃量。采用高反射率材料的隧道墙面应根据隧道养护周期进行保养，保持良好状况。养护机械设备数量、类型应与养护需求相匹配，并根据不同时期、不同工况的养护需求调整机械设备组合，进行科学养护作业。

公路照明应根据设备性能衰减情况，制定合理的养护方案，降低照度衰减程度。监控、通信、收费及供配电等设备应加强对散热结构的日常养护，保持系统完整并具备良好的工作状态。采用太阳能发电技术时，应加强对太阳能供电设备的清洁，提高能效。

养护作业时应合理进行交通组织设计，减少养护车辆对正常交通车辆的干扰，保证公路通行能力。

二、铁路项目节能措施评价

（一）铁路投资项目节能评价要求

铁路投资项目节能评价主要依据《铁路工程建设标准管理办法》（国铁科法〔2014〕24号）、《铁路工程节能设计规范》（TB 10016—2016）等，明确技术标准、牵引方式比选以及节能设计原则和节能措施等。

通过对铁路项目主要能耗点的分布及数量、能耗构成及能量平衡、能源消耗（单项能耗指标、综合能耗指标）、节能措施进行分析，考虑铁路工程建设施工和运营过程的节能、电气化铁路节电、水资源节约和循环利用、废旧物资回收和再生利用、新能源和可再生能源应用等方案是否符合节能要求，所采取的节能措施是否合理，各项能耗指标是否符合要求，节能保障措施是否可行。

（二）铁路项目的节能措施

铁路项目鼓励、支持开发利用先进节能技术，大力发展电力牵引，改善铁路牵引能源消费结构，提高铁路牵引的能源利用率。发展大型、专用化车辆，提高轴重、减轻自重。发展重轨、超高强度的淬火钢轨和无缝线路，均衡提高轨道整体承载能力。推广机车节油、节电、节煤的综合节能技术等。

铁路项目节能措施应根据项目总耗能水平、分专业能耗水平适当进行选取。能耗指标超过平均水平的要加强节能保障措施，不超过平均水平的可根据项目资金情况适当选取。

三、水运项目节能措施评价

（一）水运项目节能评价要求

水运项目节能评价在分析能源结构、能源品种，耗能系统是否全面的基础上，评价利用及装卸机械等主要耗能设备的选型是否合理；主要工艺流程是否优化，是否采用了现代化、大型化、连续化、自动化的先进节能工艺装备和节能的新技术、新工艺；电力变压器、电网谐波、辅助生产建筑是否采用了节能设计，是否有计算机系统管理节能的内容，是否采用了高效节能的空调、照明器具等设备，是否采用了先进的用能监测和控制技术；节能措施是否合理可行。

（二）水运项目的节能措施

水运项目常常涉及航道疏浚、港口建设和装卸设备等内容，其节能措施应根据建设内容有针对性地制定。

（1）航道疏浚方面，加大航道整治力度，提高内河航道等级，形成支干直达运输网络；增加通航船舶吨位和航道距离，减少船舶过闸时间，实现航道通畅，提高运输效率；充分利用自然条件，从而有效减少航道疏浚、维护工作量。

（2）港口建设方面，优化港口布局，引导建设专业化码头，鼓励发展煤炭、进口铁矿石、进口原油等大宗散货的大型、专业化码头，重点建设集装箱干线港，相应发展支线港和喂给港。

（3）装卸设备方面，推广有利于提高装卸设备机械效率的节能技术，逐步更新港、站、场装卸装备，优化装卸工艺，提倡采用轨道式龙门吊等高能效设备，加强营运期的节能管理措施；新建工程项目杜绝选用能耗大、效率低的装卸设备，优先选用以电能作为动力源的装卸设备；推广港口的照明及空调的节电改造。

四、民航项目节能措施评价

（一）民航项目节能评价要求

民航项目作为能源消耗量巨大的大型公共设施，开展节能评价，合理采用节能措施可以有效地减少机场的运营成本，提高机场自身的经济效益，增强机场发展的可持续性。民航项目节能评价是在机场选址、总平面规划是否优先采用能耗低的设计方案；航站楼等建筑设计在布局及材料上是否考虑了节能的要求。

民航项目应优化机场飞行区构型和飞机地面运行流程设计，节约运行距离和时间，提高航空公司航油使用效率；制冷、制热等设施是否采用了低能耗、高能效的材料和设施设备；机场的电力系统、照明、空调系统、行李传送设备等是否采用了节电的设计方案和装置；在空管体系中，评价是否采用了优化航路、缩短飞行时间的新技术和新程序。

（二）民航项目的节能措施

民航项目的能耗主要是机场的采暖、空调、传送设备及飞机地面滑行等的动力消耗。在机场选址和设计中优先采用能耗低的设计方案，总平面规划用地应尽可能紧凑，节约运行距离和时间及公用设施远距离输送的能量损耗。优化机场飞行区设计，减少飞机地面滑行距离，提高航空公司航油使用效率。

航站楼等建筑设计在布局及材料上应适当考虑节能要求，减少制冷和制热方面的能源消耗，鼓励使用低损耗、高效能的材料和设施设备。在机场照明、空调系统中逐步推广节电装置；变配电室尽量靠近负荷中心；行李传送设备应设置自动控制、电气连锁装置，防止无功空运转造成的电能浪费。

推广机场的照明节电改造，完善、提高地面信号的显示能力，改善空调的温度控制调节；鼓励使用太阳能等清洁可再生能源，如果条件许可，可采取地源热泵和常规冷机的冷热源形式。

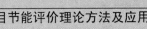
第八章

综合能源服务与节能管理

除工程项目节能评价之外，工程咨询单位在综合能源、节能审计、合同能源管理、节能监察等专业领域的咨询服务地位愈加重要。本章介绍综合能源的主要特点、服务内容、服务模式及发展前景，节能审计与合同能源管理的核心内容及节能量测算方法，以及节能监察的制度规范、实施办法和相关报告文件编写要求。

第一节　综合能源与综合能源服务

在我国推进能源革命大背景下，传统能源企业和新能源企业都在主动进行体系变革，特别是随着智慧能源技术的应用和能源互联网的兴起，综合能源模式开始受到各地重视，综合能源服务进入了一个快速发展的新时期。

一、综合能源的概念及其特点

（一）综合能源的概念

近十几年，我国能源行业跟踪世界能源发展趋势，把握绿色低碳转型发展战略机遇，开始了综合能源发展的尝试。综合能源作为一种安全先进的城市供能模式，其整体能源利用效率和供能可靠率得以大幅度提高，用户可享受多种能源套餐式服务，政府可创新能源管理方式，其架构如图8-1所示。

综合能源系统包含多个供用能子系统，是在特定范围内所有能源的供入—转换—存储—消费过程的总和，即充分利用当地低品位能源，以电力、天然气、氢能等为主供高品位能源，采用智慧能源技术，通过建立综合能源站工程与智慧能源微网工程（包括源网荷储智能微电网和智能微热网），强调多能互补，实现能源的梯级利用和循环利用，从而实现冷热电气水一站式服务。因此，综合能源系统的概念强调的是对特定范围内所有供用能活动的统筹安排，即基于全局信息对特定范围内整个供用能系统的设计和运行进行优化。

（二）综合能源系统的特点

综合能源系统设计是运用系统科学的思想和方法设计出能最大限度满足目标（或目的）的过程，具有以下特点。

1. 实现环境优先的可持续发展

综合能源通过智能微电网、智能微热网和储能技术的应用，最大限度地使用可再生能源。通过统筹规划和建设处理城市污废（包括污水、生活垃圾、餐厨垃圾、污泥等）的市政基础设施，使能源供应与城市基础设施相融合，与环境治理相结合，将城市污废、余热等原本废弃的资源转变为可以利用的能源。

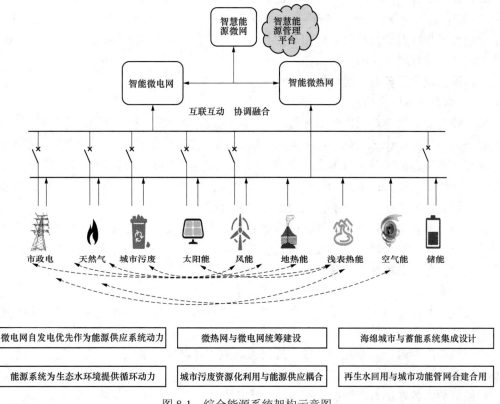

图 8-1 综合能源系统架构示意图

2. 实现能源供应的可靠安全经济

综合能源重视可靠安全经济的用能策略，改变以往过分依赖或强调某一种能源的做法。根据不同能源的禀赋，按照多能互补、冷热电气水一体化的思路，优先利用当地可再生能源（城市污废能源、太阳能、浅层地热能、中深层地热能等），尽量减少化石能源使用量。综合能源站工程与智慧能源微网系统采用供热、供冷、供电、供气、供水的一体化设计，相较于冷热电气水分别建设一套系统，不仅可有效降低设施投资和运维成本，而且可大幅提高能源利用效率。对同一个供能系统，根据不同能源的禀赋、数量和价格，利用智慧能源微网系统，灵活调整用能策略，实现较高的运行效率，做到安全运行和经济运行的动态平衡。

3. 实现能源基础设施的分布网格化布局

综合能源改变以往能源基础设施大集中的做法，根据城市功能和布局以及冷热负荷分布特点，分区规划和建设能源供应基础设施，形成以综合能源站为节点的网格化布局，最大限度地接近用能负荷中心，缩短供能距离。网格化的综合能源系统既可以单网运行，也能够多网并行，不仅提高整个供能系统安全性，减少冗余，而且可以根据城市建设布局和进度分块建设分步运行，降低投资强度。

4. 实现多种能源在源、网、荷、储的紧密互动

为提高能源系统的环境可持续性和安全可靠性，并降低能源价格，综合能源系统的生产、传输、存储和使用，充分利用不断进步的智慧能源技术，达到规划、设计、运行和管理的系统化、集成化和精细化。

综合能源涉及多供用能节点、多种能源的统筹优化利用。相比单个供能设备满足单个用户需求，综合能源系统内不同设备耦合关系复杂，系统设计容量和各个设备的配置方案复杂。智慧能源技术与综合能源系统的应用高度相关，是综合能源实现智能化的关键所在，也是能源服务和能源管理现代化的关键所在。

二、综合能源服务的内涵和模式

（一）综合能源服务的内涵

综合能源服务目前在国内外尚无标准的、确切的定义。能源服务业的概念源自发达国家，能源服务公司（Energy Services Company，ESCO）在 20 世纪 70 年代末至 80 年代初，在美国以民营企业形态出现，至 21 世纪美国能源服务业地位的提升，应归功于成立联邦能源管理计划（federal energy management program，FEMP）大力推动之故。在欧洲与日本近年来也逐渐由民间设置该项事业，为节能提供技术与财务等配套服务。

在我国能源革命的背景下，综合能源服务是以支持建设现代能源经济体系、推动能源经济高质量发展为愿景，以满足全社会日趋多样化的能源服务需求为导向，将能源销售服务、分布式能源服务、节能减排服务及供需互动响应服务等组合在一起的能源服务模式。

综合能源服务主要包含两个方面的要求：①综合能源的涵盖面较广，主要包括了电力、油气、燃气、热能等能源；②综合服务强调了能源供给企业参与市场竞争，实现从能源的供给端向流通和消费方向发展。因此，综合能源服务作为一种新型的为满足终端客户多元化能源生产与消费的能源服务方式，已成为提升能源效率、降低用能成本、促进竞争与合作的重要发展方向。

按照服务对象，综合能源服务可分为三大类。

1. 为能源终端用户服务

能源终端用户包括用能企业、公共机构、居民用户，这类服务对象的综合能源服务需求大体包括三种：①是综合供能服务，包括煤、电、油气、热、冷、压缩空气、氢等多种能源的外部供能服务；②综合用能服务，包括与用能相关的安全、质量、高效、环保、低碳、智能化等服务；③用户侧分布式能源资源综合开发利用服务，包括太阳能、风能、生物质能、余热余压余能等的开发利用服务。

2. 为能源输配、储存、购销企业服务

这类服务对象的综合能源服务需求大体包括两类：①能源输配、储存、购销设施建设相关的规划、设计、工程、投融资、咨询等服务；②能源输配、储存、购销设施运营相关的安全、质量、高效、环保、低碳、智能化等服务。

3. 为能源生产、加工转换企业服务

这类服务对象的综合能源服务需求大体包括：①能源生产、加工转换设施建设相关的规划、设计、工程、投融资、咨询等服务；②能源输配、储存、购销服务，能源生产、加工转换设施运营相关的安全、质量、高效、环保、低碳、智能化等服务。

（二）综合能源服务的特点

目前，能源服务对象（客户）的需求呈现如下发展态势：①能源服务向"全域化"转型，需要考虑能源平衡分析和能源梯次利用；②能源服务向"专业化"转型，亟须专业、优质的用能运维服务；③能源服务向"数字化"转型，需要通过信息化手段实现物联物控；④能源服务向"清洁化"转型，需要提升清洁能源开发利用的经济性。由于能源服务对象（客户）

的多样性需求，综合能源服务具有以下主要特征。

1. 增值性

增值性指综合能源服务围绕"能源"主题，在能源生产、加工转换、输配、储存、终端使用等全周期不同环节提供增值服务。

2. 服务性

服务性指综合能源服务不同于能源生产、加工转换、输配、储存、终端使用相关"硬件"产品的生产和销售，而是为客户提供多样化的"软性"增值服务。

3. 综合性

综合性指综合能源服务内容是为客户提供用能相关的安全、质量、高效、环保、低碳、智能化等服务，具体形式包括规划、设计、工程、投融资、运营维护等。

4. 网链性

网链性指综合能源服务大多要依托电网、热网、冷网、气网、能源互联网等网络基础设施，业务涵盖能源生产、加工转换、输配、储存、终端使用等链。

（三）综合能源服务模式

1. 综合能源服务的主要业务模式

（1）能源整体解决方案服务。能源整体解决方案服务即为终端客户提供电、气、热、冷等所有解决方案，包含能源的生产或采购、相关线路和管网的运行维护以及智慧用能管理等，涵盖从规划设计、建设施工，到运行维护，再到评价评估的全流程服务。

"互联网+"智慧能源，即能源互联网技术的发展为综合能源服务提供了完整的解决方案，运用云计算、大数据、物联网、移动互联网、人工智能等新型手段，促进能源流与信息流的深度融合，实现能源互联网的实时感知和信息反馈，为客户经营发展、能源供给和消费提供有效的决策支撑服务。

（2）分布式能源投资建设服务。分布式能源是建立在用户端的能源供应方式，是中国能源结构转型中新能源发展的重要组成部分。

在城镇、产业园区、工业企业、大型公共建筑、大型商业综合体建设分布式光伏发电、分散式风力发电、分布式生物质发电、冷热电三联供等项目，满足终端用户对电、热、冷、气等多种能源的需求。

（3）能源技术支持服务。能源技术支持服务包括能源诊断、用能监测、用能评估、节能改造等方面的服务。能源技术支持服务聚焦在工业、建筑、交通等行业已经建成的项目，为客户提供用能结构的优化方案，并提供能效提升解决方案。

（4）能源投融资服务。能源投融资服务包含项目投资、设备租赁、融资、工程或设备保险、资产证券化等业务。

2. 综合能源服务合作模式

（1）工程总承包（engineering procurement construction，EPC）模式。工程总承包 EPC 模式是指按照合同约定对综合能源服务项目的设计、采购、施工、试运行等实行总承包。

（2）合同能源管理（energy management contract/energy performance contracting，EMC/EPC）模式。合同能源管理（EMC/EPC）模式是一种以节省的能源费用来支付综合能源服务项目全部成本的节能投资方式。合同能源管理模式过去在国内广泛地简称为 EMC（energy management contract）模式，目前国家标准已与国际接轨，简称为 EPC（energy performance contracting）模式。合同能源管理是节能改造等业务主要的商业模式，一般采用能源托管的形式分享节能效益。政府一般也会以合同能源管理等为切入点，出台各种鼓励优惠政策。

（3）政府和社会资本合作（public private partnership，PPP）模式。政府和社会资本合作（PPP）模式是由政府通过公开程序遴选社会投资人，由其投资建设并提供经营服务的模式。对于新建项目，可以根据项目特点采用 BOT（建设－运营－移交）、BOO（建设－拥有－运营）、BOOT（建设－拥有－经营－移交）等模式组织实施；对于存量项目，例如能源中心，可采用转让－运营－移交（TOT）模式，政府将存量资产所有权有偿转让给社会资本或项目公司，并由其负责运营、维护和用户服务，合同期满后资产及其所有权等无偿移交给政府。

三、综合能源服务发展前景与趋势

在新能源革命背景下，能源企业从生产型向服务型转型发展已经成为全球性趋势。我国综合能源服务起步相对较晚，但呈现良好的发展前景，在政策、技术、市场需求等方面将呈现加快发展的趋势。

（一）政策引导

我国能源在战略、规划、财政、价格、税收、投融资、标准规范等方面已经出台和实施了众多的综合能源服务发展相关支持政策。

1．能源发展战略层面

2014 年 6 月 13 日，习近平总书记在中央财经领导小组第六次会议上明确提出"四个革命、一个合作"的重大能源战略思想。2017 年国家发展改革委和国家能源局联合印发的《能源生产和消费革命战略（2016—2030）》被认为是我国能源革命的路线图。党的十九大报告指出要"推进能源生产和消费革命，构建清洁低碳、安全高效的能源体系"，对我国能源生产和消费革命作出了顶层战略部署。

2．能源发展相关规划

"十三五"期间，我国先后出台了能源、电力、油气、可再生能源发展、北方地区清洁供暖等阶段性专项规划，以及节能减排、电能替代、互联网+智慧能源、储能技术和产业发展等专门的工作方案、指导意见等规划指导性文件，为综合能源服务指明了具体发展方向和重点发展领域。

3．能源相关财经政策

我国先后设立节能减排财政补助资金、可再生能源发展专项资金；给予合同能源管理项目税收优惠；调整、完善、创新峰谷电价、阶梯电价、差别电价、环保电价、北方地区清洁供暖价格等能源价格政策；发布绿色信贷指引；在能源领域推广 PPP 模式等，为综合能源服务的开展提供了综合性的财经政策支持。

4．能源领域的体制机制改革

油气领域的改革提速，油气管道的建设、运营服务加快向社会资本开放；新一轮电力体制改革已经取得了引人瞩目的进展，并且仍在进一步加快推进，售电侧放开、增量配电试点、分布式能源纳入电力市场等改革举措，创造出体量可观的市场化售电服务、增量配电网建设与运营服务、分布式能源开发利用服务需求。

（二）技术支撑

推动中国能源革命，最根本的路径还是要加强技术创新，普及和推广先进高效节能技术和先进能源技术，将技术优势转化为产业优势和经济优势。我国已将能源科技创新放在国家能源战略的优先位置，近年出台了《能源技术革命创新行动计划（2016—2030）》《"十三五"战略性新兴产业发展规划》等重大政策举措，大力推动能源科技创新，着力构建能源科技创新体系，大力发展新能源技术、新能源汽车技术、节能环保技术、新一代信息技术和产业。

1. 推动产业技术创新

在政策、资本、市场的共同作用下，我国能源技术创新进入高度活跃期，新的能源科技成果不断涌现，正催化能源产业的业务变革、组织变革，并可望为综合能源服务的开展提供有力技术支撑。展望未来，综合能源服务将呈现产业基础高级化、产业链现代化，竞争焦点梯次转移。由工业园区和公共建筑的关键客户资源型竞争，逐步转化为核心能力、核心技术与综合优势竞争。

2. 促进可再生能源技术应用

在能源技术方面，随着可再生能源技术进步和大规模应用，其成本呈快速下降趋势，势必为分布式能源开发利用服务、综合储能服务、电动汽车充电服务的发展提供越来越坚实的技术支撑，一些颠覆性技术将持续推动节能产业升级与跨越式发展。

3. 重视信息技术应用

先进信息技术方面，我国的云计算技术、大数据技术、物联网技术、移动互联网技术、人工智能技术（简称"云、大、物、移、智"）的迅猛发展及其在能源领域的加速渗透应用，将为综合智慧能源服务带来前景广阔的发展机遇，包括能源智慧输配服务、智慧用能服务、能源智慧生产服务、能源智慧交易服务、能源金融智慧化服务等。

4. 引导应用泛在电力物联网

近年提出的泛在电力物联网（ubiquitous electric internet of things，UEIOT）为综合能源服务业务进行了更深层次的全面赋能，从技术开发与应用、市场前景与发展潜力、用户需求定位和开发等方面，为综合能源服务业务的提质增效和换挡增速提供了更多的可能。在泛在电力物联网发展背景下的综合能源服务，将更多地体现出能源行业产业链多环节共同参与的生态特性，综合能源服务项目将呈现出更加多元化的表现形式和更加复杂的技术经济特性。

（三）市场需求

鉴于上述政策环境、技术支撑等因素，我国综合能源服务市场需求巨大，发展前景广阔。目前，我国从"两网"（国家电网和南方电网）到五大发电集团，再到京能、浙能、协鑫、新奥等能源企业，纷纷探路综合能源服务，多家产业联盟发起成立，引导推动综合能源服务产业链加速演化与转型升级。

在传统能源巨头将继续以优势延伸型的发展路径规划发展综合能源服务产业的同时，一些新型能源企业重点选择某个价值链环节、某个细分市场进行商业模式创新、专业技术突破，在一定政策支持下提供多业态综合能源服务。专业型能源服务企业、互联网企业则依靠灵活的市场机制、特定领域技术驱动与专业品牌引领，更积极地参与综合能源服务市场竞争。

在综合能源服务细分市场方面，综合能源输配服务市场、电力市场化交易服务市场、分布式能源开发与供应服务市场、综合能源系统建设与运营服务市场、节能服务市场、环保用能服务市场、综合储能服务市场、综合智慧能源服务等方面将得到较快发展，以更好地满足多样化需求。

在各类能源服务细分市场中，节能服务市场领域发育相对成熟。在加快生态文明建设的背景下，我国出台了一系列节能政策措施等，为节能服务业务的开展提供了良好的政策环境，节能服务市场的年投资需求已达到数千亿元，预计 2025 年市场规模有望逼近万亿元。

第二节　节能审计与合同能源管理

一、能源审计与节能量计算方法

我国的能源审计最早可追溯至 20 世纪 80 年代。1982—1985 年原国家经委组织了《企业能源审计》的试点工作；同时，联合国亚洲及太平洋经济社会委员会（ESCAP）、联合国开发计划署（UNDP）、欧盟（EC）等国际组织在我国都举办过《企业能源审计》培训班。1989年，我国向亚洲开发银行（ADB）申请了第一个工业节能技术援助项目（TA-1021），对五个行业（造纸、纺织、化工、炼油与水泥）开展企业能源审计，建立了一套定量的企业能源审计方法，得到了亚行的认可。在 20 世纪 90 年代，特别是 1997 年国家技术监督局颁布《企业能源审计技术通则》（GB/T 17166—1997）之后，能源审计在我国逐渐推广应用。从"十一五"规划开始，随着万元 GDP 能耗下降率作为约束性指标，纳入地方政府考核任务，各级政府将国家确定的 1008 家企业进行能源审计的范围扩大到全国大约有 1.7 万家年耗能 1万 t 标准煤企业和年耗能 0.5 万 t 标准煤企业，由此大规模地启动了全国范围的企业能源审计工作。

（一）能源审计的概念、类型和内容

1. 能源审计的概念

能源审计是把经济管理中的审计方法引入到能源管理中的一种能源管理方法，对用能单位能源使用的效率、能耗水平和能源利用经济效果进行评价，通过对用能物理过程和财务过程进行统计分析、检验测试、诊断评价，提出节能措施。

我国《能源审计技术导则》（GB/T 17166—2019）对能源审计（energy audit）进行了定义，即根据国家有关节能法律、法规、标准，对用能单位能源利用的物理过程和财务过程进行调查、测试和分析评价的活动。

2. 能源审计的类型

按照审计的目的和主体，能源审计分为政府监管能源审计、企业自主能源审计和接受委托的能源审计。

（1）政府监管能源审计。政府监管能源审计是国家或地方节能主管部门对重点用能单位的能源使用情况进行监管所开展的能源审计活动。

国家和地方节能主管部门开展监管审计，一般发布需要进行能源审计的企业名单，规定审计内容与期限，也可对企业的用能工艺及重点用能设备进行专项能源审计。政府通过能源审计对用能大户（企业）实行监管，合理使用资源、节约能源、保护环境、持续发展经济。

（2）企业自主能源审计。企业自主能源审计是企业自愿依据国家节能法规和国家能源管理标准所开展的企业能源审计活动。

企业为了得到国家节能的优惠政策会自愿进行能源审计，评估节能成果，接受国家的监察。企业通过科学用能管理，节约能源、降低成本，增加经济效益，提高自身的竞争能力。

（3）接受委托的能源审计。能源审计已形成一个大市场，一批能源审计咨询服务机构成为真正的审计三方关系人。审计授权人提出审计要求和目标，能源服务机构（审计人）提出审计计划、开展专业化的能源审计。

3. 能源审计工作内容

项目能源审计是对项目的能源管理概况、计量及统计状况，生产工艺流程，能源消耗指标进行计算分析，对主要耗能设备运转效率及节能措施进行技术经济评价等工作。

根据能源审计的目的和要求，能源审计工作应包括以下内容：

（1）用能单位能源管理状况。

（2）用能单位能耗概况及用能过程。

（3）能源计量及统计状况。

（4）能源绩效指标计算分析，包括计算能源消费量、节能量、能源消耗指标，主要用能过程、设施、设备的能源效率指标等；分析能源绩效参数的历史变化趋势及主要影响因素等。

（5）能源费用指标计算分析。

（6）节能措施的技术经济分析。

（二）能源审计的工作原则、依据和流程

1. 能源审计工作原则

能源审计应遵循以下原则：

（1）审计的内容应与确定的目标、范围和边界相一致。

（2）审计的过程应符合相关法律、规范、标准等要求。

（3）审计所用到的数据及相关材料应真实、准确。

（4）数据的收集、验证和分析过程具有可追溯性。

（5）节能措施建议应基于合理的技术和经济分析。

（6）结果的独立性和合理性。

2. 能源审计依据

能源审计是依据能量守恒与质量守恒原理，对用能单位进行能量平衡与物料平衡分析。专门针对能源审计的国家标准有《企业能源审计技术通则》（GB/T 17166），该标准 1997 年首次发布，2019 年修订。能源审计工作涉及多方面内容，可依据的其他相关标准规范如下：

（1）按照《工业企业能源管理导则》（GB/T 15587—2008）、《能源管理体系要求》（GB/T 23331—2012）、《能源管理体系实施指南》（GB/T 29456—2012），对用能单位进行能源管理评价。

（2）按照《企业能量平衡网络图绘制方法》（GB/T 28749—2012）对能源实际流程和能源平衡关系进行评价。

（3）按照《用能设备能量测试导则》（GB/T 6422—2009）和《国家标准用能单位能源计量器具配备和管理通则》（GB/T 17167—2006），对能源计量和统计状况进行评价。

（4）按照《企业能量平衡通则》（GB/T 3484—2009）和《企业能量平衡表编制方法》（GB/T 28751—2012），对能源消费情况进行计算分析。

（5）按照《综合能耗计算通则》（GB/T 2589—2008），对能源消耗指标进行分析计算。

（6）按照《用能单位节能量计算方法》（GB/T 13234—2018）、《节能量测量和验证技术通则》（GB/T 28750—2012）和《节能量测量和验证实施指南》（GB/T 32045—2015），对节能量进行计算。

3. 能源审计实施流程

工程项目开展能源审计，能源审计单位首先应与项目单位就审计期、审计内容等进行沟通，然后召开能源审计座谈会，收集项目和项目单位基本概况、建筑物基本信息，设备台账资料，用能种类及其消耗统计台账；检查用能系统、设备的运行状况，根据需要进行主要用能系统、设备的现场测试；在能量平衡分析的基础上，分析项目能源资源消耗总量变化和能源资源费用成本变化，计算项目能源资源消耗相关指标并进行分析；查找不合理用能现象并进行节能潜力分析；出具能源审计意见并与项目单位交换，达成共识后形成正式报告。

能源审计详细流程如图 8-2 所示。

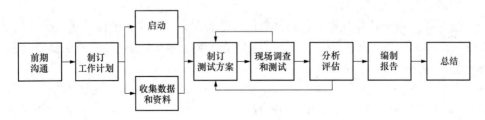

图 8-2　能源审计详细流程图

（1）前期沟通。在开展能源审计前，能源审计者和用能单位应在充分沟通基础上明确各自的责任和权利。

用能单位应与审计者共同确定审计目标、范围、审计期和审计内容，并对其提供的技术资料和数据的真实性负责。

（2）制订工作计划。能源审计者和用能单位应明确能源审计目标和范围，形成书面的能源审计工作计划。工作计划应包括：能源审计的目标、范围和边界；完成能源审计工作所需的时间及进度安排；能源审计期；能源审计依据；能源绩效提升机会的评价标准；用能单位应提供的资源和工作条件；能源审计开始之前用能单位应提供的相关数据和资料；预期交付的成果形式和要求；用能单位和能源审计者双方的负责人和联系人；能源审计相关修改的批准程序。

（3）启动。能源审计者向用能单位介绍能源审计工作计划，重点说明能源审计的目标、范围、边界和方法以及能源审计工作进度安排。

（4）收集数据和资料。能源审计者应收集、整理并记录与审计相关的数据，包括：用能单位概况；用能系统、过程、设施和设备清单；能源利用特点；当前和历史能源绩效参数，包括能源消费量、能源消耗指标数据、影响能源消耗的运行数据和事件、能源效率指标数据、能源效率指标的历史变化趋势及节能量；能耗监控设备、配置和分析信息；影响能源绩效的工作计划；设计、运行操作和维护文件；以往能源审计、能源评审报告及研究成果等；能源成本、价格、税率及其他相关经济性指标数据；能源采购、输送、分配、利用、消耗的管理制度；其他必要的数据和资料。

（5）制订测试方案。如需开展现场数据的测试和收集，能源审计者和用能单位应共同制订书面的测试方案。

（6）现场调查和测试。现场调查和测试应在具有代表性的工况（典型工况）下进行，所用到的历史数据应能够代表正常的运行工况。现场测试过程中，应由能源审计者或用能单位指派相关人员负责安装能源计量和测试设备。

（7）分析评估。能源审计者应评估用能单位提供数据的可靠性和有效性，指出影响审计结果的数据问题。必要时应对测试方案进行修改，补充开展现场数据的测试和收集。

能源审计者应评估审计范围内用能单位的能源绩效，包括能源消耗明细表；与能源绩效相关的重点用能环节；能源绩效现状；能源绩效提升的可能性；能源绩效参数的历史变化趋势，并对用能单位的节能效果进行评估；能源绩效与相关变量间的关系；与法律法规、产业政策、强制性标准等对比，明确用能单位能源绩效指标的水平；对能源费用指标的计算分析。

能源审计者应对节能机会进行识别，提出节能措施建议，并对所建议节能措施的效果进行评估。

（8）编制报告。能源审计具有很强的时效性。因此，能源审计结束后应尽快编写能源审计报告。能源审计报告应全面、概括地反映能源审计全部工作，相关支撑性资料清楚完善，结论和建议明确且有针对性，便于审查。

能源审计报告一般包括用能单位基本情况、能源审计内容、节能措施建议、结论和建议等内容。

（9）总结。能源审计者应向用能单位提交能源审计报告并解释审计结果，双方可组织相关总结讨论，共同推动所需的后续行动。在节能审计工作完成后，需要定期对用能单位的节能措施整改落实情况和效果进行回访调查，并将整改结果上报和存档。

4. 能源审计的基本方法

能源审计的基本方法是调查研究和分析比较，主要是通过现场检查、数据审核、案例调查以及盘存查账等手段，必要时辅助以现场测试。

（三）节能量计算方法

根据《用能单位节能量计算方法》（GB/T 13234—2018），节能量是满足同等需要或达到相同目的的条件下，能源消耗（或能源消费）减少的数量。在计算项目节能量之前，应根据法律法规、节能量计算的目的和相关条件，选择适宜的节能量计算方法。根据目的和条件不同，节能量计算方法包括整体法和措施法。

1. 整体法

整体法，又称自上而下法，是考察投资项目（用能单位，下同）总的能源消耗的变化，从而得到项目节能量。投资项目由于法律、法规或其他要求定期计算节能量，或者评价投资项目能源管理效果时，可以采用整体法计算节能量。

如果工程项目每个次级用能单位或者每部分已经有了能源计量，并且可以单独对能源消耗进行分析，则可分别为每个次级用能单位或者每部分都进行归一化和节能量计算，然后合计得到用能单位节能量。

（1）计算通则。确定项目的边界、能源基准、基期和统计报告期后，对基期和统计报告期的能耗进行归一化，并根据归一化后的基期能耗和统计报告期能耗之差计算项目节能量。必要时，进行非常规调整。

（2）归一化方法。如果项目能源消耗受相关变量影响，应通过归一化以消除基期和统计报告期之间相关变量变化所带来的影响。

根据计算节能量的目的，可选择前推校准法、后推校准法或参考条件校准法进行归一。其中，前推校准法是按照基期条件进行归一化；后推校准法是按照统计报告期条件进行归一化；参考条件校准法是按照参考条件进行归一化。

归一化方法的选择。当基期能耗以及相关变量数据不完善时，可采用前推校准法计算项目节能量；后推校准法适用于基期和统计报告期内，项目的运行和操作条件未发生重大变化，可采用同样的相关变量建立归一化模型的情况；参考条件校准法不受基期和统计报告期条件变化的影响，适用于连续跟踪节能量；参考条件校准应反映典型历史条件及未来最可能存在的统计报告期条件，如典型年的生产水平或典型年的气象条件。

（3）归一化模型。归一化模型可以基于物理学关系、统计学模型或者其他模型建立。如果能源消耗量是相关变量的函数，则归一化模型可以采用以下表达式：

$$E=f(x_1, x_2, \cdots, x_n) \tag{8-1}$$

式中　　E——基期、统计报告期或参考条件下的能源消耗量；

$x_1, x_2, \cdots, x_n$——基期、统计报告期或参考条件下的相关变量；

　　$f(x)$——归一化模型函数。

可使用统计技术，如 t 检验（t-test）、零假设检验（null hypothesis test）、费希尔精确检验（Fischer's exact test）等检验归一化模型的有效性。

能源消耗量与相关变量之间的统计关系达到预先确定的水平（例如，拟合优度 $R_2 >$ 0.75），可认为归一化模型具有有效性。

（4）节能量的计算公式。选用前推校准法、后推校准法或参考条件校准法计算节能量，其计算公式是不同的。

1）前推校准法计算节能量公式如下：

$$E_s= E_b - E_{rn} \tag{8-2}$$

式中　　E_s——节能量；

　　E_b——基期能源消耗；

　　E_{rn}——前推校准后的报告期能源消耗。

$$E_{rn} = f_r(x_1', x_2', \cdots, x_n') \tag{8-3}$$

式中　　$f_r(x)$——统计报告期相关变量和统计报告期能耗的模型函数；

$x_1', x_2', \cdots, x_n'$——在基期内相关变量的值。

2）后推校准法计算节能量公式如下：

$$E_s = E_{bn} - E_r \tag{8-4}$$

式中　　E_s——节能量；

　　E_{bn}——后推校准后的基期能源消耗；

　　E_r——统计报告期能源消耗。

$$E_{bn} = f_b(x_1'', x_2'', \cdots, x_n'') \tag{8-5}$$

式中　　$f_b(x)$——基期相关变量和基准能耗的模型函数；

$x_1'', x_2'', \cdots, x_n''$——统计报告期相关变量的值。

3）参考条件校准法计算节能量公式如下：

$$E_s = E_{bnr} - E_{rnr} \tag{8-6}$$

式中　　E_s——节能量；

　　E_{bnr}——参考条件校准后的基期能源消耗；

　　E_{rnr}——参考条件校准后的报告期能源消耗。

$$E_{bnr} = f_{nr}(x_1'', x_2'', \cdots, x_n'') \tag{8-7}$$

$$E_{nr} = f_{nr}(x_1', x_2', \cdots, x_n') \tag{8-8}$$

式中 $f_{nr}(x)$——参考条件相关变量和参考条件能耗的模型函数。

4）多能源品种的计算方法

投资项目节能量计算应将边界内所有能源消耗的来源纳入计算范围，并且按照《综合能耗计算通则》（GB/T 2589—2008）的规定进行计算。当某种能源基期能源消耗量与报告期能源消耗量相比变化不明显，且各期变化不显著时，该种能源可以不纳入计算范围，或者测量仪表安装的成本与该种能源消耗成本不成比例时，可以忽略该种能源，但是应记录未被纳入计算或已被忽略的能源来源及忽略的原因。

当项目消费多种能源品种时，公式计算节能量见表 8-1 或表 8-2。

表 8-1 项目消费多种能源品种的节能量计算

归一化方法	前推校准	后推校准	参考条件校准
节能量 E_s	$\sum(E_{b,i} - E_{m,i})$	$\sum(E_{bn,i} - E_{r,i})$	$\sum(E_{bnr,i} - E_{rnr,i})$

注 i 为第 i 种能源。

表 8-2 项目消费多种能源品种的节能量计算

归一化方法	前推校准	后推校准	参考条件校准
节能量 E_s	$\sum(E_{b,i} - E_{r,i})_n$	$\sum(E_{b,i})_n - \sum E_{r,i}$	$(\sum E_{b,i})_{nr} - (\sum E_{r,i})_{nr}$

注 i 为第 i 种能源。

2. 措施法

措施法，又称自下而上法，是将工程项目所有能源绩效改进措施实施后所得到的节能量合计进行计算，从而得到工程项目节能量。用来确定一个或多个能源绩效改进措施对用能单位节能量的影响时，可采用措施法。

措施法计算节能量时，应涵盖所有影响能源消耗或能效的措施，无论该措施对项目能源消耗或能效的影响是正面的还是负面的。措施法计算的节能量也叫措施节能量。

（1）计算原则。依据《节能量测量和验证技术通则》（GB/T 28750—2012）和《节能量测量和验证实施指南》（GB/T 32045—2015）确定项目各项能源绩效改进措施的节能量，将所有节能措施的节能量相加，进行间接能耗效应、重复计算等修正后，得到项目节能量；应确保各项能源绩效改进措施的节能量计算采用同一种归一化方法。

（2）计算公式。措施法计算节能量的公式如下：

$$E_s = \sum_{j=1}^{n} E_{s,j} - E_{sa1} - E_{sa2} \tag{8-9}$$

式中 $E_{s,j}$——第 j 项节能措施的节能量；

n——节能措施的数量；

E_{sa1}——间接能耗效应修正数；

E_{sa2}——重复计算修正数。

（3）间接能耗效应修正。当实施能源绩效改进措施后，局部能源消耗的减少可能导致项目内其他地方能源消耗的增加（称为间接能耗效应），应确定间接能耗效应修正量，并在合计所有能源绩效改进措施后的节能量，减去修正量。

（4）重复计算修正。如果在同一用能系统中同时实施多项具有相同节能目标的能源绩效改进措施，分别计算措施的节能量再合计可能产生重复计算，此时，只计算该系统整体的节能量即可。

如果某项能源绩效改进措施会降低其他能源绩效改进措施所涉及的系统的用能需求，以完全隔离的边界合计这些措施的节能量（未考虑边界外的影响），会引起重复计算。此时，只需要计算一次整体的节能量即可；当无法合理确定重复计算时，将所有能源绩效改进措施的节能量之和，减去重复计算的总量。

3. 节能率的计算方法

节能率是一定时期内节能量与基准能耗量的比值。投资项目节能率包括定比节能率和环比节能率。

（1）定比节能率。定比节能率计算公式如下：

$$\varepsilon = \frac{E_s}{E_b} \ \text{或} \ \varepsilon = \frac{E_b - E_r}{E_b} \tag{8-10}$$

式中　ε——节能率；

　　E_s——节能量；

　　E_b——基期能源消耗；

　　E_r——报告期能源消耗。

（2）环比节能率。根据 $E_r = E_b(1-\varepsilon)^n$，得

$$\varepsilon = 1 - \sqrt[n]{\frac{E_r}{E_b}} \tag{8-11}$$

式中　n——统计期数。

（四）能源审计报告的编写

如前所述，能源审计报告一般包括用能单位基本情况、能源审计内容、节能措施建议、结论和建议等内容。报告结构可参考如下：

1. 审计摘要

审计摘要指简要介绍用能单位在审计期的能源消费结构、能耗指标、节能技术经济评价、问题及节能潜力分析、结论和建议。

2. 用能单位基本情况

用能单位基本情况包括项目或项目单位简况，项目主要产品和生产工艺及其在同行业中所处地位。

3. 用能单位用能分析

用能单位用能分析包括用能单位能源消费总量及其结构，能源网络图，能量平衡表，能源流动图，项目单位能源管理相关情况，物料平衡，重点耗能设备运行评价，产品能耗分析，节能潜力分析，能源价格调查与财务评价。

4. 用能单位能源管理系统

用能单位能源管理系统包括能源管理规章制度、人员培训、能源管理工程师配置等。

5. 节能规划

节能规划包括节能技术改造项目评价、工艺特点、先进性及节能效果、技术经济评价、

环保效益、资金筹措。

6. 节能审计总结

节能审计总结包括能源审计意见、存在问题和建议。

7. 相关附件

相关附件包括能源审计通知书、能源审计方案、能源审计人员名单、审计单位及其负责人签章。

二、合同能源管理及其节能量测算

（一）合同能源管理的概念及其发展

1. 合同能源管理的内涵

合同能源管理（energy performance contracting，EPC）作为一种节能改造业务模式，是节能服务公司与项目单位（用能单位）以契约形式约定节能项目的节能目标，节能服务公司为实现节能目标向项目提供必要的服务，项目以节能效益支付节能服务公司的投入及其合理利润的节能服务机制。

节能服务公司（Energy Service Company，ESCO）是为用能单位提供用能状况诊断、节能项目设计、融资、改造（施工、设备安装、调试）、运行管理等服务的专业化公司。

合同能源管理项目要素包括用能状况诊断、能耗基准确定、节能措施、量化的节能目标、节能效益分享方式、测量和验证方案等。其中能耗基准确定、测量和验证等工作可委托合同双方认可的第三方机构进行监督审核。在满足同等需求或达到同等目标的前提下，通过实施合同能源管理所实现的能源消耗相对于能耗基准的减少量，是提供合同能源管理服务所获得的业务收入的计算依据。

合同能源管理的实质是以减少的能源费用来支付节能项目全部成本的节能业务方式，该模式具有三个特征：①市场化的节能机制；②节能服务公司向用能单位提供实现节能目标的一揽子节能服务；③以节能效益支付节能服务公司的投入及其合理利润。

2. 合同能源管理的商业模式

从商务模式角度，合同能源管理分为节能效益分享型、节能量保证型、能源费用托管型、融资租赁型等模式。

（1）节能效益分享型是在合同能源管理项目期内，用能单位和节能服务公司双方分享节能效益的合同类型。节能效益分享型模式由节能服务单位提供项目全部资金、技术及后续日常维护等项目全过程服务；项目建设施工完成后，经双方共同确认节能量后，双方按合同约定比例分享节能效益；项目合同结束后，节能设备所有权无偿移交给用户，以后所产生的节能收益全归用户。由于用能单位缺乏充足节能改造资金和成熟节能技术，节能效益分享型模式能够激发用能单位自愿参与积极性，在实践层面常常成为用能单位的首选模式，也是我国政府大力支持的合同能源管理类型。

（2）节能量保证型，也称节能效益保证型。常见的节能量保证型模式是由用能单位投资，节能服务公司向用能单位提供节能服务并承诺保证项目节能量或节能效益的合同类型；也可以经合同双方协商，由节能服务公司和用能单位共同提供节能改造项目资金，合同期双方按照各自的项目出资比例享有项目的产权；合同规定节能指标及检测和确认节能量（或节能率）的方法，节能服务公司提供项目的全过程服务；项目实施完毕，经双方确认达到承诺的节能效益，用能单位一次性或分次向节能服务公司支付服务费；如达不到承诺的节能效益，差额部分由节能服务公司承担。节能量保证型模式适用于实施周期短，能够快速支付节能效益的节能项目。

（3）能源费用托管型模式是在合同期内，用能单位按照约定的能源费用，委托节能服务公司进行能源系统的运行管理和/或节能改造的合同类型。项目合同结束后，用能单位实际用能费用超过承包费用，节能服务公司按合同给予补偿；如实际用能费用低于承包费用，则余额归节能服务公司所有。能源费用托管型模式适用于公共机构的节能管理服务。

（4）融资租赁型是由融资公司投资购买节能服务公司的节能设备和服务，并租赁给用能单位使用，根据租赁协议定期向用能单位收取租赁费用。节能服务公司负责对用能单位的能源系统进行改造，并在合同期内对节能量进行测量验证，担保节能效果。融资租赁型合同具有融资和融物双重性质，项目合同结束后，节能设备由融资租赁公司无偿移交给用户使用，以后所产生的节能收益全归用能单位。

3. 合同能源管理的发展

合同能源管理是在西方发达国家首先兴起的基于市场运作的节能新机制。20 世纪 70 年代第一次石油危机使能源价格大幅上涨，企业和政府机构都有降低能源消耗、节约能源成本的迫切需要。在市场经济高度发达的欧美国家，合同能源管理作为一种市场化的节能手段，在企业层面逐渐得到发展，并受到政府的逐步重视。1987 年美国国家能源服务协会（National Association of Energy Service Companies，NAESC）成立，充分发挥行业协会优势，为会员单位提供业务培训、政策研究等服务，成为节能服务公司与政府沟通的重要桥梁。

1996 年，中国政府与世界银行、全球环境基金（Global Environment Fund，GEF）在国内共同组织实施"世行/全球环境基金中国节能促进项目"，在北京、辽宁、山东成立了示范性能源管理公司，拉开了我国推广合同能源管理的序幕。

合同能源管理机制被引进国内以后，大大促进了国内节能企业的发展。很多节能企业有由单纯的制造节能设备，转变为节能投资，在促进节能减排发展的同时也加快了节能企业本身的快速成长。我国合同能源管理的初衷是引进以市场为导向的节能新机制，实践中更多的是自上而下的政府行为，中央和地方政府文件均明确提出要把推广合同能源管理作为推进节能工作的重要举措。

我国早在《"十一五"十大重点节能工程实施意见》就明确提出要加强合同能源管理技术规范等国家标准的研究。2010 年国务院办公厅转发发展改革委等部门《关于加快推行合同能源管理促进节能服务产业发展的意见》（国办发〔2010〕25 号），将合同能源管理项目纳入中央预算内投资和中央节能减排专项资金支持范围，给予资金补助或奖励，并实行税收优惠政策，如暂免征收营业税、企业所得税"三免三减半"等。

2010 年《合同能源管理技术通则》（GB/T 24915—2010）正式发布，便利了节能服务公司和用能单位双方当事人谈判，成为双方当事人有约束力的法律文件。《合同能源管理技术通则》先后被《关于合同能源管理财政奖励资金需求及节能服务公司审核备案有关事项的通知》《关于财政奖励合同能源管理项目有关事项的补充通知》《关于促进节能服务产业发展增值税、营业税和企业所得税政策问题的通知》《关于全面推开营业税改征增值税试点的通知》等多个文件引用，有力地支撑了政府引导节能服务产业发展，推动节能改造项目实施，成为财政奖励资金发放的重要技术依据，确保实现政府相关鼓励扶持政策的效果。

我国"十三五"规划提出了"能源总量"和"能源强度"双控目标，并在《"十三五"

节能减排综合性方案》中提出继续在工业、民用等重点用能领域推动开展一系列重点节能工程，大力推广合同能源管理、绿色金融等市场化机制，推动节能项目的有效实施和节能产品和技术的应用。

加快推行合同能源管理，积极发展节能服务产业，是利用市场机制促进节能减排、减缓温室气体排放的有力措施，是培育战略性新兴产业、形成新的经济增长点的迫切要求，也是建设资源节约型和环境友好型社会的客观需要。根据中国节能协会节能服务产业委员会统计，2017 年我国节能服务产业产值达 4148 亿元，全国从事节能服务的企业 6137 家，从业人数 68.5万人，合同能源管理投资形成年节能能力超过 3800 万 t 标准煤，年减排二氧化碳突破 1 亿 t，节能服务产业继续保持了良好发展势头。

尽管合同能源管理项目的实施在中国已有不少成功案例，拥有广阔的发展前景，但我国合同能源管理依然呈现政府主导的状态，依然存在许多制约因素，如地方政府和高耗能企业的节能意识、节能技术、企业信用评价体系等。

展望未来，为促进节能服务产业及合同能源管理发展，必须充分发挥市场配置资源的基础性作用，以分享节能效益为基础，建立市场化的节能服务机制，促进节能服务公司加强科技创新和服务创新，提高服务能力，改善服务质量；同时通过制定完善激励政策，加强行业监管，强化行业自律，营造有利于节能服务产业发展的政策环境和市场环境，引导节能服务产业健康发展，坚持发挥市场机制的作用，加强政策引导。

（二）合同能源管理项目实施流程

1. 能源审计

能源审计是所有合同能源管理项目的第一步，必须先进行能源审计才能制定出合理节能改造方案以及一个可实现的节能效益目标。如前所述，能源审计包括能效诊断、节能潜力评估和节能措施的可行性研究等。能源审计阶段需要完成的主要工作包括查清能源使用情况、分析能源使用中存在的问题、找出节能潜力点，提出对策、对拟采用的节能措施进行可行性分析等。

2. 节能项目设计

节能项目设计指节能服务公司向用能单位提交合同能源管理项目建议书，确定项目设计方案，并估算项目投资额和节能效益。用能单位需要将最终确定的合同能源管理项目建议书向上级节能主管部门备案，并落实资金来源。

3. 确定项目能耗基准

确定项目能耗基准指项目参与主体对合同能源管理项目涉及的耗能设备/系统进行必要的监测工作，以建立项目的能耗基准。

4. 项目商务谈判

项目商务谈判指节能服务公司与用能单位在完成的节能改造方案基础上谈判，可对技术和经济方案进行反复修改，达成一致意见时即可签订合同能源管理节能服务合同。

5. 项目投资

项目投资指根据前期商务谈判选择的不同合同能源管理模式，明确项目投资和项目所有权归属。

6. 项目实施改造

项目实施改造指节能改造项目的设备和材料采购、施工、设备安装、调试均由节能服务公司负责组织完成，用能单位配合和提供必要的条件。

7. 项目验收

项目验收指项目实施完成后，由节能服务公司、用能单位和节能主管部门共同组织对项目进行验收。根据合同中规定的测量和验证方案，相关方完成节能量和节能效益的测量和验证工作。

8. 项目节能效益分享

项目节能效益分享指在效益分享期内用能单位按合同约定向节能服务公司支付效益款。用能单位按合同约定支付完全部收益款后，设备所有权归属客户，项目结束。

（三）合同能源管理项目节能量测算方法

合同能源管理（EPC）作为节能减排的新型市场机制，在发达国家蓬勃发展并取得了良好的节能效果。我国推广合同能源管理过程中遇到了诸多困难，准确测量节能量是其中的核心问题之一。节能量的多少是衡量合同能源管理项目节能成效的主要标志，也是考察节能降耗和污染减排的重要手段。

1. 节能量测量原理及其依据

（1）节能量测量原理。节能量即能源节约量，指一定时期内节约或少用能源的数量。在合同能源管理中，节能量是在满足同等需求或达到同等目标的前提下，通过合同能源管理项目实施，用能单位或用能设备、环节的能源消耗相对于能耗基准的减少量。

节能量是一个相对比较值，是在一些基础指标计算的前提下，通过对比得出。节能量计算方法有多种，常见的表达式为：节能量=基准年能耗量－改造后能耗量+调整量。

比较基准根据不同的目标和要求，可选择单位产品能耗、单位产值能耗等指标。

按单位产品能耗计算节能量：节能量=（设计单位产品能耗－基准单位产品能耗）×报告期实际产量。

按单位产值计算节能量：节能量=（设计单位产值能耗－基准单位产值能耗）×报告期产值。

按使用单位计算节能量：节能量=（设计使用单位能耗－基准使用单位产品能耗）×使用量。

如果节能量计算结果为正值，表明节能效果为节约；如果计算结果为负值，节能效果则为增耗。

（2）节能量测量依据。由于国内外节能标准规范不同，节能项目对比目的和基础不同，节能量计算结果往往存在差异。国外合同能源管理项目常用的节能量测量和验证（M&V）标准或指南有《国际能效测量和验证规程》（international performance measurement and verification protocol，IPMVP）和 ASHRAE's Guideline 14：Measurement of Energy and Demand Savings。

为了规范节能量审核的方法、程序和行为，2008 年 3 月国家发展改革委、财政部发布了《节能项目节能量审核指南》（发改环资〔2008〕704 号），将项目节能量定义为项目范围内各产品（工序）实现的节能量之和扣除能耗泄漏。其中，单个产品（工序）的节能量可通过计量监测直接获得；不能直接获得时，可以通过单位产量能耗的变化进行计算确定。我国节能审核机构主要参照该指南划分项目边界、认定项目基准能耗状况、审核项目实施后的能耗状况，从而对项目的节能量进行认定。

此外，我国合同能源管理项目节能量测量方法标准规范有《节能量测量和验证技术通则》

（GB/T 28750—2012）和《公共建筑节能改造技术规范》（JGJ 176—2009）等。

2. 节能量确定原则

节能量作为合同能源管理项目节能效果的评价指标，得到了广泛的应用。《节能技术改造项目节能量确定原则和监测方法》等标准规范已将节能量的计算规范化。合同能源管理项目节能量的计算应遵循以下原则：

（1）项目节能量是指所实施的节能技改项目正常稳定运行后，用能系统的实际能源消耗量与改造前相同可比期能源消耗量相比较的降低量，无特殊约定比较期间为一年。

（2）项目节能量只限于通过节能技术改造提高生产工序和设备能源利用效率、降低能源消耗实现的能源节约，不包括扩大生产能力、调整产品结构等途径产生的节能效果。

（3）项目的节能量等于项目范围内各产品（工序）的节能量之和。单个产品（工序）的节能量可通过计量监测直接获得；不能直接获得时，可以用产品单位产量能耗的变化来计算该项目的节能量。

（4）项目除技术以外影响能源消耗因素应加以分析计算，并对节能量确定加以修正。这些因素包括原材料构成、产品种类与品种构成、产品产量、质量、气候变化、环境控制等。

（5）项目实际使用能源应以实际购入能源的测试数据为依据折算为标准煤。

3. 主要节能测量方法及其特点

国内外节能量测量和验证方法主要有隔离测量和整体测量，见表 8-3。

表 8-3　　　　　　　　　　国内外常用节能测量和验证方法

方法	方　法　描　述
隔离测量	单项节能措施独立测量和验证，只测量影响该能耗系统的关键参数，约定非关键参数或者测量影响该能耗系统的所有参数
整体测量	多项节能措施相互影响时将能耗当作一个整体考虑，节能量的确定基于验证期内连续测量整体的能耗相关参数

以公共建筑项目为例，合同能源管理涉及节能改造，存在实施单项节能措施和实施多项节能措施两种情况。此外，合同能源管理的节能措施与建筑物其他能耗系统之间也存在相互影响或者相互独立两种情况。不同条件下能耗特点见表 8-4。

表 8-4　　　　　　　　　　　节能措施及其能耗特点

节能措施		能　耗　特　点
单项	相互影响	节能改造措施除了影响自身能耗，还影响措施以外其他系统的能耗
	独立	节能改造措施只改变改造部分的能耗，对未改造部分不产生影响
多项	相互影响	一栋建筑所实施的多项节能措施相互影响，能耗的下降无法区分是其中哪个节能措施所引起
	独立	一栋建筑所实施的多项节能措施相互独立，能够将其能耗区分

根据表 8-3 所列的不同条件下能耗特点，参照 IPMVP 的测量和验证方法，可将节能量测量方法分为两大类：①将独立的节能措施与未改造的系统隔离，单独测量改造部分的能耗变化；②将相互影响的节能措施当成建筑能耗的整体，测量整个建筑的能耗变化。其中，只测量改造部分能耗变化又可以分为只测量部分参数和测量所有参数。

根据以上分类原则，合同能源管理测量方法可分为 3 种：①隔离改造部分，测量关键参数；②隔离改造部分，测量所有参数；③建筑物整体测量。

（1）隔离改造部分，测量关键参数。隔离改造部分，测量关键参数的方法主要适用于节能措施之间相互独立的单项或多项节能措施项目，为提高能源利用效率而更换设备的节能改造措施，改造前后的运行时间和模式基本相同，且节能量相对较小的场合。

所谓"隔离"，主要用于测量一个单项节能措施或者相互独立的多项节能措施的能耗，并且将被改造的设备或系统的能耗和建筑中未被改造的设备或系统的能耗进行分离。

为了减少测量的时间和成本，只测量单项节能措施的关键参数（如用水设施水流量、冷水机组热泵性能、水泵风机功率等），其他非关键参数参考经验、设备说明书、以往案例等进行估计。

根据能耗变化规律，选取项目改造前具有典型代表性的时间长度为基准期，选定项目改造后一段时间为验证期。测量分为五个步骤：①测量关键参数，测量的数据应足够表明运行时期的特征；②预测非关键参数；③基于关键参数和能耗的计算模型，计算基准期的能耗水平，直到计算结果等于或接近于实际能耗，建立基于改造前工况水平的能耗计算模型；④基于预测的非关键参数，以改造后的关键参数为基础计算验证期的能耗水平；⑤引入调整值来平衡改造前后工况水平的差异，对比基准能耗模型和验证期能耗模型计算项目节能量。

（2）隔离改造部分，测量所有参数。隔离改造部分，测量所有参数的方法要求所有影响节能量的变量必须进行测量，包括设备或系统的性能参数和运行时间。当被隔离的设备或系统在改造前后的运行时间有较大变化，或者被改造设备或系统随着某个独立变量全年变化时，则所有影响节能量的计算变量都必须通过测量来确定。

该方法对节能量的准确性要求更高，对变量的测量多采用长期连续测量，且必须按照使用功能或运行模式和时间分组进行。如果隔离改造的设备或系统能耗随着独立变量变化则测量的时间需延长。

（3）建筑整体测量。所谓"整体"，是评估多种节能措施的影响，并且将建筑中改造和未改造的设备或系统的能耗整体考虑。建筑整体测量方法所称的整体原则是通过仪表的测量来确定节能措施在建筑应用部分的整体节能效果。该方法通常对能耗影响因素进行长期测量，测量的参数为影响建筑能耗的所有参数，测量的节能量包含了节能措施以外的其他变化产生的影响。

该方法对变量进行测量多采用长期连续测量，且必须按照使用功能或运行模式和时间分组进行。

4. 测量方法的比较与选择

节能测量方法在复杂程度、准确性和成本费用 3 个方面存在差异，为不同合同能源管理项目选择测量方法提供依据。

（1）复杂程度对比分析。一般来说，节能措施涉及参数越多、测量所需仪器种类越多、测量操作越复杂，测量的难度和复杂程度也越大。

在测量时间和测量方式上，3 个测量方法的复杂程度相同，但在测量参数的种类上，隔离改造部分，测量关键参数的方法最少，复杂程度相对最低；其次是建筑整体测量方法；复杂程度最高的是隔离改造部分、测量所有参数的方法。

（2）准确性对比分析。测量方法的准确性取决于测量误差和抽样误差的综合误差。其中，测量误差包括测量仪表自身精度误差、测量方法和读数带来的误差、校准偏移、不精确测量等；抽样误差来自抽样方案的不合理设计，实际的测量只包含了整体的一部分。

在选择测量方法时，需将不同方法的不确定性进行量化，综合考虑测量方法的不确定性来确定最终的方法。

（3）成本费用对比分析。通过对比各测量方法的成本构成来分析各方法的成本费用。建筑整体测量方法的主要成本在于能耗影响因素的测量，与隔离改造部分测量关键参数或者非关键参数相比，该方法的成本更低。

第三节　我国的节能监察制度

节能监察制度是具有中国特色的节能管理创新制度。开展节能监察是贯彻落实节能法律法规、强制性政策标准的基本要求，是提升能效水平、促进转型发展的重要举措，也是建设生态文明、实现绿色发展的有力抓手。

一、节能监察及其制度内容

（一）我国节能监察制度的沿袭

1. 节能监察制度的由来和发展

监察自古以来对国家的长治久安皆具重要意义。《诗·大雅·皇矣》云："监观四方，求民之莫"；东汉郑玄笺注云"监察天下之众国"；唐朝孔颖达疏云"监视而观察天下四方之众国"。

现代意义的"监察"，在政府行政管理中具有两层含义：①对国家行政机关及其工作人员的监督；②对特定领域的有关法律、法规的监督检查和处理。从监督对象看，前者监督对象是行政主体及其工作人员，是对机关或工作人员的监督（督促）考察及检举，属于内部行政监督；后者监督对象是行政相对人，属于行政管理范畴。节能监察的"监察"属于第二个层面的含义。

我国节能监察制度源自节能减排工作的需要。2006 年《国务院关于加强节能工作的决定》（国发〔2006〕28 号）明确指出，各级地方政府应积极落实节能减排的监察工作，完善行政区域内的节能监察规章制度。2012 年《国务院关于印发节能减排"十二五"规划的通知》（国发〔2012〕40 号）进一步指明了各级地方政府节能监察工作的方向，要求地方政府积极建立省、市、县三位一体的节能监察系统。国务院《"十三五"节能减排综合工作方案》（国发〔2016〕74 号）提出：加强节能监察能力建设，建立健全节能管理、监察、服务"三位一体"的节能管理体系。

2016 年年初，国家发展改革委发布《节能监察办法》（国家发展改革委 2016 年第 33 号令），对节能监察工作提出了系统的规范要求，保障节能法律、法规、规章的实施，提高能源利用效率。2018 年修订的《重点用能单位节能管理办法》要求，重点用能单位能源管理负责人组织能源利用状况报告填报工作，并每年向县级以上人民政府管理节能工作的部门报送上年度的能源利用状况报告；县级以上人民政府管理节能工作的部门负责对重点用能单位报送的能源利用状况报告进行审查，逐级报送审查结果，将数据质量存在问题的重点用能单位作为本年度节能监察重点对象。

2. 工业节能监察规划与年度计划

工业是我国主要耗能部门，工业节能监察是依法对工业企业进行节能监督检查，督促企业落实节能法律法规、强制性标准和政策要求，提高能源利用效率的有效手段和重要保障。工业和信息化部一直重视工业节能监察工作，《工业节能管理办法》（工信部令第 33 号）设置"节能监察"专章规范全国工业节能监察工作，要求各级工业和信息化主管部门应当组织节能监察机构，对工业企业执行节能法律法规情况、强制性单位产品能耗限额及其他强制性节能标准贯彻执行情况、落后用能工艺技术设备（产品）淘汰情况、固定资产投资项目节能评估和审查意见落实情况、节能服务机构执行节能法律法规情况等开展节能监察。工业和信息化部《工业绿色发展规划（2016—2020 年）》（工信部规〔2016〕225 号）进一步指出，加强工业节能监察，组织开展强制性能耗、能效标准贯标及落后用能设备淘汰等监察，实施重点行业、重点用能企业专项监察和督查，并提出进一步完善覆盖全国的省、市、县三级节能监察体系。

为充分发挥节能监察的监督保障作用，持续提高工业能效和绿色发展水平，助推工业经济高质量发展，工业和信息化部从 2014 年开始，每年制定并发布《工业节能监察重点工作计划》。《2020 年工业节能监察重点工作计划》（工信部节函〔2020〕1 号）要求继续围绕重点工作，深入开展专项节能监察，并持续加强日常节能监察工作。

为了强化重点行业、重点企业及重点耗能设备的节能监管，2016 年 5 月工业和信息化部印发《关于开展国家重大工业节能专项监察的通知》（工信厅节函〔2020〕350 号），安排部署了重大工业节能专项监察任务，包括对钢铁企业能耗专项，合成氨、平板玻璃、焦炭、铁合金、烧碱能耗限额标准贯标专项，电解铝、水泥行业阶梯电价政策执行专项，落后机电设备淘汰专项和高耗能落后燃煤工业锅炉淘汰专项开展监察。通过连续数年的国家重大工业节能监察专项督查，我国高耗能企业节能贯标守法意识普遍增强，能源管理体系和制度建设进一步完善，节能监察机构执法能力得到了提高。

（二）节能监察的内涵及其工作内容

1. 节能监察的概念和形式

（1）节能监察的概念。根据《节能监察办法》（国家发展改革委 2016 年第 33 号令），节能监察是指依法开展节能监察的机构（简称节能监察机构）对能源生产、经营、使用单位和其他相关单位（简称被监察单位）执行节能法律、法规、规章和强制性节能标准的情况等进行监督检查，对违法违规用能行为予以处理，并提出依法用能、合理用能建议的行为。节能监察活动是典型的行政执法行为，是根据政府部门制定的节能政策对各能耗单位的经营活动进行监管，确保国家节能政策和相关法律法规得以观测落实，更是节能监督管理的重要组成部分。

（2）节能监察的形式。节能监察有多种形式，主要包括书面监察和现场监察。前者是由节能监察机构对被检查单位提供的书面或者电子文件进行总结和审查的一种分析和判断行为；后者是节能监察机构根据监察任务的要求，到被检查单位所在地，进行数据检查、现场检查，包括生产现场监察和调查记录。现场监察作为获取现场第一手证明材料的重要手段，也是节能监察的主要方式，能够提供有力可靠证据，依法处理违法用能行为。

节能监察一般在实施监察的规定时间内（如五日）将监察的依据、内容、时间和要求书面通知被监察单位。办理涉嫌违法违规案件、举报投诉和应当以抽查方式实施的节能监察不需提前通知。

2. 节能监察的特征

节能监察是实施节能法律法规的重要途径，必须坚持公平公正、程序规范、突出重点以及监督与服务、教育与处罚相结合的原则。节能监察具有规范性、强制性、技术性、专业性以及法定性等特征。

（1）节能监察的规范性是指节能监察活动必须按照国家有关法律法规的规定进行，即使处理一些违法用能行为，也必须依法定程序执法。

（2）节能监察的强制性是指按照相关规章制度，采取必要的强制措施，使未履行节能相关法定义务的相对人按照相关法律规定履行法定义务，以此来确保国家节能减排有关的法律法规得以全面落实。

（3）节能监察的专业性是指执法人员需要熟悉和掌握节能减排的专业知识和法律法规，同时还要掌握节能监察工作所需要的节能管理知识。

（4）节能监察的技术性是指通过使用技术手段，节能监察机构对被检查单位的工艺、设备、产品的能耗和生产线的能源使用情况进行测量、分析和评价，发现造成能源浪费的主要原因，为节能监察工作的有效开展提供可靠依据。

（5）节能监察的法定性是指节能监察机构应按照相关法律的规定指定具体部门，行使法律法规内的职权范围内，开展节能监察工作，依法查处依法处理非法使用能源。

3. 节能监察工作的主要内容

节能监察是利用行政手段推动节能减排工作的主要途径。节能监察机构依照授权或者委托，具体实施节能监察工作。节能监察的内容十分丰富，主要包括：

（1）建立落实节能目标责任制、节能计划、节能管理和技术措施等情况。

（2）落实固定资产投资项目节能评估和审查制度的情况。

（3）执行用能设备和生产工艺淘汰制度的情况。

（4）执行强制性节能标准的情况。

（5）执行能源统计、能源利用状况分析和报告制度的情况。

（6）执行设立能源管理岗位、聘任能源管理负责人等有关制度的情况。

（7）执行用能产品能源效率标识制度的情况。

（8）公共机构采购和使用节能产品、设备以及开展能源审计的情况。

（9）从事节能咨询、设计、评估、检测、审计、认证等服务的机构贯彻节能要求、提供信息真实性等情况。

（10）节能法律、法规、规章规定的其他应当实施节能监察的事项。

二、重大节能专项监察方法

节能监察是一项专业技术性强、规范程度要求高的行政执法工作。做好节能监察工作，节能监察人员应具备必要的专业素质，掌握能耗限额标准贯标、落后机电设备和燃煤工业锅炉淘汰、电价政策执行等专项监察方法。

（一）能耗限额标准贯标专项监察

工业和信息化部《关于开展国家重大工业节能专项监察的通知》（工信厅节函〔2016〕350号）提出，根据合成氨、平板玻璃、焦炭、铁合金、烧碱有关能耗限额标准要求，对重点用能企业进行能耗限额贯标情况实施专项监察，按照标准要求，核验产品能耗指标，出具监察报告。

1. 能耗限额标准贯标专项监察的基本要求

能耗限额标准贯标专项监察主要依据是相关能耗限额国家标准，核查核算期为上一年度重点用能工业企业的能耗数据。

（1）了解基本情况。确认项目公司或用能单位（被监察项目单位）适用的单位产品能耗限额国家标准，了解企业产品制造工艺流程等基础情况。

（2）收集核查数据。核查数据包括：年度能源输入和输出的种类及数量；年度生产消耗能源种类及数量、综合能源消费量，核算能耗限额专项监察的产品年度综合能源消耗量、单位产品综合能耗；核查产品产量计量器具的配备、完好、检定及运行状况，核查核算产品产量数据准确性，同时核查合格产品销售台账，期初、期末产品库存量。

（3）分析数据。依据适用的单位产品能耗限额标准及相关标准、规定，计算单位产品综合能耗、单位产品单项综合能耗，将单位产品综合能耗实际值和单位产品单项能源综合能耗实际值与单位产品能耗限额限定值进行对标，确认重点用能工业企业执行单位产品能耗限额标准达标情况。特别注意统计核算范围要与限额标准要求一致。

（4）记录核查过程和结果。详细记录查验、核查、核实、核算过程和结果，详细记录违法用能行为取证过程及内容，载入相关监察文书。

2. 能耗限额标准贯标专项监察的方法

针对合成氨、平板玻璃、焦炭、铁合金、烧碱等重点能耗行业的能耗限额标准，核实核算相关信息数据，查勘生产工艺，核查能源计量器具配备管理，核实生产能源消耗，核实产品产量，核算单位产品能源消耗，核查节能管理措施落实情况。

（1）核实核算相关信息数据。核实核算相关信息数据指节能监察机构应当在《节能监察通知书》中明确要求用能单位如实提供信息，监察人员在实施现场监察过程中查验、核实、核算相关信息，详细记录查验、核实、核算的过程和结果以及发现的问题，收集、保存相关证明材料。

（2）查勘生产工艺。查勘生产工艺指现场查勘项目单位生产线、用能工序、生产装置情况，各工序工艺技术类型，各装置运行状态，查验主要用能设备规格型号、所在工序、运行状态等情况，重点关注是否存在使用高耗能落后机电设备情况。

（3）核查能源计量器具配备管理。核查能源计量器具配备管理指依据《用能单位能源计量器具配备和管理通则》（GB 17167—2006）《重点用能单位能源计量审查规范》（JJF 1356—2012）等规定，核查项目生产主要用能单元能源计量器具配备、检定、完好及运行情况，包括主要用能工序用能设备电能表、流量表等计量器具配备管理情况。

（4）核实生产能源消耗。核实生产能源消耗指依据有关能耗限额标准要求，核实核算生产能源消耗种类及各种能源消耗量，包括煤炭、电力、天然气、蒸汽等能源种类和数量；核实核算项目或项目单位年度综合能源消耗量（或消费量）。

（5）核实产品产量。核实产品产量指根据相关产品能耗限额标准，核实核算项目产品种类及产量；核实核算项目年度总产量。

（6）核算单位产品综合能耗。依据《综合能耗计算通则》（GB/T 2589—2008）等规定，核算单位产品综合能耗，并进行对标分析。

（7）核查节能管理措施。根据相关产品能耗限额标准，核查项目单位管理节能措施、技术节能措施、结构节能措施等情况。

（二）落后机电设备和燃煤工业锅炉淘汰专项监察

1. 落后机电设备和燃煤工业锅炉淘汰专项监察的基本要求

依据《中华人民共和国节约能源法（2018 年修正）》《产业结构调整指导目录（2019 年

版)》《工业节能管理办法》(中华人民共和国工业和信息化部令 2016 年第 33 号)《高耗能落后机电设备(产品)淘汰目录》(中华人民共和国工业和信息化部公告 2012 年第 14 号)《关于印发燃煤锅炉节能环保综合提升工程实施方案的通知》(发改环资〔2014〕2451 号)等文件要求,需要对落后机电设备、燃煤工业锅炉淘汰专项进行节能监察。

(1)核查资料。核查资料指查阅项目单位采购合同、用能设备台账、租借合同、相关财务账目等资料;调查询问项目单位能源管理或设备管理部门负责人关于在用设备情况;核查企业淘汰高耗能落后机电设备工作计划、淘汰工作有关记录。

(2)现场查验。现场查验或抽查用能设备标牌、安装、运行情况,调查询问有关人员;核实确认项目单位购买、租借、使用和淘汰国家明令淘汰的电动机、配电变压器、燃煤工业锅炉情况。

(3)记录核查过程和结果。记录核查过程和结果指详细记录查验、核查、核实过程和结果;详细记录违法用能行为取证过程及内容,载入相关监察文书。

2. 落后机电设备和燃煤工业锅炉淘汰专项监察的方法

(1)查验核实相关信息数据。查验核实相关信息数据指节能监察机构应当在《节能监察通知书》中明确要求项目单位如实提供信息,并在实施现场监察过程中查验、核实相关信息,详细记录查验、核实、核算的过程和结果以及发现的问题,收集、保存相关证明材料。

(2)核查在用电动机、配电变压器和燃煤工业锅炉。核查在用电动机、配电变压器和燃煤工业锅炉指核查电动机、配电变压器和燃煤工业锅炉的设备台账;核实在用高耗能淘汰型电动机、配电变压器和高耗能落后燃煤工业锅炉的具体型号、数量、生产时间、安装位置、功率、运行状态等。

(3)核实高耗能落后电动机配电变压器。核实高耗能落后电动机配电变压器指核查核实近三年淘汰电动机的型号、数量、功率;核查核实近三年淘汰配电变压器的型号、数量、容量;核查在用及近三年淘汰燃煤工业锅炉的型号、数量、蒸吨、安装位置、淘汰时间等情况;核查相关设备报废手续等证明材料。

(4)核查能效提升计划与落实情况。核查能效提升计划与落实情况指核查电动机、配电变压器能效提升改造计划,以及燃煤锅炉节能环保综合提升改造计划制定情况,包括拟更新时间、更新型号、容量(蒸吨)、安装位置等,现场查验落实情况。

(三)电价政策执行专项监察

根据国家发展改革委、工业和信息化部《关于电解铝企业用电实行阶梯电价政策的通知》(发改价格〔2013〕2530 号)、《关于水泥企业用电实行阶梯电价政策有关问题的通知》(发改价格〔2016〕75 号)等规定,需要对电解铝、水泥重点用能企业执行阶梯电价政策进行核查和预警监察,出具监察报告。

1. 核实核算相关信息数据

核实核算相关信息数据指节能监察机构应当在《节能监察通知书》中明确要求项目单位如实提供信息;监察人员在实施现场监察过程中查验、核实、核算相关信息,详细记录查验、核实、核算的过程和结果以及发现的问题,收集、保存相关证明材料。

2. 查勘生产工艺

查勘生产工艺指现场查勘项目生产线、用能工序、装置情况,各工序工艺技术类型,各装置运行状态;查验主要用能设备规格型号、所在工序、运行状态等情况。同时关注是否存在使用高耗能落后机电设备情况。

3. 核查能源计量器具配备管理

核查能源计量器具配备管理指依据《用能单位能源计量器具配备和管理通则》（GB 17167—2006）、《重点用能单位能源计量审查规范》（JJF 1356—2012）等规定，核查项目主要用能单元能源计量器具配备、检定、完好及运行情况，包括主要用能工序和主要用能设备电能表、衡器、流量表等计量器具配备管理情况。

4. 核实产品生产电耗

核实产品生产电耗指依据《电解铝企业单位产品能源消耗限额》（GB 21346—2013）《水泥单位产品能源消耗限额》（GB 16780—2012）等标准规定，核实核算产品生产电耗情况。

5. 核查执行阶梯电价政策

核查执行阶梯电价政策指核查项目单位以往年度阶梯电价政策执行情况。根据单位产品可比综合电耗，对照相关行业阶梯电价政策规定，对项目单位执行阶梯电价政策进行核查，并根据核查情况提出预警建议。

6. 核查节能管理与措施

核查节能管理与措施指依据《电解铝企业单位产品能源消耗限额》（GB 21346—2013）和《水泥单位产品能源消耗限额》（GB 16780—2012）等规定，核查项目单位节能基础管理、节能技术管理情况。

三、节能监察准备与实施

节能监察程序一般分为任务来源、准备阶段、实施阶段和结果处理等阶段。节能监察机构应根据节能监察任务的内容和需要，并依据国家相关的法律和法规，认真开展前期准备工作，组织实施现场监察。

（一）监察准备

1. 组成节能监察组

组成节能监察组指节能监察机构应组织具有相应能力的人员成立节能监察组，节能监察组人员应持有行政执法证件。节能监察组实行组长负责制。

2. 制定监察实施方案

制定监察实施方案指监察组长负责制定节能监察实施方案。实施方案应当结合项目或项目单位特点制定，明确监察的目的、时间、内容、方式、程序和监察人员分工、装备、工作要求等。

3. 送达《节能监察通知书》

送达《节能监察通知书》指节能监察应当于实施监察的规定时间内以《节能监察通知书》的形式，将节能监察的依据、时间、内容、程序和要求等书面通知被监察项目单位。《节能监察通知书》应当明确被监察单位提供现场监察所需的相关材料和满足节能监察所需的其他合法事项。

4. 现场监察前准备

现场监察前准备指实施现场监察前，应当进行必要的准备工作，包括召开预备会、准备执法文书、准备办公取证设备等。

（二）监察实施

节能监察机构实施节能监察，应当按照召开首次会议、现场查勘调查、收集分析资料、制作《现场监察笔录》、调查（询问）当事人、召开末次会议等程序进行。

1. 召开首次会议

实施现场监察，需要召开首次会议。会议由监察组组长主持，节能监察人员应当向被监察项目单位有关人员出示行政执法证件表明身份，由被监察单位相关人员确认后收回；监察组组长应当告知监察的内容、依据、程序、方法、时间、有关事项和要求，被监察项目单位的权利义务、节能监察机构及其人员接受监督等相关内容；被监察单位介绍情况。

2. 现场查勘调查

现场查勘需要在了解情况和查阅资料的基础上，进入有关场所进行勘察、采样、拍照、录音、录像等，必要时对用能设备和用能工序的能源利用状况等进行检测和分析评价，验证被监察项目单位所提供资料的真实性；针对监察内容调查、询问有关人员，要求其说明有关事项、提供有关材料。

3. 收集分析资料

现场监察收集资料应当做到合法、客观、全面、认真、细致，应当收集、核实、核算、分析与监察内容有关的汇报材料、管理和技术文件、工艺设备台账、相关报告报表、有关原始记录、视听资料、检验（检定）或鉴定结果等。现场收集的资料应当妥善保管。

4. 制作《现场监察笔录》

实施现场监察，应当在召开首次会议、进行现场查勘、收集分析资料的基础上，组织召开节能监察人员内部会议，制作《现场监察笔录》，并由节能监察人员、被监察项目单位陪同人员确认签名；拒绝签名的，应当在笔录中如实注明原因。

5. 调查（询问）当事人

调查（询问）当事人指实施现场监察，发现被监察项目单位存在涉嫌违法用能行为以及其他需要核实的情况，节能监察人员应当进行调查（询问），制作《调查（询问）笔录》；调查（询问）结束后，节能监察人员应当将《调查（询问）笔录》交由被调查人核对，并由被调查人签名、押印。

6. 召开末次会议

召开末次会议指实施现场监察，节能监察组长应当组织召开末次会议，向被监察项目单位通报监察情况，检查确认需带回的资料，征求对节能监察工作的建议，接受被监察项目单位监督。

7. 实施节能监测（检测）

实施节能监测（检测）指现场监察发现被监察项目单位计量器具配备达不到要求、不能取得完整准确数据、无法计算产品能耗，需要实施监测（检测）的，节能监察机构可以依据标准规定的监测（检测）方法，对用能设备（产品、工艺）的能源消耗指标实施监测（检测）、评价；节能监察机构也可以委托有能力的第三方检验测试机构实施现场监测（检测）。

四、节能监察文书编制

在节能监察准备、实施和结果处理阶段，节能监察机构应当依据有关规定和要求，规范、严谨制作使用执法文书。常用的执法文书包括节能监察通知书、节能监察现场告知书、现场监察笔录、调查（询问）笔录、节能监察报告、节能监察建议书、限期整改通知书、案件移送书等。这里重点介绍节能监察通知书、节能监察报告、节能监察建议书和限期整改通知书的编制要求。

（一）节能监察通知书

节能监察通知书是向被监察项目单位通知节能监察时间、内容和要求其配合事项等的文书。节能监察通知书编制要求如下：

（1）写明监察时间、节能监察机构和被监察项目单位全称、联系地址、联系人、联系方式等。

（2）列明监察依据，明确节能法律法规、规章和强制性节能标准的具体条款。

（3）写明监察内容，按照节能法律法规、规章和强制性节能标准准确填写。

（4）列明被监察项目单位需提供的材料，包括法定代表人证明书、授权委托书、核查材料及与本次监察相关的其他材料。

（5）完整填写相关信息，加盖节能监察机构公章后送达被监察项目单位。

（二）节能监察报告

节能监察报告是节能监察机构总结现场监察情况，记载节能监察结论，提出处理建议措施的文书。节能监察报告应当至少包含节能监察依据、监察对象、监察内容、监察人员、监察过程、监察结论、结果处理建议及需要说明的事项等内容。节能监察报告编制要求如下：

（1）写明任务来源、实施监察日期、监察对象及节能监察人员等。

（2）叙述监察内容、过程和监察发现的问题和事实。

（3）写明监察结论和依据的节能法律、法规、规章、标准具体条款。

节能监察报告经节能监察机构负责人批准后，作为节能监察结果处理的重要依据，可以反馈被监察项目单位用于督促项目依法用能，指导项目合理用能、科学用能。

（三）节能监察建议书

节能监察结束后，对被监察项目单位存在不合理用能行为，尚未违反节能法律、法规、规章和强制性节能标准的，节能监察机构应当向被监察项目单位送达节能监察建议书，明确指出其存在的问题和不足，提出节能建议。节能监察建议书编制要求如下：

（1）写明节能监察机构和被监察项目单位相关信息，包括单位全称、联系地址、联系人、联系方式等。

（2）列明被监察项目单位存在的不合理用能行为，提出的节能建议等。

（3）填写签发日期，加盖节能监察机构公章。

（4）一份送达被监察项目单位，一份存档。

（四）限期整改通知书

对节能监察中发现的被监察项目单位存在违反节能法律、法规、规章和强制性节能标准行为的，节能监察机构需要被监察项目单位整改的，依据规定的权限，由承办人员制作限期整改通知书，提出整改要求。限期整改通知书编制要求如下：

（1）写明监察日期、被监察项目单位相关信息，包括单位全称、联系地址、联系人、联系方式等。

（2）写明监察内容及监察时发现并认定的违法用能事实。

（3）列明违反的节能法律、法规、规章具体条款内容和强制性节能标准、有关文件规定名称。

（4）列明限期整改要求所依据的节能法律、法规、规章具体条款内容或强制性节能标准名称。

（5）写明限期整改的具体期限及相关要求。

（6）填写签发日期并加盖节能监察机构公章。

被监察项目单位应当按照《限期整改通知书》的要求进行整改，节能监察机构应当跟踪检查并督促落实。被监察项目单位在整改期限届满后，未整改或整改未达到要求的，仍存在违反节能法律、法规、规章和强制性节能标准用能行为的，由节能监察机构将有关线索证明材料移交有处罚权的机关进行处理，并将相关情况向社会公布，纳入社会信用体系记录。被监察项目单位对限期整改通知书有异议的，可以在收到相关法律文书之日起规定时间内，以书面形式向本级或上一级节能监察机构申请复核。

第九章

工程项目节能评价案例研究

投资项目的节能评价工作应根据项目的具体情况选择适当的分析方法和评价工具。本章结合电厂改扩建、水泥生产、医院建设和铁路工程 4 个分属不同行业的投资项目节能评估案例，进一步阐释节能评价在不同行业的具体应用及特殊情况的处理。

第一节　某电厂 1 台 1000MW "上大压小" 扩建工程节能评估案例

一、评估内容与依据

（一）评估范围和内容

1. 节能评估的范围

该项目评估的范围包括某电厂（BB 市××电厂）"上大压小" 扩建工程的总平面布置节能评估、技术方案节能评估、主要用能工艺和工序节能评估、主要耗能设备节能评估、辅助生产和附属生产设施等节能情况。

2. 节能评估的主要内容

（1）项目选址、总平面布置是否符合国家有关法律法规和产业政策要求以及可持续发展原则。

（2）项目工艺技术方案是否采取节能新工艺和新技术。

（3）项目选择能源品种是否合理、能源供应能否保障。

（4）项目能源指标：综合能源消费量、单位产品（产值）综合能耗、发电煤耗、供电煤耗等指标的计算，并与国内、国际先进能耗水平以及同行业国内先进水平进行对比分析。

（5）主要耗能设备和换热设备的热效率和热力指标；供、变电系统的能效指标和节能措施；泵类、风机和空气压缩机等通用机械设备的能效指标。

（6）项目建筑节能水平。

（7）项目能耗管理及能源计量器具配备情况。

（8）评估项目涉及能源利用的科学性及合理性，以及节能措施和建议。

（二）节能评估依据

1. 相关法律法规

2. 产业政策和行业准入条件

3. 行业相关标准、规范和技术导则

（1）设计管理方面的标准和规范。

（2）合理用能标准、规范和节能设计规范。

（3）节能评估计算相关标准。

4. 项目工程技术资料

二、建设单位和项目概况

（一）项目建设单位概况

1. 建设单位基本信息

建设单位基本信息包括建设单位名称、住所、法定代表人、公司类型、成立时间、注册资本（实收资本）、股本结构、经营范围等。

2. 建设单位财务状况及股东基本情况

节能评价报告应对项目建设单位财务状况及股东基本情况进行解读阐述。

（二）项目基本情况

1. 项目名称

BB市××电厂1台1000MW"上大压小"扩建工程（简称××电厂）。

2. 项目建设方案

（1）厂址位置（略）。

（2）建设规模。本期建设规模为1×1000MW超超临界燃煤发电机组，同步建设烟气脱硫和脱硝装置，不再考虑扩建。

（3）厂区平面布置。厂区采用三列式布置，由北至南分别为煤码头及煤场、主厂房、500kV GIS开关站；主厂房固定端朝西；汽机房朝南，向南出线；化学水处理、综合办公楼等布置在A列柱外侧；新建输煤栈桥从厂区北侧向南引入主厂房煤仓间。

（4）机组形式。三大主机选用1000MW容量、25.0MPa/600℃参数的单轴一次中间再热超超临界机组。

锅炉型式为超超临界变压运行直流锅炉，一次中间再热、低NO_X煤粉燃烧器、固态排渣、蒸汽吹灰、钢炉架、悬吊结构、全露天布置，最大连续蒸发量为3110t/h，过热器出口压力为26.25MPa，过热器出口温度为605℃。

汽轮机形式为四缸四排汽、单轴、一次中间再热、双背压凝汽式汽轮机。额定功率为1000MW。

发电机额定功率为1000MW。冷却方式："水氢氢"方式，即定子绕组水冷、定子铁芯、转子绕组氢内冷；励磁方式：无刷励磁或静态励磁系统。

（5）输煤系统。电厂一、二期安装4×300MW燃煤机组，年需燃煤262.5×104t；建有一个3.5万t级泊位专用煤码头，经技术改造后，码头年通过能力可达700×104t。本期工程年需燃煤189.73×104t，码头通过能力满足要求。

（6）水源。扩建工程以项目所在地的某河流为供水水源，采用直流供水系统。淡水由某自来水及某水库供给。

（7）除灰渣系统。扩建工程厂内灰渣分除，粗细灰分排；除渣系统采用干式排渣机的机械除渣方式。1×1000MW机组建成后，年灰渣排放量约为23.15×104t（设计煤种）；项目单位已与某公司签订灰渣及脱硫石膏综合利用协议，灰渣及脱硫石膏可以全部综合利用。

（8）脱硫和脱硝系统。扩建工程烟气脱硫采用石灰石-石膏湿法脱硫工艺，脱硫效率为96.5%；扩建工程在锅炉采用低氮燃烧技术的同时，同步建设烟气脱硝装置，采用选择性催化还原法（SCR）脱硝工艺，吸收剂为液氨，脱硝效率为85%。

（9）除尘。锅炉配置袋式除尘器，除尘效率为99.87%。

（10）污水处理。厂内新建 $1\times80\ m^3/h$ 的工业废水处理设施、$2\times5\ m^3/h$ 的含油废水处理设施，各类废水经处理达标后回用；脱硫废水单独回收，已有的脱硫废水处理设施可满足本期工程需要，不再增加处理设施。

（11）贮灰场。××电厂已建成贮灰场，总库容 $1060\times104 m^3$。由于 BB 市灰渣利用较好，至今尚未有灰渣贮存。本期工程项目单位已与某公司签订灰渣及脱硫石膏综合利用协议，灰渣及脱硫石膏可以全部综合利用，因此本期不新建灰场，利用原有贮灰场。

（12）接入系统。根据国家电网有限公司的批复，该工程 $1\times1000MW$ 机组以发电机-变压器组升压至 500kV，以 1 回 500kV 线路接入狮洋 500kV 变电站。

（13）大件运输。由于××电厂原有重件码头正改建为 6 万 t 级的外运煤码头，因此本期工程重件运输采用某码头上岸，经陆路运输到电厂。

3．项目工艺方案

该工程为凝汽式超超临界发电机组，其主要原料为煤，产品为电能。电厂所用燃煤通过铁海联运到达电厂煤码头并送入煤场贮存；燃煤经输煤设施进入制粉系统制成煤粉，送入锅炉燃烧，并将锅炉内处理过的除盐水加热成为超超临界参数蒸汽，蒸汽在汽轮机中膨胀做功，带动发电机发电，电能由输电线路送给用户；汽轮机排汽经循环水系统凝结成水，送回锅炉循环使用；排汽凝结时放出的热量被空气带走。

煤粉在锅炉中燃烧产生的飞灰和烟气经过袋式除尘器，绝大部分被捕集下来；除尘后的烟气进入脱硫装置，大量的二氧化硫被去除；经过除尘脱硫后剩余的少量飞灰及二氧化硫等污染物随烟气由烟囱排入大气。

锅炉底渣及袋式除尘器捕集下来的灰，分别进入干式排渣机系统和干式除灰系统；固态渣通过斗提机送至渣仓装车外运综合利用；除尘器干灰落入灰斗，由正压气力输送系统输入干灰库储存，灰库下设干灰和调湿灰排放口，干灰和调湿灰分别由罐车和自卸车外运综合利用或至灰场堆放；石子煤系统采用自动机械排放；炉底渣选择优先综合利用，剩余部分用汽车送贮灰场贮存。

生产过程中产生的工业废水分别经过工业废水处理站集中处理后回收利用，生活污水经预处理后排入某污水处理厂。

4．一期和二期工程情况

（1）电厂建设情况。××电厂位于 BB 市某开发区，目前总装机容量 $4\times300\ MW$ 亚临界燃煤发电机组，分两期建设。一期 $2\times300\ MW$ 机组已正式投入商业运行；二期 $2\times300\ MW$ 机组也正式投入商业运行。

××电厂一期和二期工程建设是根据当时的环保标准，没有同步建设烟气脱硫、脱硝和废水回收利用装置。近年来，电厂分两期建设烟气脱硫工程和烟气脱硝工程，已分别投入运行。经 AA 省环保部门和国家环保部门验收合格，脱硝效率达 85%以上。

（2）机组运营情况。××电厂自投运以来，设备运行、维护状况良好。近五年，电厂年发电量均在 70 亿 kWh 以上，机组利用小时数在 5800h 以上，见表 9-1。

表 9-1　　　　　　　　　　近 5 年××电厂发电量、送电量和利用小时

项目	前 5 年	前 4 年	前 3 年	前 2 年	前 1 年
年发电量（万 kWh）	835042.44	801075.84	775237.25	725981.53	707739.24

续表

项目	前5年	前4年	前3年	前2年	前1年
上网电量（万kWh）	795068.12	759622.03	731705.58	683385.37	663253.80
利用小时（h）	6958.69	6675.63	6460.31	6049.85	5832.58

5. "上大压小"关停小机组的情况

该工程为"上大压小"项目。项目公司根据国家能源局关于严格执行"上大压小"有关政策要求，完成了五家小火电厂"压小"任务，关停累计超过500MW小火电机组，已取得国家能源局关于同意该项目开展前期工作的批复。

6. 扩建工程建设进度

××电厂扩建工程初步设计已完成预收口，待项目核准后，根据相关意见完善初步设计并正式收口。三大主设备已签订了供货合同。

（三）项目用能概况

1. 一期工程和二期工程机组能耗水平分析

（1）上个五年规划期间，××电厂供电标准煤耗逐年下降。一期工程由上个五年规划期初的329.02g/kWh（不含脱硫、脱硝），下降到规划期末的328.15g/kWh（不含脱硫、脱硝）；五年累计节能为18169.76t标准煤。

二期工程的供电煤耗由上个五年规划期初的328.68g/kWh（不含脱硫、脱硝），下降到规划期末的327.83g/kWh（不含脱硫和脱硝）；五年累计节能量为16749.32t标准煤。

（2）电厂目前能耗水平与全国同类机组对比。上一年，××电厂一期和二期工程实际供电标准煤耗331.16 g/kWh（含脱硫、脱硝），厂用电率5.13%，油耗全年154.45t（助燃）。

同期，国内同类机组平均供电标准煤耗333.64 g/kWh（含脱硫、脱硝），厂用电率5.65%，油耗279.4t（助燃油）。××电厂一期和二期工程供电煤耗、厂用电率、助燃油油耗均低于全国平均水平。

2. 一期工程和二期工程采取的主要节能措施

为了对该工程的能耗情况和节能效果进行系统性分析评价，节能评估报告应对一期工程和二期工程采取的主要节能措施进行阐述。

3. 该项目能源利用方案

该期工程建设1台1000MW超超临界燃煤机组，属于大型能源转化项目，消耗的能源主要为烟煤、燃油、电力（厂用电），需要的耗能工质为新水等。该项目综合能源消费量为89.47万t标准煤，达产年工业产值为204285万元/年。

（1）煤炭。该期工程建设1×1000MW燃煤机组，燃用煤以神府东胜烟煤作为设计煤种，以山西晋北烟煤作为校核煤种。该项目每年消费原煤约189.73万t，折合标准煤154.55万t。

（2）燃油。该期工程为扩建工程，拟采用等离子点火及助燃系统，并保留燃油系统作为点火备用，采用等离子气体直接点燃煤粉，可实现无油点火运行。点火油与助燃油与老厂的油品相同，可以充分利用老厂的卸油、储油的设施，点火油与助燃油均采用0号轻柴油。该项目在机组分系统试运和整套启动试运行阶段，需消耗0号轻柴油1482.36 t，折算标准煤为2159.8t；在机组投产运行阶段，需消耗0号轻柴油110 t/y，折算标准煤为160.28t。该项目燃油用量较小，可从成品油市场方便采购。

（3）电。该项目机组汽轮机及锅炉系统、输煤除灰系统、脱硫及脱硝系统等的各类风机和泵等需要电力驱动。项目自身消耗的能源以电力自发电为主，厂用电负荷约为 3.693%，年厂用电量约为 20311.5 万 kWh。

（4）水。该项目的主要耗能工质是水，电厂供水水源包括循环冷却水供水水源（海水）和淡水供水水源两部分。循环冷却水量为 30.69m³/s；该工程淡水用量约 6264 m³/天，可在现有的淡水水源中供给。

（四）项目所在地能源供应和消费情况

1. 煤炭供应和消费

AA 省煤炭资源贫乏，储量较少，同时是煤炭消耗大省。应阐述上一年 AA 省一次能源消费总量折算为万 t 标准煤，以及其中的煤耗量折算万 t 标准煤，结合有关部门分析预测，预测五年规划期末 AA 省煤炭需求量将达到的规模，折算成万 t 标准煤。

2. 电力供应和消费

（1）AA 省电力供应和消费现状。阐述截至上年年底，AA 省发电装机总容量，以及其中的火电装机容量，以兆瓦（MW）为单位计算。

阐述上年 AA 省发电、购电量折合亿千瓦时数，其中省内发电量折合亿千瓦时数，其中包括火电亿千瓦时数，需要购省外电量折合亿千瓦时数，分析同年 AA 省全社会用电量折合数亿千瓦时，全社会用电最高负荷达到数兆瓦，全社会用电最高负荷年利用小时数。

（2）BB 市电力供应和消费现状。阐述截至上年底 BB 市电源总装机容量规模，折合 MW 数，上年 BB 市全社会用电量折合亿千瓦时数，全社会用电最高负荷兆瓦数，全社会用电最高负荷利用小数，电网累计完成供电量折合亿千瓦时数，分析得出本案例电网综合线损率为 5.28%。

（3）××电厂供电情况。××电厂原有 4×300MW 燃煤机组，均为发-变组单元接线形式接入 220kV 系统。××电厂 1×1000MW 超超临界机组改造扩建项目的建设，要求在原电厂（4×300MW 机组）固定端公用系统的场地上拆迁固定端建（构）筑物，对原有场地进行整合优化，并在此基础上扩建一台 1000MW 超超临界燃煤脱硫脱硝机组。

电厂该期工程与系统连接只有 500kV 电压，但原有老厂与系统连接为 220kV 电压，因此该工程的启动备用电源拟取自原有老厂的 220kV 升压站。

3. 燃油供应和消费

该工程点火油与助燃油和老厂的油品相同，可以充分利用老厂的卸油、储油设施。燃油系统设置 2 台 100%容量的点火油泵（一运一备），满足锅炉点火油枪总出力的要求。

4. 供水和消费

（1）循环冷却水水源。××电厂循环冷却水取自当地某河流，水源为海水。机组冷却用水采用单元制直流供水方式。

（2）淡水供水水源。××电厂一、二期工程淡水水源有两个水源系统。该工程设计还考虑了从自来水系统经某水厂向当地水库供水的措施，该供水配套设施已在电厂一期工程时建成，且已投入供水运行。自来水与水库的供水能力为 2×15000m³/天，一、二期尚有足够余量，可作为该工程的淡水水源。因此，该项目近、远期生产和生活用水需求均能够得到满足。

三、项目建设方案节能评估

（一）项目选址、总平面布置对能源消费的影响

该项目选址在 BB 市 NN 经济技术开发区内，该次扩建工程 1000MW 机组建设将替代 BB 市原来的燃油小机组。该机组投运后，加上老厂 4×300MW 机组，电厂总容量达到 2200MW，成为 AA 省和 BB 市的骨干电厂之一，在"上大压小"和节能减排方面能够发挥重要作用。项目选址位于 AA 省电网的负荷中心地区，对于缓解 AA 省和 BB 市能源消费紧缺局面，以及支撑 AA 省电网安全稳定运行等方面具有重要意义。

（二）项目技术方案对能源消费的影响

该次扩建将充分依托××电厂进行，其技术方案如下：

（1）利用老厂现有的 5 万 t 煤码头和露天煤场。

（2）利用老厂 4×300MW 机组碎煤机室旁路扩建 1000MW 机组的上煤系统。

（3）1000MW 机组所需的辅助蒸汽、点火助燃油、锅炉除渣用水和脱硫用石灰浆液由××电厂供给。

（4）贮灰场依托××电厂的板头贮灰场，灰、渣、脱硫石膏均可 100%利用。

（5）1000MW 机组的启动备用电源由××电厂 220kV 升压站备用间隔引接。

上述技术方案能够满足 1000MW 机组的燃煤供给和运行需求。

（三）主要用能工艺、工序及其能耗指标和能效水平

1. 燃烧制粉系统

燃烧制粉系统采用中速磨煤机正压冷一次风机直吹式制粉系统，具有电耗低、重量轻、噪声小等优点。

2. 热力系统

热力系统采用八级回热抽气系统，设有双列 6 台半容量高压加热器、一台除氧器和四台低压加热器。给水系统配置 2 台 50%容量的汽动给水泵。

3. 运煤系统

运煤系统通过煤场环保技术改造工程，新建 1 座碎煤机室，配置 2 台环锤式破碎机；带式输送机为双路布置，一路运行，一路备用，并具备双路同时运行条件。上煤系统工艺流程为：煤场来煤通过带式输送机到达 1000MW 机组煤仓。

4. 除灰渣系统

设置一套独立的除灰渣系统，包括飞灰输送系统、炉底渣处理系统、石子煤处理系统和厂外灰渣运输系统。采用灰渣分除方式，即机械除渣与气力干除灰、粗细灰分排系统。灰库按 1 台炉考虑，干灰主要考虑综合利用。

5. 冷却循环供水系统

电厂所在水域属××干流，水量充沛，对电厂的排水扩散极为有利。该项目的冷却为凝汽器海水开式直流供水冷却方式。为提高环保要求，减少循环水温排水对周边河流温升影响，该工程的循环水在排入河流之前，在排水口附近设置三排 18 台循环水冷却塔，每台功率 200kW，对全部循环水降温后排放。

6. 电厂化水

化水车间设有两个 3600m³ 除盐水箱，采用加工业次氯酸钠与非氧化性杀菌剂相结合的方法对循环冷却水进行处理。

7. 热工控制系统

以分散控制系统（DCS）作为机组监视和控制的核心，实现机组的数据采集、模拟量控制、顺序控制、机组自启停控制、锅炉炉膛安全监控、锅炉吹灰控制、锅炉给水泵汽机控制、汽轮机旁路控制、电气系统控制等功能，配以汽轮机电液控制系统、汽轮机紧急跳闸系统、汽轮机监视仪表系统、自动电压调节装置和自动准同期装置等自动化设备，对锅炉、汽轮机和电气系统进行控制和管理，使机组具备较好的调峰能力，能够适应夜间低负荷运行，能够在冷态、温态热、热态、极热态几种方式下启动和升负荷，并有"快速减负荷"能力，可在定压和滑压方式下运行。

（四）主要耗能设备及其能耗指标和能效水平

采用国产引进型大容量超超临界参数锅炉和汽轮发电机组。锅炉能适应设计煤种和校核煤种，热效率高，过热蒸汽最大连续蒸发量（BMCR）为 3110t/h，额定蒸发量（BRL）为 2956.08t/h；再热蒸汽流量（BMCR/BRL）为 2465.44/2335.5t/h；在考核工况的条件下，锅炉保证热效率不小于 93.65%（按低位发热值，BRL 工况，标准状态下锅炉脱硝装置前干烟气的 NO_x 排放量小于 $300mg/m^3$）。汽轮机效率高，热耗率低，热耗率保证值为 7353.1kJ/kWh，指标优于超临界参数机组。

1. 主机能效水平

该工程三大主机能效水平见表 9-2。

表 9-2　　　　　　　　　　项目三大主机能效水平比较

三大主机	设备类型（名称）	设备型号	设备能效（效率）	国内先进能效水平	比较情况
锅炉	超超临界参数变压运行直流炉	最大连续蒸发量 3110 t/h，过热器出口压力 26.25MPa，过热器/再热器出口温度 605℃	94.07%	94.0%	较优
汽轮机	超超临界一次再热机组	额定功率 1000 MW。四缸四排汽、单轴、一次中间再热、双背压凝汽式汽轮机	7353.1kJ/kWh	7336kJ/kWh	基本相当
发电机	水氢氢冷、自并励静止励磁		99.0%	98.9%	较优

项目采用国产引进型大容量超超临界参数锅炉和汽轮发电机组，热效率高，具有良好的经济效益。

2. 三大风机能效水平

该工程三大风机能效水平见表 9-3。

表 9-3　　　　　　　　　　项目三大风机能效水平比较

序号	设备名称	该项目能耗指标		国内同类型电厂能耗指标（海门电厂1号、2号机）		比较
		规格参数	能效（%）	规格参数	能效（%）	
1	一次风机	轴流式动叶可调，2×50%配置，电动机驱动，设计流量 110.59m³/s，设计扬程 16698Pa	86%	轴流式动叶可调，2×50%配置，电动机驱动，设计流量 121.31m³/s，设计扬程 13041Pa	86%	能效水平与同类电厂机组效率相当

续表

序号	设备名称	本项目能耗指标		国内同类型电厂能耗指标（海门电厂1号、2号机）		比较
		规格参数	能效（%）	规格参数	能效（%）	
2	送风机	轴流式动叶可调，2×0%配置，电动机驱动，设计流量320.60m³/h，设计扬程4011Pa	86%	轴流式动叶可调，2×50%配置，电动机驱动，设计流量314.60m³/h，设计扬程4062Pa	86%	能效水平与同类电厂机组效率相当
3	联合风机（引风机、增压风机合并）	动叶可调轴流式，2×50%配置，电动机驱动，设计流量655.06m³/h，设计扬程9674Pa	86.5%	静叶可调轴流式，2×50%配置，电动机驱动，设计流量718.52m³/h，设计扬程8632Pa	86%	与同类电厂静叶可调轴流式风机相比，效率更高，且随着机组负荷的降低，效率降低较慢，节能优势明显

（五）辅助生产和附属生产设施及其能耗指标和能效水平

为提高辅机的运行效率，在选择节能型辅机设备方面采取了相应的节能措施，应根据实际情况在节能评估报告中进行阐述，作为节能措施评估的重要依据。

四、节能措施评估

（一）节能技术措施

该项目全面应用国家推荐的重点节能技术，通过采用加装变频装置，优化循环水冷却塔塔形和前置泵同轴布置，以及风机、输煤系统和脱硫系统等大型设备选取经济合理的出力裕量等技术措施，优化了设备选型参数，降低了机组功耗和厂用电率；同时，项目采用等离子点火，基本实现无油点火，综合维修办公楼等建筑均采取了有效的节能降耗措施。

1. 机组负荷优化措施

该工程节能评估时，对凝结水泵、循环水泵、循环水冷却塔、汽动泵前置泵、一次风机、送风机、联合风机、中速磨煤机、空气预热器冲洗水泵、工业水泵、锅炉启动循环泵、螺杆式空气压缩机、除灰输送空气压缩机、汽轮机变压器、锅炉变压器、除尘变压器、照明变压器、循环水冷却塔变压器、灰库污水变等机组负荷方面，都有针对性地采取了优化措施。

2. 输煤系统

该工程节能评估时，带式输送机（输煤）、输煤变压器等系统方面，都有针对性地采取了节能优化措施。

3. 脱硫系统

该工程节能评估时，对吸收塔循环泵、氧化风机、真空泵、脱硫变压器等脱硫系统方面，都有针对性地采取了节能优化措施。

4. 重点节能技术

该项目全面采用了国家节能中心第4号通告推荐的17项国家重点节能技术，包括：

（1）超临界及超超临界发电机组引风机给水泵汽轮机驱动技术。

（2）火电厂烟气综合优化系统余热深度回收技术。

（3）脱硫岛烟气余热回收技术。

（4）燃煤锅炉气化微油点火技术。

（5）燃煤锅炉等离子煤粉点火技术。

（6）电站锅炉空气预热器柔性接触式密封技术。

（7）电站锅炉用邻机蒸汽加热启动技术。

（8）高压变频调速技术。

（9）火电厂凝汽器真空保持节能系统技术。

（10）纯凝汽轮机组改造实现热电联产技术。

（11）给水泵选型优化。

（12）除氧器选型优化。

（13）凝结水泵变频。

（14）风冷干式除渣系统。

（15）电除尘器使用高频电源。

（16）加强管道和阀门保温。

（17）电厂照明节能方法。

具体内容应结合项目特点在节能评估报告中进行阐述。

5. 建筑节能降耗措施

该工程节能评估时，建议选用导热系数低、物理性能好、价格合理的保温材料，减少热量损失；合理选取外围结构的总体热性能参数；主厂房设置采光带；新建一座圆形封闭煤场，改造原有露天煤场；对建筑物形体进行优化，减少外围散热面积。

（二）节能管理措施评估

（1）××电厂节能管理制度和措施（略）。

（2）能源管理机构及人员配备（略）。

（3）各级节能管理人员职责（略）。

（4）节能管理主要措施。节能管理主要措施包括：成立节能降耗工作小组，加强节能运行管理；健全完善有效的激励机制、严格执行相关的节能管理制度；加强节能降耗宣传和培训，提高员工节能降耗意识；加强运行管理，强化指标管理；建立煤耗在线监测系统，加强耗差分析和运行绩效管理；加强设备管理，提高设备的可靠性；优化机组运行方式，挖掘节能降耗潜力；加强企业能源计量管理，不断提高企业用能管理水平；能源统计、监测及计量仪器仪表配置等。具体略。

（三）节能措施效果评估

1. 降低厂用电措施的节能效果

通过节能评审，本项目设计优化了机组负荷、输煤系统和脱硫系的出力裕量，有效地降低了机组功耗，全厂厂用电总负荷从 56563kVA 下降至 46162.5kVA，共降低负荷 10400.5kVA。

经核算，全厂厂用电率从 4.527%下降至 3.693%，下降了 0.834%，年节电量达到 4587万 kWh。

2. 等离子点火的节能效果

该项目采用等离子点火，分系统试运和整套启动试运阶段（168h）需要 0 号柴油用量 1482.36t，比中电联控制指标 6050t 节省 75.5%，节约点火用油约 4567.6t，节油效果显著。

（四）节能措施经济性评估

1. 降低发电煤耗的经济性

根据中电联《中国电力工业统计数据分析》，上一年 AA 省火电平均供电标准煤耗 332g/kWh，相对应的发电标准煤耗为 311.5g/kWh。该工程的发电标准煤耗降低 41.8g/kWh，按发电设备年利用 5500h 计算，一年可节省燃煤 22.968 万 t。若按到厂平均标准煤价（含税）1000 元/t 计算，一年可节省燃煤 22968 万元。可见，建设高参数、大容量、高效率燃煤机组，不仅可以降低发电标准煤耗，节省燃煤用量，同时可以节省可观的燃煤费用，从而降低发电单位成本，对稳定电价发挥积极作用；由于燃煤量的减少还可以减少烟尘、二氧化硫、氮氧化物、灰渣的排放量，有利于环境保护，经济效益和社会效益显著。

2. 降低厂用电率的经济性

通过采用动叶可调风机、低能耗变压器和用电设备，以及为水泵装设变频装置和节水、建筑节能等措施，降低该工程厂用电率。

根据中电联《中国电力工业统计数据分析》，上一年 AA 省火电平均厂用电率为 6.16%。该工程厂用电率为 3.693%，比 AA 省上一年火电平均厂用电率低 2.467%，按发电设备年利用 5500h 计算，该工程投产后每年可节省厂用电 13568.5 万 kWh，相应增加对外供电 13568.5 万 kWh，满足社会用量需要。由于厂用电率的降低，每年可减少发电成本 4748.98 万元（按发电成本 0.35 元/kWh 估算）。可见厂用电率的降低对企业和社会都带来良好的经济效益。

3. 采用等离子点火节省燃油的经济性

该工程安装等离子点火装置成本，包括设备购置和安装费用以及其他费用，合计为 655.2 万元。该成本远低于基建阶段节省的燃油费，基建阶段即可收回该投资。

由于该项目采用等离子点火，投产运营期间年耗油约为 110t。如果按五大发电集团运行机组燃油发电单耗 10t/亿 kWh 推算，该工程投产后每年将耗油 550t。可见，在电厂整个运行期（20 年）内，等离子点火每年节省燃油 440t。根据××电厂一期、二期运行经验，运行阶段的燃油用量可大大减少，带来的经济效益很好。

4. 降低单位建设成本

该工程采用国产引进型高参数、高效率、大容量的 1000MW 超超临界机组，虽然高参数的主设备及汽水管道材料单价较高，由于机组容量大，所以单位容量的投资，即单位建设成本并不高。按照火电工厂限额设计参考造价指标，建设 1000MW 规模相同的火电厂，则超超临界机组比超临界机组节省投资 12500 万元。

5. 节能管理措施成本及经济效益

该工程节能管理措施简单易行。通过建立节能领导小组、部门节能小组、班组节能小组组成全筹建处"三级节能管理体系"，节能管理将成为电厂管理的日常项目，并无须额外增加费用。

五、项目能源利用状况测算

（一）节能评估前项目能源利用情况

1. 项目能源利用种类、数量和来源

该项目是大型能源转化项目，项目能源消费种类主要是煤炭、0 号轻柴油和电力，所消耗电力除启停机时需要用到电网的电力外，运行过程中电力消耗都是自身所发电力。煤炭经过加工转化后输出的主要产品是电。

（1）燃煤来源和品质。在不同工况下，锅炉设计煤种小时实际消耗量为：锅炉最大连续蒸发量（boiler maximum continuous rating，BMCR）工况下为 363.7t/h；标准额定工况即 BRL 工况下为 346.4t/h；100%热耗率验收（THA）工况下为 331.1t/h。在 100%THA 工况下，设计煤种的日耗煤量（20h 计）为 6624t/天，年耗煤量（5500h 计）为 189.73 万 t/年。

（2）燃煤运输。阐述燃煤运输所采取的运输工具及运输组织模式等相关内容。

2. 能源节约和合理利用

该工程选用超超临界机组,全厂发电效率可达 45%~47%,热效率比亚临界机组提高 6%,比超临界机组提高 4%。设计供电煤耗为 282.53g/kWh,较 AA 省上一年燃煤机组平均供电煤耗 332g/kWh 节约 49.5g/kWh,按年设备利用小时 5500h 计算,可节约标准煤约 25.992 万 t/年。项目采用等离子点火,节约锅炉点火用油。

(二)采取节能措施后项目能源利用情况

1. 能源和耗能工质消耗量

(1)能源消耗量。通过采取有效的节能措施后,该项目设计发电标准煤耗为 269.74g/kWh、供电标准煤耗为 280.08g/kWh,厂用电率为 3.693%。与节能评审前相比,设计供电标准煤耗降低了 2.45g/kWh,相当于 1 台 1000MW 机组每年节省 12977t 标准煤。

在年利用小时 5500h、管道效率 97%的情况下,该项目小时设计煤种消耗量为 344.96t,年耗原煤量为 189.73 万 t,折算标准煤为 154.55 万 t;运行发电标准煤耗 281.01g/kWh,供电标准煤耗为 291.78g/kWh;年综合能源消费增量当量值和等价值分别为 89.47 万 t 标准煤和 5.72 万 t 标准煤。

在年利用小时 6000h、管道效率 97%的情况下,本项目小时设计煤种消耗量为 342.70t,年耗原煤量为 205.62 万 t,折算标准煤为 167.50 万 t;运行发电标准煤耗为 279.17g/kWh,供电标准煤耗为 289.87g/kWh;年综合能源消费增量当量值和等价值分别为 96.65 万 t 标准煤和 6.37 万 t 标准煤。

该项目在机组分系统试运和整套启动试运行阶段,需消耗 0 号轻柴油 1482.36 t,折算标准煤为 2159.8t;在机组投产运行阶段,需消耗 0 号轻柴油 110t/年,折算标准煤为 160.28t。

该项目自身消耗的能源以电力自发电为主,厂用电负荷约为 3.693%,达产年厂用电量约为 20311.5 万 kWh,折算成标准煤当量值为 24962.83t,折算成标煤量等价值为 68043.53t。本项目电力消耗(厂用电)已经包含在煤炭消耗中,不另行计算。

在案例研究中,设定在年利用小时 5500h、管道效率 97%的情况下,本项目运行能源消费种类、来源及消费量情况见表 9-4。

表 9-4　　　　　　　　　　项目运行能源消费量

种类	年 消 耗 量			
	数量		折算成标准煤量 (当量值 tce)	折算成标准煤量 (等价值 tce)
煤炭	189.73 万 t/年		154.55 万 tce	154.55 万 tce
柴油	试运行阶段	1482.36 t	2159.8 tce	2159.8 tce
	投产运行阶段	110 t/年	160.3 tce	160.3 tce

注　每千克标准煤(1 kgce)低位发热量为 29271 kJ,本项目设计煤种低位热值为 23844 kJ/kg,折标系数为 0.8146tce/t;柴油低位热值为 42652kJ/kg,折标系数为 1.4571tce/t。

(2)耗能工质消耗量。该项目的耗能工质主要是水,电厂年消耗淡水为 143.55 万 m^3。

2. 项目主要工艺设施能源消费量计算

根据国家能源统计报表制度,能源加工转换企业的综合能源消费量=工业生产消费的合计-能源加工转换产出合计-回收利用合计。项目的主要工艺设施的能源消费量按照《综合能耗计算通则》（GB/T 2589—2008）等标准计算，计算结果见表9-5。

工艺设施	耗能种类	实物年耗能量 （×10^4kWh）	折算成标准煤量 （当量值 tce）	折算成标准煤量 （等价值 tce）
锅炉系统	电力	16449	20216	55104
蒸汽轮机系统	电力	8172	10043	27376
压缩空气系统	电力	471	579	1578
脱硫系统	电力	5698	7003	19088
输煤系统	电力	535	658	1792
暖通、照明、办公系统	电力	173	213	580
合计		31574	38804	105773

表9-5　　　　　　　　　　　主要工艺设施的能源消费量

3. 项目能源加工、转化和利用情况

该项目在能源加工、转化、利用过程中，消耗的煤通过锅炉、汽轮发电机组，最终将煤的化学能转换成热能和电能，以电力的形式对外供应。

项目达产年发电量为55×108kWh（折合标准煤 67.595×104tce），其中3.593%为项目自身消耗，0.1%为变压器损耗，其余96.307%的电量对外供应。

六、项目能源消费及能效水平评估

（一）项目对当地能源消费的影响

1. 煤炭消耗的影响

××电厂所需煤炭全部采用铁海联运外购。该项目每年消费原煤 189.73 万 t，折合标准煤 154.55 万 t。该项目的能源供应有保证，对当地能源消费量没有不利影响。

2. 油耗的影响

该工程燃用煤着火容易，燃烧稳定，适用于等离子点火系统，保留燃油系统仅作为备用。调试期间使用助燃油约为 1482.36t，运行期间使用助燃油约为 110t/年，用量较小，可从成品油市场采购，对当地燃油消费几乎没有影响。

3. 电力供需的影响

（1）满足 AA 省和 BB 市电力需求发展需要。改革开放以来，AA 社会经济保持快速、稳定发展，电力需求也同步快速增长，电力市场迅速扩大。BB 市电力主要依靠省网供应，电力供应日趋紧张，主干电网供电能力不足。该项目建设将更好地满足当地电力供应的安全性和可靠性。

（2）改善 AA 省电源结构，为小火电退役创造条件。超超临界燃煤发电机组煤耗低、环保性能较好、技术含量高，是国际上燃煤发电机组的重要发展方向。该项目 1×1000MW 机组的建设可以加速小机组的退役，有利于加快电力结构调整。

（3）使 AA 省电源布局更加合理，提高系统运行经济性。在 AA 省负荷中心地区建设××电厂 1×1000MW 机组工程等电源，有利于就地平衡 BB 市电力需求，减少远距离的电力输送，降低网损以及电力输送成本，使电源布局更加合理，并提高系统运行的经济性。

（4）电厂的建设规模及其在系统中的地位和作用。该工程建成后，新机组作为 BB 市电网的主力电源之一，将使系统的电源结构得到进一步优化，对 BB 电网的安全运行有着举足轻重的作用，并大大提高系统运行的经济效益。

综上所述，该项目的建设符合当地的发展规划需求，对项目所在地能源消费没有不利影响。

（二）项目对所在地能源消费增量的影响评估

1. 对 AA 省五年规划期间能源消费增量的影响

根据 AA 省国民经济和社会发展五年规划纲要，阐述规划期初年地区生产总值（GDP）当年价格计算的数值，据以计算单位地区生产总值能耗（等价值）为 0.664t 标准煤/万元（地区生产总值按基准年价格计算），地区生产总值指数为 112.4（以基准年为 100），则五年规划期初 AA 省单位地区生产总值能耗（等价值）为 0.591t 标准煤/万元（当年价格计算），综合能源消费量为 27193.72 万 t 标准煤。

五年规划期间，AA 省地区生产总值将保持 8%以上的年均增长速度，则预测到规划期末将达到的数值（按规划期初年价格计算，亿元），五年规划期间单位地区生产总值能耗累计下降 18%，能源消费增量额度折算为万吨标准煤的数值。

根据相关数值计算分析，该项目能源消费增量为 5.72 万 t 标准煤/年，占 AA 省能源消费增量的 0.1038%，因此可以得出结论，该项目对 AA 省五年规划期间能源消费增量影响较小。

2. 对 BB 市五年规划能源消费增量的影响

根据 BB 市国民经济和社会发展五年规划纲要，可以得到规划期初年地区生产总值（GDP）数据（单位：亿元），进而计算出万元 GDP 能耗为 0.614 t 标准煤/万元，以及折算成综合能源消费量按万 t 标准煤计算的数值。五年规划期间 BB 市 GDP 年均增长按 11%计算，从而得出五年规划期末年 GDP 预计可达到的规模，并计算出五年规划期间万元 GDP 能耗累计下降 22%，即到规划期末年万元 GDP 能耗为 0.479t/万元，综合能源消费量折算万吨标准煤的数值，并因此得出能源消费增量折合为万 t 标准煤的数值。

根据案例数据，计算得出本项目能源消费增量为 5.72 万 t 标准煤/年，占 BB 市能源消费增量额度 0.27%，对 BB 市五年规划期间能源消费增量影响较小。

（三）项目对所在地完成节能目标的影响评估

1. 项目对 AA 省完成五年规划节能目标的影响

项目增加值能耗影响 AA 省单位 GDP 能耗的比例（n）计算如下：

$$n = \frac{\dfrac{a+d}{b+e} - c}{c} \tag{9-1}$$

式中　a——上年 AA 省综合能源消费总量，x_1 万 t 标准煤；

　　　d——项目年综合能源消费量（等价值），5.72 万 t 标准煤；

　　　b——上年 AA 省 GDP，y_1 亿元；

　　　e——项目年工业增加值，75917 万元；

　　　c——上年 AA 省万元 GDP 能耗，0.591t 标准煤/万元。

则 $n = [(x_1+5.72)/(y_1+7.59) - 0.591]/0.591 = 0.00454\%$。

即该项目增加值能耗将使 AA 省上年万元 GDP 能耗增加 0.00454%，对 AA 省完成五年规划期间节能目标影响很小。

2. 项目对 BB 市完成五年规划期间节能目标的影响

项目增加值能耗影响 BB 市单位 GDP 能耗的比例（n）计算如下：

$$n = \frac{\dfrac{a+d}{b+e} - c}{c} \qquad (9\text{-}2)$$

式中 a——上年 BB 市综合能源消费总量，x_2 万 t 标准煤；

d——项目年综合能源消费量（等价值），7.01 万 t 标准煤；

b——上年 BB 市 GDP，y_2 亿元；

e——项目年增加值，75917 万元；

c——上年 BB 市万元 GDP 能耗，0.614t 标准煤/万元。

则 $n = [(x_2+7.01)/(y_2+7.59) - 0.614]/0.614 = 0.0163\%$。

即该项目增加值能耗将使 BB 市上年万元 GDP 能耗增加 0.0163%，对 BB 市完成五年规划期间节能目标影响较小。

（四）项目能效水平评估

1. 厂用电率的核算

厂用电率计算公式：

$$e = (S_c \cos\phi / P_e) \times 100\% e \qquad (9\text{-}3)$$

式中 e——厂用电率，%；

S_c——厂用电的计算负荷；

P_e——发电机的额定功率

该项目脱硫负荷（S_c）= 4520.5kVA；除脱硫负荷外的 S_c =41642kVA；电动机在运行功率时的平均功率因数（$\cos\phi$）为 0.8；发电机的额定功率（P_e）=1000MW。由上式得：全厂厂用电率（含脱硫脱硝）

$e = (S_c \cos\phi / P_e) \times 100\% (S_c \cdot \cos\phi / P_e) \times 100\% = (41642+4520.5) \times 0.8/1000000 \times 100\% = 3.693\%$

2. 发电和供电标准煤耗的核算

该项目 1000MW 超超临界机组建成后，机组热效率可以达到 45.60%，发电设计标准煤耗为 269.74g/kWh，项目供电设计标准煤耗（含脱硫脱硝）为 280.08 g/kWh。

3. 项目综合能效水平的计算

对于能源加工转换企业，综合能源消费量是指报告期内企业在生产活动中实际消费的各种能源的总和净值。即

综合能源消费量 = 生产消费的能源合计－能源加工转换产出合计－回收利用能源合计

由于电厂为能源转化企业，根据是否考虑机组热效率，其综合能耗包括两种情形：

（1）综合能耗指标（考虑机组热效率）。如果将机组热效率的损耗计入综合能耗，则该工程年综合能耗为 89.47 万 t 标准煤／年，具体核算过程见表 9-6。

表 9-6　　　　　　投产运行阶段 1000MW 机组综合能耗核算

序号	能源名称		实物量	当量值（tce）	等价值（tce）
1	投入	煤炭	189.73×10^4 t	154.55×10^4	154.55×10^4
		柴油	110t	160.28	160.28

序号	能源名称		实物量	当量值（tce）	等价值（tce）
1	投入	能源消费量	—	154.57×10^4	154.57×10^4
2	产出	供电量	52.97×10^8kWh	65.10×10^4	148.85×10^4
		能源总量	52.97×10^8kWh	65.10×10^4	148.85×10^4
3	年综合能耗			89.47×10^4	5.72×10^4

注　1. 电力折标准煤量当量值为 0.1229kgce/kWh，电力折标准煤量的等价值=发电标准煤耗×年供电量=281.01gce/kWh×52.97×108kWh=148.85×10^4 tce。

　　2. 该项目设计煤种收到基低位发热量为 23.844MJ/kg，标准煤低位热值为 29.271 MJ/kg，设计煤种折合标准煤系数为 0.8146。

单位产品综合能耗=某种产品综合能耗/某种产品产量

　　　　　　　　=综合能源消费量/年供电量

　　　　　　　　=（89.47×10^4tce）/（52.97×10^8kWh）= 0.1689kgce/kWh

万元产值综合能耗=综合能源消费量/项目年产值

　　　　　　　　=综合能源消费量/（上网电价×年供电量）

　　　　　　　　=（89.47×10^4tce）/（459.76 元/kWh×52.97×10^8kWh）=3.674tce/万元

考虑机组热效率，该项目单位产值综合能耗较 AA 省上年同类型企业万元产值平均综合能耗（4.06tce/万元）低 9.51%，对降低 AA 省同类型企业万元工业产值平均能耗水平有积极作用。

（2）综合能耗指标（仅考虑厂用电）。如果仅考虑厂用电，由于达产年厂用电量为 20311.5×10^4kWh，按照发电煤耗核算年综合能耗如下：

$$20311.5 \times 10^4 \text{kWh} \times 269.74 \text{gce/kWh} = 5478824 \times 10^4 \text{g} = 5.48 \times 10^4 \text{（tce）}$$

4. 项目能效水平评估

该工程采取"上大压小"方式进行建设，相应关停 BB 市约 500MW 小火电机组，具有明显的节能效果。

（1）发电和供电标准煤耗的节能效果。该项目 1×1000MW 超超临界机组建成后，机组热效率 45.60%。设计发电标准煤耗 269.74g/kWh，符合《国家发展改革委关于燃煤电站项目规划和建设有关要求的通知》（国家发展改革委〔2004〕864 号）规定的"在缺乏煤炭资源的东部沿海地区，优先规划建设发电煤耗不高于 275g 标准煤/kWh 的燃煤电站"要求，差值为 5.26g/kWh，相当于 1 台机组全年（按 5500h 计）节省标准煤 2.89 万 t。按 AA 省标准煤价 1000 元/t 计，全年可节省费用约 2890 万元。

该项目设计发电标准煤耗为 269.74g/kWh、供电标准煤耗（含脱硫脱硝）为 280.08g/kWh，较《国家节能中心节能评审评价指标通告（第 3 号）》发布的参考指标分别降低 0.05g/kWh 和 0.17g/kWh，相当于 1 台机组全年（按 5500h 计）供电煤耗比平均水平节省 900.5 万 t 标准煤。

在年利用小时 6000h、管道效率 97%的情况下，该项目估算运行供电标准煤耗（含脱硫脱硝）为 289.87g/kWh，供电标准煤耗低于中电联发布的 1000MW 机组能效指标中供电标准煤耗平均值 289.91g/kWh 的指标（即优于全国同类机组的平均水平），也低于火电工程限额设计参考造价指标的 1000MW 燃煤机组 290g/kWh 的指标。

（2）厂用电率的节能效果。该项目同步安装了脱硫、脱硝系统，全厂厂用电率 3.693%，优于《国家节能中心节能评审评价指标通告（第 3 号）》公布的参考值（3.7%）。

（3）与 AA 省燃煤机组能效水平比较。中电联统计上一年 AA 省燃煤机组平均供电标准煤耗为 332g/kWh，该项目供电煤耗大大低于全省燃煤机组平均值，差 42.53g/kWh（年利用小时按 6000h），全年可节省供电标准煤约 24.57 万 t。

为了进一步评估本项目的能效水平，该报告还选择了 AA 省内部分燃煤电厂的数据进行比较，具体数据见表 9-7。

表 9-7　　　　　　　　　　　与 AA 省内电其他类似厂能效水平比较

序号	项 目 名 称	供电标准煤耗 （gce/kWh）
1	该项目	289.87
2	Y1 电厂 300MW 机组	333
3	Y2 电厂 300MW 机组	344
4	Y3 电厂 600MW 亚临界机组	311
5	Y4 电厂 600MW 超临界机组	316
6	Y5 电厂 1000MW 超超临界机组	295

通过比较可以看出，该项目选用了超超临界参数 1×1000MW 等级机组，大大提高了能源转换效率，有效地降低了供电煤耗，减少了大气污染物的排放，项目总能源转换效率达到了国内先进水平。

七、结论和建议

（一）主要结论

（1）该项目符合国家、地方及行业的节能标准规范，所选工艺、设备性能比较先进，没有国家明令禁止和淘汰的落后工艺及设备。

（2）该项目为超超临界机组、汽动给水泵机组，采取节能措施后，每年实用燃煤约 189.73 万 t，折合标准煤 154.55 万 t；每年对外供电量 52.97 亿 kWh，折合标准煤 65.10 万 t。考虑机组热效率的损失，项目综合能源消费量为 89.47 万 t 标准煤；如果仅考虑厂用电，年综合能耗为 5.48 万 t 标准煤。

（3）该项目的煤源已经落实，产出能源规划在负荷中心地区消化。项目对 AA 省、BB 市五年规划期间能源消费增量和节能目标的完成均影响较小。

（4）该项目机组选型采用超超临界、汽动给水泵等，降低了机组的能耗。经过节能评估并采取改进措施后，该项目机组设计发电标准煤耗为 269.74g/kWh、供电标准煤耗（含脱硫脱硝）为 280.08g/kWh、全厂厂用电率为 3.693%，优于全国 1×1000MW 机组平均能效水平。

（二）问题和建议

该项目为提高环保要求，降低循环水温排水温度，采用了 18 台循环水冷却塔，同时脱硫系统配备了烟气再热器（GGH）装置，建议项目建设单位在正常生产中，进一步优化运行方式，采取节能降耗措施。

第二节　某日产4500t熟料新型干法水泥生产线项目节能评价案例

一、申报单位及项目概况

（一）项目申报单位概况

某日产4500t熟料新型干法水泥生产线项目（简称××项目）申报单位为MM公司，其基本情况介绍略。

（二）项目概况

MM公司在淘汰现有两条8.8万t/年机立窑生产线的基础上，建设新型干法水泥生产线项目。拟建项目（××项目）地址位于AA省BB市，建设规模为日产熟料4500t，配套9MW纯低温余热发电系统，产品为P.C 32.5复合硅酸盐水泥126万t/a、P.O 42.5普通硅酸盐水泥54万t/a。项目总投资为40083.1万元。

（三）项目用能概况

《××项目节能评估报告》（简称《能评报告》）提出，该项目生产过程中使用能源主要是煤和电力，年综合能耗折算成标准煤187124.80t。

评审后，编制单位根据评审组意见对燃煤种类及耗能边界进行了核实和修正。修改完善后的《能评报告》，燃煤种类由湿基原煤调整为干基原煤，并扣除了余热发电站所发电量，重新测算该项目的综合能耗为176510.89tce，较评审前能耗调减10613.91tce。评审前后项目年综合能耗对比情况详见表9-8。

表9-8　　　　　　　　　　　　评审前后项目年综合能耗对比表

序号	名称	计量单位	评审前		评审后		调整折算成标准煤（t）
			年消耗量	折算成标准煤（t）	年消耗量	折算成标准煤（t）	
1	燃煤	t	231348	169437.00	212841	163206.48	-6230.52
2	电	万kWh	14392	17687.8	10529	12940.14	-4747.66
3	柴油	t	0	0.00	250	364.28	364.28
总计				187124.80		176510.89	-10613.91

二、能评报告采用的评估依据

重新修改后的《能评报告》采用法律、法规、规划和产业政策等依据文件24项，采用技术标准及规范等依据文件28项，项目前期工作文件等12项。

评审后，编制单位补充了《综合能耗计算通则》（GB/T 2589—2008）、《水泥工厂节能设计规范》（GB 50443—2007）、《水泥单位产品能源消耗限额》（GB/T 16780—2007）、《工业企业能源管理导则》（GB/T 15587—2008）、《用能单位能源计量器具配备与管理通则》（GB/T 17167—2006）等，以及通风机、空调、水泵、变压器、电动机等通用设备能效限值标准，并补充了项目前期工作相关文件。

评审认为，《能评报告》采用的国家相关法律、法规及行业相关标准及规范等依据，总体上基本正确。

三、项目能源消费对当地能耗指标的影响

（一）项目能源消费种类、供应条件及对当地能源消费的影响

燃煤：该项目年耗煤量 21.2841 万 t，熟料煅烧的燃料拟采用某市的无烟煤和烟煤，在厂内按 7:3 的比例配成混合煤。上年该市年产无烟煤和烟煤 1300 万 t，项目用煤占燃煤产地的供应量比例为 1.64%，对当地燃煤消费的影响较小。

电力：项目年耗电量为 10529 万 kWh，全厂设备装机容量为 35000kW，计算负荷为 24500kW。供电电源、保安电源均引自 AA 省电网公司 BB 供电局 110kV 里东变电站（装机容量为 60000kVA），目前该变电站已供电容量约 6000kVA，项目变压器 31500kVA 的用电容量占当地变电站装机容量余量的 58.3%，对当地电力消费有一定影响。

柴油：项目年用油量约 250t，均由当地加油站购买。考虑项目用油量较少，对当地用油消费影响较小。

水：项目日用水量 3946m³/天，从自打深井取水，对当地用水消费影响很小。

（二）项目能耗消费增量对当地能源消费的影响

根据 AA 省最近五年节能规划数据统计，规划期初年 BB 市能源消费总量为 1047.9 万 tce，按照当地到五年规划期末年降低 18% 的节能目标测算，该市综合能耗预计在 1495.8 万 tce 以内，比规划期初年 BB 市能耗量增加 447.9 万 tce。该项目达产年综合能耗量为 208154tce（电力折标系数取等价值），占当地规划期末年全市预测综合能耗量的 1.39%，占 BB 市能源消费增量的 4.65%。

评审认为，该项目建成投产后主要能源燃煤、电力等能源供应有保障且有承诺函，主要能源、耗能工质等消耗量占当地能源、耗能工质供应量较少，对当地能源消费影响较小。该项目达产年产生的能源消耗增量占当地能耗增量比例较小，有利于降低当地能耗指标。该修改后的《能评报告》分析较为深入，评估结论准确。

四、建设方案

（一）项目选址、总平面布置对能源消费的影响

项目选址于 AA 省 BB 市，其地理位置优越、交通条件便利，有利于项目能源的供给，减少能源消耗。而且厂址周边有丰富的石灰石和黏土资源，满足项目建设要求。

评审认为，该项目充分利用场地地形，合理布置各功能区，在满足生产、运输、装卸对工程要求的前提下，总平面布置紧凑，"一字"形生产线线路顺畅，减少物料输送距离，提高生产效率，从而减少工序和产品单耗。

（二）项目工艺对能源消费的影响，主要用能工序及耗能设备的能耗情况

1. 工艺流程对能源消费的影响

根据评审意见，编制单位补充完善了项目主要耗能工艺方案及其能耗指标等内容，该项目主要工艺为：

（1）熟料生产工艺：生料制备：石灰石、黏土—破碎机—均化堆场—原料配料库—立磨粉磨—生料均化库，该工序单位电耗为 15kWh/t。

熟料烧成：流程如下，该工序单位电耗为 22kWh/kg。

煤粉制备：原煤—破碎机—均化堆场—原煤仓—煤立磨，该工序单位电耗为 22kWh/kg。

（2）水泥生产工艺：水泥配料（熟料、混合材、石膏等）—联合粉磨系统（辊压机、球磨机、O-SEPA 选粉机组成的双闭路半终粉磨系统）—水泥库—包装，其中水泥粉磨工序单

位电耗为 29kWh/t。

评审认为，项目主要工艺、工序流程成熟可靠，采用了多项节能设计，有一定节能效果。

2. 主要用能工序及其能耗情况

根据项目生产工艺的特点，主要用能工序的能耗情况为：

（1）生料制备工序耗电量为 4567.4 万 kWh/年，其中石灰石破碎耗电量为 236.85 万 kWh/年，生料磨耗电量为 3359.94 万 kWh/年。

（2）熟料烧成工序耗电量为 3184.5 万 kWh/年，耗煤量为 212841t/年。

（3）煤粉制备工序耗电量为 751.6 万 kWh/年，其中原煤粉磨耗电量为 508.97 万 kWh/年。

（4）水泥制成工艺耗电量为 6478.8 万 kWh/年，其中水泥粉磨工序耗电量为 5220 万 kWh/年，水泥包装耗电量为 216 万 kWh/年等。

评审认为，该项目主要用能工序的能耗指标合理。

3. 主要耗能设备及其能效情况

该项目主要耗能设备包括立式辊磨机、辊式磨煤机、原料磨风机、窑尾高温风机（高压变频）、行进式第四代冷却机、篦冷机冷却风机、水泥磨、辊压机等。

选用 1 台装机容量为 3550kW、生产能力为 410t/h 的立式辊磨机，入磨水分小于 6%，出磨水分小于 0.5%，入磨粒度小于 100mm，其效率为 76%；选用 1 台装机容量为 570kW、生产能力为 40t/h 的辊式磨煤机，入磨水分小于 12%，出磨水分小于 1%，入磨粒度小于 25mm，其效率为 76%；选用 1 台装机容量为 3400kW 的原料磨风机，风量为 750000m³/h，风压为 9500Pa，其效率为 76%；选用 1 台装机容量为 2800kW 的窑尾高温风机（高压变频），风量为 900000m³/h，风压为 79500Pa，其效率为 83%；选用 1 台装机容量为 75kW×4+90kW 的行进式第四代冷却机，篦床有效面积为 133.056m²，其效率为 76%；选用 16 台总装机容量为 1477kW 的篦冷机冷却风机，流量为 462725 m³/h（总风量），其效率为 76%；选用 2 台装机容量为 3550kW、生产能力为 160t/h 的水泥磨，其效率为 79%。

该项目工艺中选用的大功率风机效率均高于 76%，能效等级均达到 I 级，如高温风机（设高压变频装置）能效水平为 83%，达到《通风机能效限定值及能效等级》（GB 19761—2009）规定的 I 级能效水平。

评审认为，该项目的主要耗能设备选型合理，符合工艺流程和操作要求，主要耗能设备的能耗指标合理。

（三）辅助生产和附属生产设施及其能耗指标和能效水平

重新修改后的《能评报告》补充完善了辅助生产和附属生产设施的建设方案，并对其能耗指标、能效水平进行了评估。根据该项目生产特点和建筑功能，其辅助生产和附属生产设施包括给排水系统、照明系统、空压站以及烟气脱硝等。

给排水系统主要耗能设备：项目选用 1 台效率为 68% 的 32LT-150 型生活取水泵，2 台（一用一备）效率为 83.8% 的 IS150-125-250 型生产取水泵，2 台（一用一备）效率为 83.2% 的 IS125-100-200 型生产给水泵，2 台（一用一备）效率为 84% 的 IS200-150-315 型循环给水泵，2 台（一用一备）效率为 65% 的 DG46-50 型增湿塔除尘泵等；余热发电系统选用 2 台（一用一备）效率为 67.1% 的 IS65-50-160 型原水泵，2 台（一用一备）效率为 62.1% 的 IS65-40-200 型除盐水泵，3 台（两用一备）效率为 89.1% 的 KQSN500-M13/440 双吸离心泵等。根据《清水离心泵能效限定值及节能评价值》（GB 19762—2007）中的要求，该项目拟选用的水泵效率均不低于节能评价值。

选用 S11 型主变压器，其负载损耗为 126kW，空载损耗为 26.4kW，达到《电力变压器能效限定值及能效等级》（GB 24790—2009）的 I 级能效水平。

设一座压缩空气站，选用有 5 台 0.8MPa、20m³/min 空气压缩机及后处理系统，装机功率 440kW（其中 1 套备用），其全年耗电量为 184.14 万 kWh。烟气脱硝系统装机容量为 35kW，其全年耗电量为 15.84 万 kWh。

评审认为，《能评报告》提出的辅助生产和附属生产设施选型较合理，在满足工程操作、安全运营的前提下，其能耗指标基本合理。

（四）项目能耗指标和能效水平对比

重新修改后的《能评报告》提出，该项目投产后全年综合能耗（折标准煤）为 176510.89tce，其中燃煤消耗折标准煤 163206.48t，电力消耗折标准煤 12940.14t，柴油消耗折标准煤 364.28t。

评审后，编制单位根据评审意见重新核算了单位产品能耗等指标，并与国家标准及国际水泥能效对标和节能分析工具 BEST Cement 所列先进指标进行了对比、分析，详见表 9-9。

表 9-9　　　　　　　　　　评审后项目生产线单位产品能耗对比表

指标项目	单位	项目设计指标	《水泥单位产品能源消耗限额》（GB/T 16780—2007）		国际水泥能效对标和节能分析工具（BEST Cement）指标
（4000 t/天及以上）			先进值	准入值	先进值
可比熟料综合煤耗	kgce/t	96.48	≤107	≤110	106
可比熟料综合电耗	kWh/t	56	≤60	≤62	55
可比熟料综合能耗	kgce/t	103.36	≤114	≤118	112
可比水泥综合电耗	kWh/t	84.64	≤85	≤90	80
可比水泥综合能耗	kgce/t	90.20	≤93	≤96	89

由表 9-9 可以看出，该项目的各项能耗指标均优于《水泥单位产品能源消耗限额》（GB/T 16780—2007）的先进值，能效水平处于国内先进水平，接近国际先进水平。

五、节能措施及单项节能工程

（一）节能措施

（1）生料磨、煤磨选用立式磨煤机，有利于降低能耗。

（2）选用新型双系列五级旋风预热器带分解炉回转窑，配用四通道喷煤管，可降低一次空气量，提高燃烧空气温度和冷却机热效率。

（3）熟料冷却采用行进式第四代篦冷机，热回收效率提高到 76%，冷却熟料所需空气量减少约 20%。

（4）水泥磨采用辊压机联合粉磨系统，设备能效显著；利用窑炉煅烧过程中排放出的高温热烟气进行余热发电。

（5）余热利用系统，窑头余热锅炉采用双压系统，可最大限度利用余热资源；窑尾余热锅炉和窑头余热锅炉的布置尽量靠近取风点，减小烟风管道的长度和烟气阻力。

（6）预热器、回转窑、冷却机选用优质耐火材料和隔热材料，可在保证回转窑长期安全运转的同时，降低系统散热损失，提高烧成系统热效率。

（7）变电所或配电站的位置应设置在负荷中心附近，并减少配电级数，采用高压补偿与低压补偿相结合、集中补偿与就地补偿相结合的无功补偿方式，减少无功损耗；变压器选择低损耗节能型，并合理确定负荷率。

（8）主要生产工艺的风机、水泵、空气压缩机等采用变频调速装置调速，回转窑采用变频拖动；破碎机、磨煤机等恒速机械配电用的电动机采用新型节能电动机，并以液体变阻器启动方式启动。

（9）车间照明采用混光节能照明，高大厂房内照明采用高压钠灯或金属卤化物等高效节能照明产品，办公及生活区尽量采用自然光照明，厂区道路照明采用高压钠灯等。

（二）单项节能工程

该项目利用熟料煅烧过程中排出的高温热烟气进行余热发电，重新修改后的《能评报告》补充论述了项目利用余热发电技术方案及节能措施等内容：

（1）工艺流程：回收低温余热，转换为蒸汽进入汽轮机做功，在汽轮机中蒸汽的热能转换为汽轮机的动能，驱动发电机旋转，最终转换为电能。

（2）设备选型：余热锅炉采用立式锅炉，AQC余热锅炉（即窑头锅炉为立式自然循环。冷却机废气中粉尘粘附性不强，不设置清灰装置，同时换热管采用螺旋翅片管，以增加换热面积，使得锅炉体积大幅下降，降低投资成本。由于锅炉前端设置高效沉降室，能大大减轻废气对锅炉的磨损）、SP余热锅炉（即窑尾锅炉。立式布置，机械振打，自然循环。整个锅炉的振打形式为连续式，清灰较为均匀，同时设计有合理的灰斗，避免了因清灰原因造成废气中含尘浓度突然增大而引起风机跳停。其最大特点是采用自然循环方式，省掉二台强制循环热水泵，降低运行成本，提高系统可靠性。立式的结构形式可节约占地面积，方便废气管道的布置）全部采用自然循环，配置一台9MW补汽凝汽式汽轮机组。

（3）水泥线工况余热条件的利用：窑尾设置SP余热锅炉回收窑尾预热器290000m³/h（标准状态）废气，废气温度由320℃降至200℃。窑头设置AQC余热锅炉回收窑头冷却机处理167000m³/h（标准状态）、370℃废气，AQC炉低压过热器产生0.35MPa、160℃、1.76t/h过热蒸汽，AQC高压过热器产生1.1MPa、355℃、4.90t/h过热蒸汽，经过锅炉后，废气温度降至95℃左右。

两台锅炉总回收热量经发电系统转换后的平均发电功率为6884kW，余热锅炉效率为96.5%，年发电量为5232万kWh，年供电量为4813万kWh，吨熟料发电量为36.7kWh/t；余热发电系统热效率为23.02%，高于《水泥工厂余热发电设计规范》（GB 50588—2017）中"4000t/天及以上余热发电系统热效率应该大于或等于20.0%"的标准。

评审认为，该项目通过采取一系列节能措施，对生产系统能耗的改善作用显著，使项目综合能耗、单位产品综合能耗、单位产值综合能耗、单位工业增加值综合能耗等指标较采取节能措施前优化，余热发电效率在水泥行业中处于先进水平。

六、评审结论

经评审修改后的《能评报告》，评估依据更加完善，能耗等相关数据参数、计算结果及评估结论更加准确，节能措施和建议合理可行。

评审后，该项目的综合能耗为176510.89tce。项目能源供应可靠，能源消耗对当地能源消费影响较小；项目达产年综合能耗量为208154tce（电力折标系数取等价值），占当地全市预测综合能耗量的1.39%，占BB市能源消费增量的4.65%，项目的建设有利于完成当地单位

GDP 能耗指标。项目建设方案采用多项节能设计，生产线各单位产品能耗指标均优于《水泥单位产品能源消耗限额》（GB/T 16780—2007）中的先进值，其能效水平处于国内先进水平，且与国际先进水平相近。

建议在项目实施过程中，按照所提建议，进一步采取节能措施，加强能源管理体系建设，提高能源利用效率。

第三节　某医院住院综合楼工程项目节能评价案例

一、申报单位及项目概况

（一）项目申报单位概况

某医院住院综合楼工程项目（简称××项目）申报单位为 HH 医院，其基本情况介绍略。

（二）项目概况

某医院住院综合楼工程项目（××项目）建设地点位于 AA 市 BB 区，属于医疗用房项目。该项目新建住院综合楼一栋，总建筑面积 68760m²，主要功能包括住院、医技等。××项目节能评估报告（简称《能评报告》）提出项目总投资约 64956 万元。

（三）项目用能概况

该项目主要消耗的能源种类为电、天然气和水，评审前项目年综合能耗为 3798t 标准煤。

评审后，《能评报告》编制单位按照评审意见要求优化设备选型，提高选用设备能效等级；地下车库、走廊等公共区域应采用 LED 照明；设置太阳能热水系统；优化窗墙比及围护结构指标设计；进一步明确负荷指标选择依据，核实负荷计算中运行时间、需要系数等参数的选取；补充医用氧气能耗等。重新计算该项目年综合能耗为 2837.2t 标准煤，较评审前调减了 960.8t 标准煤，项目单位面积综合能耗指标为 41.3kg 标准煤/m³，评审前后项目年综合能耗对比情况详见表 9-10。

表 9-10　　　　　　　　　　　　评审前后项目年综合能耗对比表

名称	计量单位	评审前		评审后		调整（tce）
		年消耗量	折算成标准煤（t）	年消耗量	折算成标准煤（t）	
电	万 kWh	1201	1476	903.7	1110.7	-365.3
天然气	万 m³	191	2322	136	1651	-671
水	万 t	21.1	未折入	21.1	18.1	+18.1
氧气	万 m³	0	0	14.7	57.4	+57.4
合计	—	—	3798	—	2837.2	-960.8

评审认为，该项目用能体系边界清晰，综合能耗计算正确。

二、节能评估依据

修改后的《能评报告》采用国家和地方有关的节能法律、法规及行政规章等依据 28 项，采用行业相关标准、规范和技术规定等依据 46 项。

评审认为，编制依据基本全面、准确，满足《能评报告》编制需要。

三、项目能源供应条件

该项目在既有医院内建设，电力、天然气、水市政配套设施相对完善，能源供应有保障。

四、建设方案

（一）项目总平面布置及建筑设计方案

项目建设地点位于 AA 市，属于寒冷气候区，有采暖、空调、通风、照明、医疗等用能需求，建筑设计方案是否节能对项目耗能影响较大。项目在既有 HH 医院院内建设，新建住院综合楼一栋，地上 20 层、地下 3 层，建筑面积 68760 m²，其中地上 50849 m²，地下 17911 m²。在总平面布置上，建筑主体按南北向布置，同时设置露天庭院提高天然采光及自然通风条件；室内功能布局设计中，地下二层、三层为车库，地下一层为设备用房、营养厨房及药库等，一层至六层为医疗功能区，七层及以上为病房区；建筑合理设计体形系数、窗墙比控制指标，按照优于国家及 AA 市现行公共建筑节能标准进行围护结构热工性能设计，具体指标见表9-11。

表 9-11 项目外围护结构设计指标表

指标名称	位置	单位	项目设计限值	标准规定节能限值
体形系数	—	—	0.15	0.4
窗墙比	东	—	0.3	0.7
	西	—	0.3	0.7
	南	—	0.5	0.7
	北	—	0.28	0.7
外围护结构传热系数	屋顶（非透明）	W/（m²·K）	0.49	0.55
	外墙		0.45	0.6
	外窗（南向）		≤2	2.3
遮阳系数	外窗（南向）		≤0.45	0.6

注 节能限值为《公共建筑节能设计标准》（GB50189—2005）中规定值。

评审认为，项目总平面布置、室内功能布局合理可行，建筑设计采用较小体型系数，在满足形态要求的同时合理设置窗墙面积比指标，围护结构热工性能指标优于 AA 市公共建筑节能设计标准和国家《公共建筑节能设计标准》（GB 50185—2015）等标准规定值，并在天然采光、自然通风等方面采取节能措施。项目总平面布置及建筑设计方案合理节能，有利于降低建筑耗能。

（二）项目主要用能工序及耗能设备的能耗情况

1. 主要用能工序及其能耗情况

（1）暖通系统。该项目主要为医技和病房区功能，对室内环境要求较高，有冬季采暖、夏季空调需求，手术室等还有净化要求。项目夏季空调冷源采用2台离心式冷水机组和1台螺杆式冷水机组方案；冬季采暖热源采用医院既有燃气锅炉，同时设置一台风冷螺杆冷水热泵机组作为净化区空调备用冷热源，并在过渡季提供冷热源。在末端空调及采暖形式选择上，净化实验室、2 号楼前厅及大会议室采用全空气系统，入口大堂、报告厅空调采用全空气系统，冬季采暖设地板辐射采暖系统；病房、办公、诊室采用风机盘管加新风系统；手术部等净化区采用净化空调加净化新风系统；信息机房采用机房专用空调。手术室空调水系统为四管制系统，其余均为两管制系统。

评审认为，该项目冷、热源方案选择合理，空调及采暖系统形式设置符合房间功能需求及特点，部分新风系统设置显热回收装置。项目暖通设计方案合理可行，利于节能。

（2）电气系统。项目用电负荷中包含监护病房（ICU）、手术部、CT 扫描、消防、应急照明等一级负荷，采用接引两路 10kV 电源和设置备用柴油发电机供电方案，在建筑地下一层设置 10kV 变配电所，并设置 2 台 1000kVA、2 台 1600kVA 变压器为该项目供电，其中 2 台 1000kVA 变压器作为冷冻机房设备专用变压器，另外 2 台 1600kVA 变压器为其他供电；另设 1 台 500kW 柴油发电机组作为应急备用电源，当市电均断电时，柴油发电机组自动投入，保证重要一级负荷可靠供电。根据用电负荷性质、容量和所在位置的不同，低压配电采用放射式和树干式相结合的方式，电机设备合理采用变频控制。按照《建筑照明设计标准》（GB50034—2013）照明功率密度值目标值进行照明设计，室内普通照明采用 T5 高效荧光灯，地下车库等照明选用 LED 光源。

评审认为，该项目变电所设置靠近负荷中心，变压器台数设置及运行方式节能，配电系统设计合理，照明光源高效节能。项目电气设计方案总体合理可行，利于节能。

2. 主要耗能设备及其能效情况

该项目主要耗能设备有配电变压器、冷水机组、水泵、风机、照明等。评审前，项目多采用二级或三级能效水平的耗能设备，部分设备未说明其能效水平。评审后，根据评审意见要求，《能评报告》补充了主要耗能设备表，对各耗能设备的规格及能效指标进行说明，并根据相关设备能效标准进行对标，主要通用耗能设备均采用达到国家 I 级能效水平的产品。

五、节能措施

评审前，该项目采取的节能措施有：设置建筑设备智能管理系统；新风机组设置热回收；散热器采用温控阀自动调节室温；采用节水型器具；变电所设置靠近负荷中心，采取无功补偿及谐波治理措施。

评审后，根据评审意见要求，项目优化设计方案，新增以下节能措施：选用 I 级能效水平的耗能设备；进一步提高围护结构热工性能，相关指标优于国家及 AA 市现行公共建筑节能标准的要求；建筑设置露天庭院；生活热水设置太阳能热水系统；采用 SCBH15 非晶合金型变压器；按照《建筑照明设计标准》（GB50034—2013）照明功率密度值目标值进行照明设计；地下车库、公共走廊照明选用 LED 光源；地下停车库的通风系统根据车库内的 CO 浓度进行自动运行控制；公共浴室淋浴器采用计流量的刷卡用水管理；项目建成后建立并实施能源管理激励机制。

经测算，项目所采取的节能措施年预计可节约耗能 215 吨标准煤。根据《节能建筑评价标准》（GB/T 50668—2011）对项目进行预评价，项目预计将达到节能建筑 AA 等级。

六、评审结论与建议

评审认为，修改后的《能评报告》评估范围明确；项目综合能耗计算正确，能耗强度合理；项目能源供应可靠，新增能源消费对当地能源消费影响很小；项目建筑、暖通、电气、给排水设计方案合理节能；主要耗能设备选型合理，能效水平先进；采取多项节能措施，节能效果明显。项目总体节能设计优于国家及 AA 市现行建筑节能设计标准的要求，根据《节能建筑评价标准》（GB/T 50668—2011）进行预评价，项目将达到节能建筑 AA 等级，达到国内先进节能水平。

评审建议，进一步建立和完善能源管理系统，根据《用能单位能源计量器具配备和管理通则》（GB 17167—2006）的要求，配备能源计量器具，建立相应的管理制度。

第四节　某新建铁路项目节能评价案例

一、建设单位及项目概况

（一）项目建设单位概况

某新建 AA 市至 BB 市铁路项目（简称××项目）建设单位为两家铁路公司，分别隶属于 X 铁路局和 Y 铁路局。

（二）项目概况

新建 AA 市至 BB 市铁路项目（××项目）总投资约数亿元，研究年度近期 2030 年、远期 2040 年。项目位于 A 省和 B 省境内，线路北起 A 省 AA 市，南至 B 省 BB 市，沿线设置车站、货场、机务折返所、综合检修车间与工区操作场所等设施，并配套建设相关联络线工程。项目正线主要技术指标如下所示：

铁路等级：客货共线（以货为主）。

正线数目：单线、预留双线条件。

速度目标值：160km/h。

最小曲线半径：一般 2000m，困难 1600m。

限制坡度：AA 至 AB 段 6‰、AB 至 BB 段 13‰；

牵引质量：4000t。

牵引种类：电力。

机车类型：客机：HX_D3D、CRH2（跨线）；

　　　　　　货机：HX_D3。

到发线有效长：850m、双机 880m。

闭塞类型：自动站间闭塞。

（三）项目用能概况

该项目在运营过程中主要消耗的能源种类为电力、柴油、汽油和水，评审前《××项目节能评估报告》《能评报告》提出项目年综合能耗为 64354t 标准煤。

评审后，《能评报告》根据评审意见要求，按照货车平均装载利用率 0.95、货车平均静载系数 0.72、摘挂列车满轴系数 0.7 等设计参数，进一步优化调整日常货物列车开行对数，并按照不考虑客货流波动系数进行牵引能耗计算；补充计算工务养护能耗，并计入项目综合能耗。重新核算该项目计算年综合能耗为 56829t 标准煤，较评审前调减了 7525t 标准煤。评审前后项目年综合能耗对比情况详见表 9-12。

表 9-12 　　　　　　　　　　　评审前后项目年综合能耗对比表

名称	计量单位	评审前		评审后		调整
		年消耗量	折算成标准煤（t）	年消耗量	折算成标准煤（t）	
电	万 kWh	50708	62321	43590	53573	−8748
柴油	t	1157	1687	1996	2909	+1222
汽油	t	192	283	192	283	0
水	万 t	73	63	73	63	0
合计	—	—	64354	—	56829	−7525

评审认为，该项目用能体系边界清晰，综合能耗计算正确。

二、能评报告采用的评估依据

评审后，《能评报告》补充了《列车牵引计算规程》（TB/T 1407—1998）、《高速铁路设计规范（试行）》（TB 10621—2009）等评估依据。修改后的《能评报告》采用国家和地方有关的节能法律、法规及行政规章等依据 43 项，采用行业相关标准、规范和技术规定等依据 63 项。

评审认为，编制依据基本全面、准确，满足《能评报告》编制需要。

三、项目能源供应条件及对当地能源消费的影响

（一）项目能源供应条件

该项目柴油、汽油消耗量较小，市场供应有保证。项目主要消耗能源为电力，对电力供应需求较高，电力供应的重点是保障牵引用电，各牵引变电所均需接引两路独立 220kV 外部电源，所需外部电源的电压等级、安全可靠性均较高。项目所在区域属华东电网 A 省和 B 省电力公司供电范围，沿线主要外部电源设施相对完备。结合现有外部电源情况，项目初步拟定了牵引变电所外接电源方案。

评审认为，该项目柴油、汽油供应有保证。在电力供应方面，A 省、B 省已形成以 500kV 骨干网架的较为坚强的电网，项目沿线电力设施相对完善，初步具备向项目供电的能力。建议项目在建设过程中密切关注项目沿线电网规划建设情况，在满足供电要求的前提下，结合牵引变电所布置方案，充分考虑节能因素，选择最优外部电源接引方案，降低外部电源线路电能损耗。

（二）项目能源消费对当地能源消费的影响

根据 A 省最近五年及中长期能源发展规划，五年规划期初年 A 省能源消费总量折算万吨标准煤，全省能源保障总量到五年规划期末年折算万吨标准煤，五年规划期末年 A 省能源消费总量折算万吨标准煤，预计五年规划期间 A 省能源消费增量折算万吨标准煤进行预测分析。根据 B 省最近五年能源发展专项规划，五年规划期初年 B 省能源消费总量折算万吨标准煤，五年规划期末年 B 省能源消费总量折算万吨标准煤，预计五年规划期间 B 省能源消费增量折算万吨标准煤，对相关数据进行对比分析，该项目近期年综合能耗（等价值）为 15.4 万 t 标准煤，项目年综合能耗占 A 省和 B 省五年规划期间预计能源消费增量的 0.16%。

评审认为，该项目建成后对 A 省和 B 省能源消费总量的控制影响较小。

四、建设方案

（一）项目主要技术方案

铁路项目主要耗能为机车牵引能耗，牵引能耗往往占到项目总能耗的 90% 以上，影响铁

路牵引能耗的主要技术方案有项目速度目标值选择、运输组织方案、线路方案（含坡度、路径走向及曲线半径等）、机车选型、牵引供电方案等。

1. 速度目标值方案

根据《能评报告》，影响项目速度目标值的主要因素如下：

（1）功能定位：项目是 BB 市港口开发和临港工业发展重要的后方运输通道，根据运量预测以及客、货列车运输组织方案，本线货物列车比重大于旅客列车，以开行普通货物列车为主。根据我国铁路货运机车及车辆的发展规划，普通货物列车的速度目标值可以达到 120km/h、轻快货物列车可达到 160km/h。

（2）正线数目：项目正线数目为近期单线，受行车安全和运输效率的影响，单线铁路速度目标值不宜高于 160km/h。

（3）路网规划及与相邻铁路网的衔接（略）。结合项目功能定位、正线数目、运输需求、路网规划及衔接、投资、牵引能耗等因素，通过综合比较分析，项目采取 160km/h 速度目标值方案。

评审认为，铁路项目速度目标值是影响项目能源消耗的基础性因素之一，根据路网规划、功能定位、运输需求等因素确定合理的速度目标值方案是确保项目合理用能的前提条件之一。该项目选择 160km/h 速度目标值方案，符合路网规划和项目功能定位要求，与项目以货运为主的运输需求相适应，并有效发挥铁路的运输效率，有利于项目节能。

2. 运输组织方案

该项目功能定位为客货兼顾、以货运为主的客货共线铁路，运输组织对能源消费的影响因素主要包括客货车流构成、牵引质量、列车编组、开行方案等方面。评审前，《能评报告》未对项目运输组织方案进行系统的节能评估；评审后，《能评报告》结合项目客货运车流特征、运输需求、相关设计参数（客货运月波动系数、平均装载利用率、平均静载系数、满轴系数、平均客座利用率）等，进一步优化完善运输组织方案，并从节能角度进行分析。

评审后项目运输组织方案如下：

（1）货车运输组织。车流构成：根据《能评报告》，近期全线各区段上行方向设计年度货运量约 1800 万 t，下行方向设计年度货运量约 1400 万 t，该运输线路发送货物品种以矿石、矿建材料、机械产品等为主，到达货物品种以煤炭、水泥、钢铁、粮食等为主。项目沿线地方车流量较小，车流构成以通过为主，近期上行车流中通过车流占 80%，下行车流中通过车流占 80%。

牵引质量：该线承担的货车流以通过为主，根据推荐的编组计划和机车交路，该运输线路通过车流大多越过 AA 市由相邻技术站间组织直通列车，货物列车主要经过 M1、M2、M3、M4 和 M5 等铁路线路，各线货物列车牵引质量均为 4000t。

列车编组：该项目牵引质量为 4000t，按照上行货车平均装载利用率 0.95、货车平均静载系数 0.72、摘挂列车满轴系数 0.7 等设计参数，采用 C64 型敞车作为设计车辆选型，列车车辆编组平均按 50 辆考虑。

开行方案：根据项目货运车流特点，对于该运输线路通过车流中大宗车流由装车地组织至卸车地的直达列车，余下通过车流尽量由相关技术站间组织直达、直通、区段列车通过本线，沿线地方车流量通过组织摘挂列车进行甩挂。按以上车流组织原则并结合相邻技术站分工，在不考虑货运月波动系数 1.2 的情况下，项目各区段货运量及列车开行对数表见表 9-13：

表 9-13 评审后各区段货运量及列车开行对数表

年度	区段	设计的货流密度 （万 t/年）		货物列车对数（列出对数/天）		
		上行	下行	直通区段	摘挂	合计
2030 年	AA～S1	1893	1522	17	4	21
	S1～S2	1885	1469	17	4	21
	S2～S3	1885	1444	17	4	21
	S3～BB	1710	969	16	3	19

注 不考虑货运月波动系数 1.2。

评审认为，根据项目货运车流特征、运输需求，采取合理的运输组织模式，合理提高货车平均装载利用率有利于提高铁路货运效率，降低货运牵引能耗指标。该项目设计牵引质量 4000t，便于优化车流组织和更好地与区域路网匹配，方便区域路网的统一调度，为开行直达、直通列车创造良好条件，有利于提高运输效率。项目选取的货车平均装载利用率、货车平均静载系数、摘挂列车满轴系数等设计参数合理，开行的直通、摘挂列车对数与项目货流密度、货物品种、车流构成、牵引定数、车辆选型、车辆编组等因素相匹配，项目设计货物运输组织方案总体合理节能。建议在项目建成以后，结合货运实际情况，同等条件下优先采取自重系数较小的货运车辆选型，进一步优化运输组织方案，合理提高上、下行货车装载利用率，降低货运能耗指标。

（2）客车运输组织。《能评报告》提出，根据设计 OD 客流预测，AA 至 S1 区段近期客流密度为 315 万人，S1 至 S2 区段近期客流密度为 310 万人，S2 至 S3 区段近期客流密度为 306 万人，S3 至 BB 区段近期客流密度为 306 万人。项目开行普速列车和动车组，普速列车包含本线开行和跨线列车，动车组均为跨线车，设计速度目标值均为 160km/h。项目普速列车及动车组设计定员均为 1200 人/列，按照波动系数 1.2 设计列车开行方案。评审后，不考虑波动系数条件下项目近期旅客列车开行对数及对应上座率情况见表 9-14。

表 9-14 评审前项目列车开行对数及上座率情况表

年度	区段	设计的客流密度 （万人/年）	列车对数（对/天）			年均客座 利用率
			普速列车	动车组	合计	
2030 年	AA 至 S1	315	7	2	9	0.80
	S1 至 S2	310	7	2	9	0.80
	S2 至 S3	306	7	2	9	0.80
	S3 至 BB	192	3	2	5	0.80

注 不考虑客流月波动系数 1.2。

评审认为，根据项目客流特征、运输需求，采取合理的运输组织模式，在保证一定服务频率的前提下，合理提高旅客列车客座利用率有利于提高铁路客运效率，降低客运牵引能耗指标。根据评审后列车开行方案，并结合设计预测客流密度，不考虑波动系数的条件下全线各区段客运列车设计年均上座率为 80% 左右，从节能角度来看项目客运列车开行方案合理。建议在项目建成以后，结合初、近期客流实际情况，进一步优化客运组织方案，合理提高客座利用率，降低客运能耗指标。

3. 线路方案

项目位于 A 省西南和 B 省东北地区，北起 A 省 AA 市，途经 A 省 A1 市、B 省 B1 市，南至 B 省 BB 市，沿线主要为中、低山区及丘陵地貌。应明确项目线路正线全长公里数，分析平面直线路段长度及其占线路总长的比例，曲线路段长度及其占线路总长的比例。线路正线最小平面曲线半径为一般 2000m、困难地段 1600m、优选半径 2500～5000m。评审后，根据评审意见要求，《能评报告》对项目限制坡度方案、重点区段线路路径方案的选取从投资、路网匹配、节能等方面进行了综合比选分析。

（1）限制坡度方案。该线以通过车流为主，区域路网相邻线路及其衔接的某线路扩能改造工程限制坡度均为 6‰。从与路网相匹配的角度分析，该线限制坡度采用 6‰ 是最为合适的，AA 至 AB 段地势起伏相对较缓，采用 6‰ 限制坡度方案合理可行，AB 至 BB 段线路穿越 LH 山，地形起伏较大，采用 6‰ 限制坡度方案工程投资增加较大。

结合该线情况，《能评报告》对全线采用 6‰ 限坡方案（方案 1），AA 至 AB 段 6‰ 限坡、AB 至 BB 段 13‰ 限坡方案（方案 2），从投资、能耗等方面进行比较分析。根据《能评报告》比较分析结果，方案 1、方案 2 工程静态投资分别为 300.3 亿元、279.5 亿元，方案 1、方案 2 机车购置费分别为 6.3 亿元、8.8 亿元，方案 2 较方案 1 年货运牵引能耗增加约 6800 万 kWh，初步估算项目采用方案 1 比方案 2 节能效益对应静态投资回收期约 27 年，《能评报告》推荐项目采取 AA 至 AB 段 6‰ 限坡、AB 至 BB 段 13‰ 限坡方案。

评审认为，该项目 AA 至 AB 段采取 6‰ 限坡方案，与沿线地形适宜，路网匹配性较好，有利于提高运输效率，降低运输能耗；AB 至 BB 段采用 6‰ 限坡方案较 13‰ 限坡方案路网匹配性好、牵引能耗低，但是由于该段地形复杂，节能效益对应投资回收期较长，同时综合考虑项目初、近期等因素，评审认为该段采取 13‰ 限坡方案是合理的。建议项目在下阶段设计中进一步优化 AB 至 BB 段纵断面设计方面，最大限度减少足坡段的使用。

（2）重点区段线路路径方案。《能评报告》对主要局部线路方案进行了比较分析，主要包括 QQ 站位方案、AB 至 BB 段线路方案、P6 站位方案。QQ 站位方案对 KK 站位方案和沿某高速公路方案进行比选，两者线路长度基本一致，项目推荐采用距离 QQ 城区较近的 KK 站位方案；AB 至 BB 段线路方案对设计提出的 7 个方案进行比较分析，其中下穿景区方案较其他方案降低线路长度 20km 左右，从投资和节能角度为最优方案，但受环保因素制约，结合环保、隧道长度、工程安全、投资、节能等因素，项目推荐单线西绕方案；P6 站位方案对 DD 站位方案和 EE 站位方案进行比较分析，两者线路长度基本一致，考虑 EE 站位方案途径环保敏感区，项目推荐 DD 站位方案。

评审认为，该项目正线全线路径相对平直，路径走向满足城市规划、运输需求。QQ 站位方案优先选择距离城区较近方案，便于吸引附近客流，同时降低城区与车站间交通能耗；其他区段受环保等因素，应选择适宜线路方案。项目线路总体方案合理可行，建议项目在下阶段设计中进一步优化 AB 至 BB 段线路路径，降低牵引能耗。

（二）项目主要用能工序

该项目主要用能工序为机车牵引能耗，牵引用能系统由牵引机车及牵引供电系统组成。

1. 牵引机车选型

目前我国在运行的客货牵引机车主要为韶山系列交-直机车和和谐型系列交-直-交机车，

该项目新增机车均采用和谐型系列交-直-交机车。根据该项目限制坡度方案、牵引质量等情况，HX_D1、HX_D2、HX_D3、HX_D1B、HX_D2B 和 HX_D3B 等货运牵引机车均能满足货运牵引要求，其中 HX_D3 机车持续功率最低，为 $6\times1200kW$，项目推荐采用 HX_D3 货运机车；项目新增客运采用 HX_D3D 牵引机车，动车组均为跨线列车，该线无新增动车组。

评审认为，该项目新增客、货运机车均为和谐型系列交-直-交机车，相比韶山系列交-直机车具备功率因数大、效率高、再生制动等优点，并结合项目限坡、牵引质量等运输特点，在满足运输需求前提下选择功率较小货运机车，可有效降低机车设备投资，避免机车富余能力浪费，同时有利于所在路网交-直机车的更新替代速度，降低牵引能耗。

2. 牵引供电系统

该项目牵引供电方式采用带回流线的直接供电方式，牵引变电所采用 220kV 供电电源，牵引变压器采用三相 V/V 接线形式。牵引网正线接触线采用 $120~mm^2$ 银铜合金导线，承力索采用 $95mm^2$ 铜合金绞线；站线接触线采用 $85~mm^2$ 银铜合金导线，承力索采用 $70~mm^2$ 铜合金绞线。项目结合牵引用电需求，提出了两个牵引供电方案。

方案 1：全线新建 P1、S1、P2、S3、P3、P4、P5 和 P6 共 8 座牵引变电所，利用既有 XY 铁路 AA 牵引变电所和 WF 铁路 FA 牵引变电所。

方案 2：全线新建 Q1、Q2、Q3、Q4、P4、P5 和 P6 共 7 座牵引变电所，利用既有 XY 铁路 AA 牵引变电所和 WF 铁路 FA 牵引变电所。

评审前，项目推荐采用新建 8 座牵引变电所方案。评审后，根据评审意见要求，《能评报告》从供电能力、电能损失、牵引供电系统投资等方面进一步对两个方案进行比较分析。根据比较分析结果，两个方案近期供电能力均能满足牵引用能需求，且方案 2 比方案 1 在新建牵引所数量、投资、外部电源需求、整个牵引供电系统（含外部电源）电能损失等方面均具备优势。因此，项目调整推荐方案 2 作为牵引供电方案。

评审认为，该项目采取带回流线的直接供电方式，与项目正线数目、牵引质量、速度目标值等特点及运输要求相符合；采取设所少、投资小、损耗低的牵引所设置方案，符合节能要求；在满足牵引供电需求的前提下，充分利用相邻线路既有牵引变电所；牵引变压器接线形式合理，有利于提高变压器容量利用率；接触线、承力索采用大截面、高导电率铜银合金导线，可有效提高牵引网供电能力，降低牵引网损耗。项目牵引供电方案合理可行，利于节能。

（三）辅助和附属设施

项目辅助生产和附属生产设施主要有车站建筑、10kV 供配电系统、暖通系统等；项目新建房屋建筑面积共计 21 万 m^2，基本为生产性房屋，主要包括运输、综合维修用房等；项目所经地区主要为夏热冬冷地区，《能评报告》提出建筑按照《公共建筑节能设计标准》（GB 50189—2015）等要求进行节能设计，并从建筑朝向、建筑体型、自然通风、围护结构等方面提出了设计原则和设计要求；项目设备机房、控制室等室内环境达不到运行环境要求的房间设置工艺性空调，其余有人员活动、办公场所设舒适性空调；项目不设集中采暖，面积较大的建筑采用空气源热泵机组或多联空调机组冬季供热，分散房屋利用热泵型分体空调供暖。

项目电力供配电系统由外部电源线、电力配电所、电力贯通线、车站馈电线及变电所组成。全线新建 AA、M1、S1、S2、QQ、N1 共 6 座 10kV 配电所，区段内设置一路 10kV 电力贯通线；结合 P4 至 P5 区段隧道多、区间负荷大特点，新建 P4、P52 座 35kV 配电所，全线设置两路 35 千伏电力贯通线。项目 35kV 及以下供配电系统采取集中补偿与就地补偿相结合的无功补偿方式。项目全线所经地区均为中、低山区及丘陵地貌，且沿线植被茂盛，贯通线采取全电缆敷设方式，电力贯通线、低压配电干线均采用铜芯电缆。

评审认为，该项目建筑按照有关建筑节能标准进行设计，有利于建筑节能，空调及采暖系统设计原则合理，可有效降低空调及采暖能耗；项目全线配电所设置方案合理，采取无功补偿措施可行，贯通线、配电线路导线选型节能，照明系统优先采用新型节能光源。建议在项目设计阶段新增建筑严格按照国家及地方节能设计标准进行设计，并重点加强建筑自然通风、围护结构保温及隔热、外窗及透明幕墙遮阳等措施；生活热水采用空气源热泵热水器，有集中热水需求的场所优先采用太阳能热水系统；隧道照明、室外道路照明、室内公共区域照明等优先采用 LED 光源。

（四）主要耗能设备及其能效情况

该项目主要耗能设备为牵引变压器、配电变压器、风冷热泵机组、冷水机组、多联热泵机组、分体空调、水泵、通风机、空气源热泵热水器等。牵引变压器属于铁路专用变压器，目前没有对应的能效标准。受项目设计阶段限制，配电变压器、空调机组等通用设备目前还难以完全确定设备选型，部分设备也未达到国家 I 级能效水平的要求，《能评报告》对相关通用设备提出采用国家 I 级能效水平产品的评估建议。

评审建议，在项目实施过程中应加强牵引变压器主要厂家产品调研，选用达到国内先进能效水平的产品，并结合牵引变压器技术发展情况，分析采用卷铁芯牵引变压器的可行性，最大限度降低牵引变空载损耗指标；配电变压器采用非晶合金型或卷铁芯型，主要通用设备选用应达到国家 I 级能效水平的产品。

（五）项目能耗指标

评审后，《能评报告》根据确定的设计方案进一步核实项目牵引能耗，不考虑客、货运波动系数的条件下，该项目设计客运牵引能耗指标为 32.5kg 标准煤/（万人·km），设计货运牵引能耗指标为 30.3kg 标准煤/（万 t·km）。

根据评审要求，《能评报告》补充了项目与国内类似铁路旅客运输牵引能耗指标的对比分析，通过与相近区域路网内部分铁路线路等项目类比分析结果，评审认为该项目设计客、货运输牵引能耗指标能够达到国内类似项目先进能效水平。

五、节能措施

项目建设方案采用的节能措施有：优化线路平纵断面方案，合理确定线路路径选择、坡段设计，优选选择平直路径、大曲线半径；根据项目客货运车流特征、牵引质量、运输需求等因素，优化完善运输组织方案，合理进行列车编组和确定列车开行方案，提高全年货车装载利用率和客座利用率；合理确定车站设置方案，并加强车站总平面布置，提高货场作业效率；新增客、货运机车均采用功率因数大、效率高、具备再生制动功能的和谐型系列交-直-交机车，并结合项目限坡、牵引质量等因素，在满足运输需求前提下选择功率较小牵引机车；优化牵引供电方案，采用设所少、投资小、损耗低的新建 7 座牵引所方案，并充分利用既有牵引变电所供电能力，牵引变压器采取合理结线形式；接触线、承力索采用大截面、高导电率的铜银合金导线；35kV 及 10kV 配电所设置于负荷中心，采用在区间贯通线设置电抗器分散补偿及在配电所内集中补偿相结合的无功补偿方式；电力贯通线、低压配电干线均采用铜芯电缆。初步测算，项目所采取的相关节能措施年节能量约 11956t 标准煤。

六、评审结论与建议

评审认为，修改后的《能评报告》评估范围明确；项目综合能耗计算正确；项目能源供应条件有保证，项目建成后对 A 省和 B 省能源消费总量的控制影响较小；项目速度目标值选取、线路方案、运输组织方案等合理可行；牵引机车选型、牵引供电系统设计合理；部分通用耗能设备选型合理，能效水平先进；采取多项节能措施，节能效果显著。项目设计客、货运输牵引能耗指标达到国内类似项目先进能效水平。

评审建议，下阶段设计中应进一步优化线路平、纵断面设计，降低牵引能耗；优化各车站总平面布置，提高站场作业效率，降低车站能耗；新增建筑严格按照国家及地方节能设计标准进行设计，并重点加强建筑自然通风、围护结构保温及隔热、外窗及透明幕墙遮阳等措施；生活热水采用空气源热泵热水器，有集中热水需求的场所优先采用太阳能热水系统；隧道照明、室外道路照明、室内公共区域照明等优先采用 LED 光源；密切关注项目沿线电网规划建设情况，在满足供电要求的前提下，结合牵引变电所布置方案，充分考虑节能因素，选择最优外部电源接引方案；加强牵引变压器主要厂家产品调研，选用达到国内先进能效水平的产品，并结合牵引变压器技术发展情况，分析采用卷铁芯牵引变压器的可行性，最大限度降低牵引变空载损耗指标；配电变压器采用非晶合金型或卷铁芯型，主要通用设备选用达到国家 I 级能效水平的产品；项目建成以后，结合初、近期客、货流实际情况，进一步优化运输组织方案，提高运输效率，降低运输能耗。

附　　录

附录 A　中咨公司投资项目节能评价准则❶

一、投资项目节能评价准则的目的、适用条件和范围

（一）节能评价准则的目的

节约资源是我国的基本国策，国家实施节约与开发并举、把节约放在首位的能源发展战略。在固定资产投资领域加强节能工作，是贯彻高质量发展、落实节约资源基本国策、建设节约型社会的一项重要措施。

投资项目节能评价准则是中国国际工程咨询有限公司（简称中咨公司）咨询评估业务中关于节能评价的专业分析评价方法，用于指导咨询评估中的节能评价工作。以节能评价准则为指导开展投资项目咨询评估业务，有利于提高咨询评估工作中节能评价的质量和水平，有利于促进投资项目在建设和运营过程中节约能源，是在工程咨询领域贯彻高质量发展理念的具体体现。

通过在咨询评估中加强节能评价工作，可在投资项目的规划、设计、施工以及运行等各阶段全面推进节能，以尽可能少的能源消耗来满足经济社会发展需要，有利于实现可持续发展。

（二）节能评价准则的适用条件和范围

投资项目节能评价准则的适用条件和范围为中国国际工程咨询有限公司咨询评估业务的节能评价工作，适用于投资项目咨询评估业务的节能评价部分，基本涵盖了投资项目涉及的工业项目节能、交通运输业项目节能、建筑节能等。

本准则所称能源是指煤炭、原油、成品油、液化石油气、天然气、电力、焦炭、煤气、热力、生物质能以及其他直接或者通过加工、转换而取得有用能的各种资源。

二、投资项目节能评价准则的依据、原则

（一）投资项目节能评价准则的依据

1. 国家法律法规、标准及相关规定

开展投资项目节能评价工作，首要的依据是国家法律法规、标准及相关规定，如《中华人民共和国节约能源法（2018 年修正）》《节能中长期专项规划》，国家发展改革委等部门发布的固定资产投资项目节能评价及审查相关规定。

2. 行业法律法规、标准、规范及相关规定

投资项目节能评价工作还要依据行业法律法规、标准、规范及相关规定，例如，《关于钢铁工业节能减排的指导意见》（工信部节〔2010〕176 号）、《关于水泥工业节能减排的指导意见》（工信部节〔2010〕582 号）、《绿色建筑评价标准》（GB/T 50378—2019）、《水运工程设计节能规范》（JTS 150—2007）、《铁路工程节能设计规范》（TB 10016—2016）、《公路工程节能规范》（JTG/T 2340—2020）等。

---

❶ 本准则供中咨公司内部使用，并根据情况变化适时进行修改完善。相关内容仅供参考。

3. 地方法律法规及相关规定

除依据国家、行业法律法规、标准、规范及规定以外，投资项目节能评价工作还要满足项目所在地方的法律法规及相关规定要求。

（二）投资项目节能评价的原则

1. 发展循环经济的原则

在咨询评估工作中贯彻落实高质量发展理念，从可持续的角度出发，统筹考虑投资建设中资源、能源的节约与综合利用以及生态环境承载力等因素，促进循环经济发展的要求，本着发展循环经济的原则开展节能评价工作。

2. 遵守国家规定并与国内外先进水平进行对比的评价原则

节能评价要遵守国家及行业法律法规、标准、规范、规定。同时，为进一步提高投资项目节能水平和效果，在项目能够符合国家及行业有关规定的基础上，如有条件，还要与同类项目的国内外先进水平进行对比分析，通过对比找出差距和潜力，有针对性地提出相关改进方案及节能措施等建议。

3. 项目全过程、全方位节能评价的原则

为实现建设项目的全面系统节能，对涵盖建设期、运营期的项目周期全过程进行节能评价，对项目涉及的能源生产、加工、转换、输送、储存、使用等各个环节进行全方位的能源节约及综合利用分析评价。

4. 宏观微观相结合、定性定量相结合的评价原则

在投资项目节能评价中，采用宏观微观相结合、定性定量相结合的评价原则，既有战略性、方向性的宏观展望，又有具体的能耗指标分析等具体测算；既有定性分析，又要尽可能开展定量分析评价。

三、投资项目节能评价的通用要求和方法

（一）节能评价的基本思路

按照国家有关规定，固定资产投资项目的可行性研究报告或项目核准申报文件必包括节能分析篇章，咨询评估单位的评估报告中应包括对节能分析篇章的评估意见。因此，投资项目节能评价是在项目可行性研究报告及项目核准申报文件的编制和咨询评估过程中，依据国家、行业以及地方的相关法律法规、标准、规范、规定，并参考同类项目的国内外先进水平，对投资项目可行性研究报告及项目准申报文件中的有关能源和节能内容进行编写和分析评价。

节能分析评价主要包括项目节能方案及措施分析评价、能耗水平分析评价、节能效果分析评价、节能优化建议等内容，采用宏观微观相结合、定性定量相结合方式进行分析评价。原则上，投资项目节能分析评价的主要内容，应主要在项目可行性研究报告、项目核准申报文件的节能分析篇章，以及在咨询评估报告的节能评价章节中体现。当然，也不排斥其他章节中包含节能降耗内容，例如在一些对节能降耗有重大关联和影响的工艺技术方案、建设方案等章节中。

（二）节能评价的通用要求和方法

1. 项目节能方案及措施分析评价

项目节能方案是指项目建设方案中采用的工艺技术、设备、材料等在建设期和运营期合理利用能源、提高能源利用率的方案。项目节能方案在满足工艺要求和不降低环境质量、

生活质量的前提下，分析项目的工艺技术流程是否合理，分析评价项目是否采取了技术上先进可行、经济上合理以及环境和社会上可以承受的节能方案及措施；从项目的能源生产、能源转化以及能源消费的各个环节，从建设期到运营期的项目周期全过程，降低能耗、减少损失、杜绝浪费、提高能源利用效率，实现有效、合理地利用能源，分析项目是否利用了国家鼓励的新能源和可再生能源。此外，还应对项目周期全过程的节能管理措施进行分析评价。

2. 项目能耗水平分析评价

项目能耗水平的分析评价是指对项目能源利用的合理性及能耗计算的依据、方法和过程的合理性进行分析评价，在此基础上分析评价项目的能耗水平和指标是否符合国家和行业有关规范、规定要求，如有条件还要与同类项目的国内外先进水平进行对比分析，提出项目能耗水平的评价意见。对于有强制性节能标准要求的项目（例如，有限制性要求的大型用能设备和工艺的项目，以及有明确能效标准要求的项目等），应严格按照强制性标准执行。对不符合强制性节能标准要求的项目，要明确提出项目不能建设的咨询评估意见。

3. 项目节能效果分析评价

采用定性定量相结合方式，对项目节能效果进行分析评价。除定性分析外，尽量采用对比方法进行量化分析，如建设前后对比、与标准规范要求指标对比、不同建设方案对比、与国内外先进水平对比等，通过对比分析得出项目节能效果的定量指标，如项目年节能××t标准煤（××GJ、××kWh）等，单位能耗指标降低××%等。

4. 节能优化建议

针对投资项目在节能方面存在的问题和不足之处，提出改进优化的意见和建议。

四、节能效果评价指标

（一）通用的节能效果评价指标

原则上，可用单位产值能耗指标来评价投资项目的能耗和节能效果。由于投资项目的能源和节能涉及方方面面，且各行业的规定也不一致，单位产值能耗指标往往难以涵盖所有的投资项目。除单位产值能耗指标外，尚无其他通用的能耗指标能够适用于所有项目。因此，除单位产值能耗指标外，还需要分类（工业、交通运输业、建筑等）建立相应的节能指标评价体系。

（二）工业项目节能评价指标体系

1. 单位产品能耗指标

对于工业项目，通用的节能评价指标是单位产品能耗，这个指标在同行业、同类项目中具有可比性，是工业项目能耗指标是否先进、节能效果是否显著的重要评价指标。一般地，工业项目应测算单位产品能耗指标，并与国家、行业标准规范要求指标以及国内外先进水平进行比较分析。

测算单位产品能耗指标应注意口径一致、横向可比，对不可比因素要注意甄别剔除或补充说明，以保证指标的一致性、可比性。除特殊情况外，单位产品能耗指标的单位为t、kg、g标准煤（或GJ、kWh等）/单位产品。

2. 其他能耗指标

对于无法或难以测算单位产品能耗指标的项目，主要有：产出物不是最终产品的项目，属生产过程中间环节的项目，辅助工序及辅助设施类项目，资源综合利用类项目，工业环境治理项目等，可以采用行业通用或认可的、具有一定可比性的其他能耗指标来代替单位产品能耗指标，例如，工序能耗指标（转炉炼钢工序能耗等），主要耗能指标（冶炼电耗、焦比等）等。其他能耗指标比较的参照系一般是行业标准、规范、规定，以及同类项目的国内外先进水平。

3. 节能效果指标

如有可能，尽量对工业项目节能效果进行量化分析，分析测算项目年总能耗，并通过对比得出项目年节能的量化数据。可选择的对比方式包括：与国家、行业标准规范的指标数值对比，项目建设前后对比，不同建设方案对比，与国内外先进水平对比等等。

（三）交通运输业项目节能评价指标体系

交通运输项目节能评价指标包括综合能耗指标、分项能耗指标、单位产品能耗指标及能耗计算过程中涉及的参数、定耗标准等。交通运输项目节能评价指标体系以国家和行业颁布的规范和标准为依据，结合行业、专业的特点，借鉴国内外经验，通过建立科学、先进、合理的节能评价指标体系，对项目能耗、单位能耗和采取的各项节能措施进行测算和节能效果分析。为满足项目决策和方案的技术经济比较，应测算分析计算项目主要能耗品种的耗能量，并换算、汇总为以标准煤计量的综合能耗指标和单耗指标，以便进行对比。

1. 铁路投资项目能耗指标及评价标准

根据《铁路工程建设标准管理办法》（国铁科法〔2014〕24 号）和《铁路工程节能设计规划》（TB10016—2006）等规定，分析项目的主要能耗品种、能耗负荷，分别对各能源品种的实物能耗总量进行测算，并换算、汇总为以标准煤计量的综合能耗、计算单耗指标。

能耗指标：

（1）综合能耗总量（单位为：t 标准煤）。

（2）单位产品综合能耗［单位为：kg 标准煤/（万 t·km）］。

评价标准：铁路项目应从综合运输、节能策略、设备选型等多方面进行综合分析比较，采用定性及定量分析方法进行评价。除机车能耗外，还应考虑站场等其他能耗，在国家规定的标准范围内，参考现行的平均能耗指标进行分析，新建项目的能耗指标应低于现行同类项目的平均能耗。

2. 公路投资项目能耗指标及评价标准

能耗指标：

（1）通过对项目施工期的主要工序和机械设备的耗电量和耗油量的分析，测算出施工期的年能耗总量（单位为：t 标准煤/a）。

（2）通过对项目运营期的通风照明和维修机械的耗电量和耗油量的分析，测算出运营期的年能耗总量（单位为：t 标准煤/a）。

（3）计算运营期内（一般为 20 年）的汽车燃油节约量（单位为：t 标准煤）。

评价标准：可采用行业平均水平或专家判断，给出定性或定量评价结论。

3. 港口工程投资项目能耗指标及评价标准

按照《水运工程设计节能规范》（JTS 150—2007）、《港口能源消耗统计及分析方法》（GB/T 21339—2008）、《港口企业能量平衡导则》（JTT 25—2009）、《港口固定资产投资建设项目装卸生产设计可比能源单耗评估》（JT/T 491—2014）等，分析项目的主要耗能工艺、耗能品种，分别对各能源品种的实物能耗总量等进行测算，并换算、汇总为以标准煤计量的综合能耗，根据吞吐量预测计算单耗指标。

港口项目能耗指标：

（1）年生产综合能源消耗量（单位：t 标准煤）。年综合能源消耗量在 10000t 以上的，为国家重点用能单位；年综合能源消耗量在 5000～10000t 以内的，为部门及地方重点用能单位。

（2）装卸生产设计综合能耗量（单位：t 标准煤）。

（3）装卸生产设计能源综合单耗：（单位：t 标准煤/万 t 吞吐量）。

评价标准：按照交通运输部发布的《港口固定资产投资建设项目装卸生产设计可比能源单耗评估》（JT/T 491—2014），海港集装箱码头装卸生产设计可比能源单耗评估标准为：

一级（MB1）：25t 标准煤/万 t 吞吐量。

二级（MB2）：32.8t 标准煤/万 t 吞吐量。

河港集装箱码头装卸生产设计可比能源单耗评估标准为：

一级（MB1）：31.0t 标准煤/万 t 吞吐量。

二级（MB2）：41.0t 标准煤/万 t 吞吐量。

4. 机场投资项目能耗指标及评价标准

民航投资项目能耗评价依据的规范包括《公共建筑节能设计标准》（GB 50189—2015）等。

（1）单项工程年耗能指标：

电能（单位：kWh/年）。

燃油（单位：t/年）。

燃煤（单位：t/年）。

燃气（单位：m³/年）。

（2）年总耗能（单位：t 标准煤/年）：可采用定性及定量分析方法，结合专家分析判断，并结合国内同类项目的平均能耗水平，给出评价结论。

（四）建筑节能评价指标体系

1. 建立指标体系的指导思想和原则

（1）指导思想。在公共建筑和住宅建筑的规划、设计、施工和运行中推进各项节能措施的有效实施，引导和激励全社会关注建筑节能，以尽可能少的能源消耗来满足人们改善生活条件、生产条件，并提高人民健康水平，以实现经济建设的可持续发展。

（2）基本原则。

1）典型性原则。典型性原则指指标体系紧紧围绕提高建筑节能水平这一目标，从建筑各个主要节能措施入手，选取主要能源指标构成指标体系。

2）综合性原则。综合性原则指制定建筑节能评价指标要考虑建筑、电气系统等综合节能效果，避免过分强调某一方面的节能水平而造成其他方面的浪费。

3）操作性原则。操作性原则指概念明确，定义清楚，内容简洁，便于统计操作，能够得出明确的评价结果。

建筑节能分为公共建筑和住宅建筑两大部分，除现行国家建设标准外，各地方政府还有相关地方建设标准，因此在投资项目评价过程中需要同时满足国家和地方建设标准。

2. 公共建筑和住宅建筑的节能评价指标

（1）分别对建筑节能设计前后计算单位面积消耗量，将前后计算结果相减得出可节省的单位面积消耗量。即：

能源种类的数量×折算系数/建筑面积=单位面积消耗量；

建筑节能设计前单位能耗－建筑节能设计后单位能耗=可节省的单位面积消耗量。

（2）公共建筑节能评价指标折算表（住宅建筑参考）见表 A-1。

表 A-1　　　　　　　　　　　　节能评价指标折算表

序号	能源种类	计量单位	数量	折算系数	折算成标准煤（kg）	单位面积消耗量（kg/m²）
1	电力	10^4kWh/年		0.1229		
2	天然气	10^4m³/年		12.143		
3	热力	10^6kJ/年		0.0341		
4	原煤	t/年		0.7143		
	合计					

五、工业投资项目节能评价

（一）概述

工业系统是全社会最大的用能产业，同时也生产各种能源供全社会使用。工业系统用能量大面广，节能潜力较大，工业系统节能对全社会的节能减排具有重要意义。此外，工业系统固定资产投资占全社会固定资产投资的比重也比较大。因此，做好工业投资项目节能评价工作，有利于实现工业系统乃至全社会的节能减排目标，意义重大，效果显著。

（二）工业项目节能方案及措施分析评价

（1）工业项目节能评价应重点分析项目是否符合产业结构调整方向，是否符合国家产业政策及有关规定中对节能的要求，主要耗能行业项目是否符合行业节能技术政策规定。

项目应符合国家产业结构调整方向和产业政策。国家鼓励发展低能耗、低污染的先进生产能力，控制高耗能、高污染行业过快增长。国家对落后的耗能过高的用能产品、设备和生产工艺实行淘汰制度。因此，投资项目节能评价应根据国家产业政策以及产业结构调整目录等有关规定，分析判断项目是否属于国家明令淘汰或不符合强制性能源效率标准的用能产品、设备和生产工艺。对属于国家明令淘汰范围的项目，要明确提出不能建设的评估意见。

主要耗能行业（电力、钢铁、有色金属、建材、石油化工、化工、煤炭等）项目要符合节能技术政策规定。工业产业节能技术规范主要包括能源资源优化开发利用和配置技术，重点生产工艺节能技术，生产过程余热、余压、余能利用技术，高效节能设备，节能新技术，节能新材料等方面内容。

（2）评价项目能源开发和使用结构是否合理、优化，能源转换是否必要以及高效合理，是否采用了国家鼓励支持利用的新能源和可再生能源（风能、太阳能、地热能、水电、沼气、生物质能等）。

（3）评价项目是否采用节能技术，特别是采用先进节能的工艺技术装备和材料

工业投资项目应采用节能技术。节能技术是指提高能源开发利用效率和效益、遏制能源资源浪费的技术，包括能源资源优化开发利用应用技术，单项节能改造技术与节能技术的系统集成，节能型的生产工艺和用能设备，可直接或间接减少能源消耗的新材料开发应用技术，

以及节约能源、提高用能效率的管理技术等。

评价项目工艺流程是否优化，是否采用现代化、大型化、连续化、自动化的先进节能工艺装备淘汰落后工艺装备，是否采用了高效节能的设备（电动机、锅炉、窑炉、风机、泵类、照明器具等），是否采用了先进的用能监测和控制技术。项目禁止使用国家明令淘汰的用能设备和生产工艺。

（4）评价项目是否应用循环经济理念实现资源能源的减量化和循环利用，是否采用了热电联产、余热余压利用、洁净煤、可燃气体回收利用等先进适用的节能技术和措施，余能回收利用是否充分。

（三）工业投资项目能耗水平分析评价

1. 分析评价项目的能耗水平和指标是否符合有关标准规范的要求

分析评价项目是否符合国家产业政策、主要耗能行业节能技术政策等有关规定。

分析评价强制性的用能产品、设备是否符合国家规定的相关能源效率标准。分析生产过程中高耗能产品（如电解铝、铁合金、黄磷、水泥、烧碱、锌、电石等）项目的单位产品能耗是否符合国家和行业规定的单位能耗限额标准。对不符合标准的项目，要明确提出不能建设的评估意见。

2. 项目能耗水平与国内外先进水平对比

如有条件，尽可能将项目能耗水平与同类项目的国内外先进水平进行对比，如比较单位产品能耗指标、主要能耗指标等。通过比较分析，判断项目的能耗水平是否先进，是否还有进一步节能的潜力和改进的余地。

（四）工业投资项目节能效果分析评价

尽量采用对比方法对工业项目节能效果进行量化分析。例如，与国家、行业标准规范要求进行对比，项目建设前后对比，与国内外先进水平对比等等。通过对比分析得出节能效果评价结论，包括项目节能量或单位能耗降低情况，评价节能效果是否显著。

（五）工业投资项目节能优化建议

针对工业项目在能耗和节能方面存在的问题和不足之处，例如用能结构不尽合理或不够优化，工艺技术不先进、不合理以及布局不合理导致多耗能，设备不够先进导致能耗高，没有采用高效节能设备和材料，余能回收利用不充分等，提出对项目节能的优化建议。

六、交通运输业投资项目节能评价

交通运输投资项目节能评价适用于铁路、公路、水运、民航等交通运输业投资项目的咨询评估。

（一）交通运输业投资项目节能评价的原则

节能是我国一项长远战略方针，节约运输系统燃油对于经济社会高质量发展有着重要的意义。交通运输业应以科学发展观为指导，依据国家及行业有关节能的政策法规，建设我国节能型综合交通运输体系，充分发挥铁路、公路、水运、民航及管道运输的优势，合理配置运输资源，提高交通运输能源利用的整体效率。

1. 铁路投资项目

铁路是高效低耗的绿色交通运输工具，应大力发展铁路运输。应合理调整产业结构、企业结构、产品结构和能源消费结构，加快发展电气化铁路，优化生产力布局和牵引动力结构，合理发展内燃牵引，淘汰蒸汽牵引，提高铁路牵引的能源利用率，大力发展电力牵引。在确保铁路运输安全生产的前提下，优化列车运行图，组织直达运输，减少编组作业，实行长交路，减少单机走行，达到能源资源消耗合理配置和高效利用。

2. 公路投资项目

公路建设项目是低能耗、社会效益大的基础设施工程，道路等级提高、里程缩短可明显提高燃油的利用率。运营期间的车辆油耗的节约是道路工程节能的主要部分。应加快国家高速公路网的建设，增加高等级和等级公路比重；统筹考虑路车关系，研究路网布局、路面等级等对汽车行驶节油的影响，逐步提高我国公路网的路面技术等级；在公路建设及道路维护过程中节约能源。

3. 水运投资项目

水运是节能环保、节约土地等资源的绿色运输方式，应大力发展水路运输，提高航道等级，实现船舶大型化、标准化。鼓励发展煤炭、进口铁矿石、进口原油等大宗散货的大型专业化码头，重点建设集装箱干线港，相应发展支线港和喂给港。新建工程项目杜绝选用能耗大、效率低的装卸设备，应采用机械效率高的节能技术，优先选用以电能作为动力源的装卸设备，提倡采用轨道式龙门吊等高能效设备；照明、空调等采用节电的技术和设备，应尽量采用可再生能源；主要工艺应进行节能方案比较和节能优化。

4. 民航投资项目

民航运输中应将加强节能工作和建设新一代民用航空运输系统结合起来，降低机场能耗水平，提高航空公司燃油使用效率，推进新一代空管体系建设，逐步实现民航低耗能水平下的持续增长。航站楼建筑设计应以满足使用功能为主，尽量减少因空间过大和追求高通透效果造成能源的浪费。

（二）交通运输业投资项目节能评价要求

交通运输投资项目的节能评价首先要考虑项目是否符合产业结构调整方向，是否符合国家产业政策及有关规定中对节能的要求。针对不同类型的项目应重点对项目中所采取的节能措施是否合理有效、技术是否先进等进行评价，重点考虑以下具体要求：

1. 铁路投资项目节能评价要求

重点对主要的技术标准、牵引方式比选以及节能设计原则、节能措施等进行评价。通过对项目主要能耗点的分布及数量、能耗构成及能量平衡、能源消耗（单项能耗指标、综合能耗指标）、节能措施进行分析，考虑铁路工程建设施工和运营过程的节能、电气化铁路节电、水资源节约和循环利用、废旧物资回收和再生利用、新能源和可再生能源应用等方案是否符合节能要求，所采取的节能措施是否合理，各项能耗指标是否符合要求，节能保障措施是否可行。

2. 公路投资项目节能评价要求

评价项目采用的建设标准是否满足国家规定的对车辆行驶耗能指标的要求；项目设计中采用的布线方案及线性指标是否合适，隧道桥梁照明及通风等用能设备是否采用了节能的设计方案；边坡等工程设计中是否尽量减少工程量。施工方案中应考虑提高施工机械和运输车辆的能效比，合理安排工序流程，采取有效的节能措施；运营期耗能及道路维修等的节能管理措施是否合理可行。

在评价过程中，不仅应考虑拟建项目本身能耗的节约，还应从社会效益方面，分析由于项目建设使公路等级提高、车辆运营里程缩短、改善通行条件使通行车辆燃油节约的情况。

3. 水运投资项目节能评价要求

评价中应考虑能源结构、能源品种，耗能系统的分析是否全面；装卸机械等主要耗能设备的选型是否合理；主要工艺流程是否优化、是否采用了现代化、大型化、连续化、自动化的先进节能工艺装备和节能的新技术、新工艺；电力变压器、电网谐波，辅助生产建筑是否采用了节能设计，是否有计算机系统管理节能的内容；是否采用了高效节能的空调、照明器具等设备；是否采用了先进的用能监测和控制技术；节能措施是否合理可行。

4. 民航投资项目节能评价要求

评价在机场选址、总平面规划中是否优先采用能耗低的设计方案；航站楼等建筑设计在布局及材料上是否考虑了节能的要求。优化机场飞行区构型和飞机地面运行流程设计，节约运行距离和时间，提高航空公司航油使用效率；评价制冷、制热等设施是否采用了低能耗、高能效的材料和设施设备；机场的电力系统、照明、空调系统、行李传送设备等是否采用了节电的设计方案和装置；在空管体系中，是否采用了优化航路、缩短飞行时间的新技术和新程序。

（三）交通运输业投资项目节能措施

1. 铁路投资项目的节能措施

鼓励、支持开发利用先进节能技术，大力发展电力牵引，改善铁路牵引能源消费结构，提高铁路牵引的能源利用率。发展大型、专用化车辆，提高轴重、减轻自重。发展重轨、超高强度的淬火钢轨和无缝线路，均衡提高轨道整体承载能力。推广机车节油、节电、节煤的综合节能技术等。

节能措施应根据项目总耗能水平、分专业能耗水平适当进行选取。能耗指标超过平均水平的项目要加强节能措施的深化研究，不超过平均水平的项目可根据项目预算约束等情况适当选取节能先进措施。

2. 公路投资项目的节能措施

按交通量大小进行公路技术改造，逐步提高我国公路网的路面技术等级，提高路面铺装率，杜绝超载车辆对公路的损害。推广道路沥青路面材料再生技术和乳化沥青铺路技术。统筹考虑路车关系，促进汽车运输节能，研究路网布局、路面等级、交通标志设置等与汽车行驶油耗的关系等。

3. 水运投资项目节能措施

加大航道整治力度，提高内河航道等级，形成支干直达运输网络。增加通航船舶吨位和航道距离，减少船舶过闸时间，实现航道通畅，提高运输效率；充分利用自然条件，从而有效减少航道疏浚、维护工作量。优化港口布局，引导建设专业化码头，鼓励发展煤炭、进口铁矿石、进口原油等大宗散货的大型、专业化码头，重点建设集装箱干线港，相应发展支线港和喂给港。推广有利于提高装卸设备机械效率的节能技术，逐步更新港、站、场装卸装备，优化装卸工艺，提倡采用轨道式龙门吊等高能效设备，加强营运期的节能管理措施。新建工程项目杜绝选用能耗大、效率低的装卸设备，优先选用以电能作为动力源的装卸设备。推广港口的照明及空调的节电改造。

4. 民航投资项目节能措施

民航项目的能耗主要是机场的采暖、空调、传送设备及飞机地面滑行等的动力消耗。在机场选址和设计中优先采用能耗低的设计方案，总平面规划用地应尽可能紧凑，节约运行距离和时间及公用设施远距离输送的能量损耗。优化机场飞行区设计，减少飞机地面滑行距离，提高航空公司航油使用效率。航站楼等建筑设计在布局及材料上应适当考虑节能要求，减少制冷和制热方面的能源消耗。鼓励使用低损耗、高效能的材料和设施设备。在机场照明、空调系统中逐步推广节电装置；变配电室尽量靠近负荷中心；行李传送设备应设置自动控制、电气连锁装置，防止无功空运转造成的电能浪费。推广机场的照明节电改造，完善、提高地面信号的显示能力，改善空调的温度控制调节。鼓励使用太阳能等清洁可再生能源。

（四）交通运输业投资项目耗能水平及节能效果评价

（1）分析项目的主要耗能工艺和设备、能源消耗的种类、总能耗和单位产品（产值）能耗及主要工序能耗指标的分析及计算结果是否合理；单耗指标及主要工序能耗指标是否符合国家规定。

（2）分析项目的能耗水平是否达到了国家规定的标准；设备选型是否合理；节能措施是否合理、可行；是否有利于节能，是否还有进一步节能的潜力和改进的余地，并得出节能效果评价结论。

（3）可采用标准对照法、能源消耗量法、能量平衡表、综合能耗指标计算法等方法对项目的节能效果进行评价。

（五）节能优化建议

针对交通运输业项目在能耗和节能方面存在的问题和不足之处，例如用能结构不尽合理或不够优化、工艺流程或布局不合理导致多耗能、技术装备不够先进导致能耗高、没有采用高效节能设备和材料、余能回收利用不充分等，提出对项目节能的优化建议。

七、民用建筑投资项目节能评价

（一）适用范围及评价要求

（1）公共建筑：适用于新建、扩建和改建公共建筑。

（2）住宅建筑：适用于新建、扩建和改建住宅建筑。

（3）评价的基本要求是：①评价投资项目总体用能结构是否合理；是否符合国家、地方和行业节能设计规范、标准和规定，如《公共建筑节能设计标准》（GB 50189—2015）、《夏热冬冷地区居住建筑设计标准》（JGJ 134—2001）、《夏热冬暖地区居住建筑设计标准》（JGJ 75—2003）《严寒和寒冷地区居住建筑节能设计标准》（JGJ 26—2018）等。②评价投资项目各项能源指标的水平；公共机构的建设项目是否采用节能产品；有无采用明令禁止或淘汰的建筑材料、设备、工艺。③评价投资项目采用节能新工艺、新技术、新产品情况等。

（二）投资项目节能方案一般性分析评价

1. 政策及规定的符合性分析

评价投资项目首要任务是满足国家和建设行政主管部门的政策、规定、标准的要求；其次是要遵守地方政府节约能源法规、标准，并采用相应的规定、标准；再次是根据行业要求、专业知识和国内外新的科技成果判断节能措施是否正确、全面、有效。

2. 建筑物与室内设备先进性分析

应按单体建筑分类，评价主要建筑类设备清单，包括采暖用锅炉、热交换器；空调类设备、通风机（排烟风机）；变配电设备、照明灯具；水处理设备、各类水泵；电梯等。清单应包括规格、型号、安装功率、数量。

3. 建筑材料及淘汰落后产品的分析

按照单体建筑评价主要建筑材料，分为围护结构、门窗、管材、五金、其他材料。

4. 可再生能源利用分析

评价投资项目是否利用了太阳能等可再生能源，从而减少了不可再生能源的使用，估算可再生能源利用比例达到总能耗的百分比。

（三）投资项目节能方案能耗水平的分析评价

1. 建筑物（群）的墙体、楼面、屋面及门窗等围护系统

（1）公共建筑：

1）建筑总平面布置应满足冬季日照要求，并有利于夏季通风。

2）建筑体形系数应符合国家和地方节能设计标准的规定。当建筑的体形系数不能满足规定时，必须按照相应标准进行围护结构热工性能的权衡判断。

3）建筑物围护结构的传热系数和遮阳系数不应大于国家和地方节能设计标准的规定。

4）建筑物各个朝向的窗墙比不应大于国家和地方节能设计标准的规定。投资项目应说明建筑各个朝向的窗墙比，同时列出国家和地方节能设计标准规定的窗墙比要求。

5）建筑物屋顶透明部分的面积占屋顶总面积的比例不应大于国家和地方节能设计标准的规定。

6）建筑的自然通风设计应满足国家和地方节能设计标准的要求。如有中庭应说明中庭的通风降温措施。

（2）住宅建筑：

1）住宅建筑总平面布置应有利于冬季获取阳光。

2）建筑体形系数应符合国家和地方节能设计标准的规定。当不能满足规定时，必须进行围护结构热工性能的综合判断。

3）住宅建筑的外门窗、阳台透光及遮阳等部分不宜过大，以节省能源。

4）住宅建筑应有利于夏季自然通风。投资项目应说明卧室、起居室（厅）、卫生间、厨房等房间的通风口有效面积与该房间地面面积比。

5）住宅建筑应说明是否设置外遮阳，以及外遮阳的位置、形式。

6）外窗（包括阳台门）和透明幕墙的气密性应满足国家和地方节能设计标准的要求；还应说明外窗（包括阳台门）和透明幕墙的气密性能达到几级标准。

7）住宅建筑的围护结构如拟采用其他节能措施，应在申报文件中予以说明，如通风屋面，浅色屋面，屋顶绿化，绿化墙面等。

2. 暖通空调、电梯、照明、泵房等电器、设备系统

（1）公共建筑：

1）投资项目应说明主要功能房间的环境要求，并满足国家节能设计标准。建议一般公共建筑内设定的温湿度：夏季最低为 26℃，湿度小于 65%；冬季最高为 16℃，湿度大于 35%。

2）公共建筑的空调新风系统是保证人体卫生需要和室内空气品质的重要措施，同时也消耗大量能源，所以公共建筑的投资项目应明确主要功能房间的新风设计标准。新风量标准的确定既要满足室内人体的卫生需要，保持室内空气的新鲜和品质，也要避免无依据地加大新风量标准，造成新风能耗的增加。

3）公共建筑的投资项目应明确暖通空调系统所使用的冷热源形式和总耗量。冷热源形式的确定应根据建筑物暖通空调系统的规模、用途、冷热负荷、所在地区的气象条件、能源结构、政策、环境保护要求等情况，经过综合论证和技术、经济比较分析确定。

4）在电力供应紧张和具有明确分时电价政策的城市和地区，公共建筑投资项目经过经济技术分析比较认为合理时，应根据建筑物的具体情况和空调负荷的时间分布，若条件允许可采用水蓄冷或冰蓄冷空调冷源。

5）公共建筑应说明冬季供暖或夏季制冷的主要系统形式。对于严寒地区的公共建筑，宜设置采暖系统，不宜采用空调调节系统；对于寒冷地区，应根据建筑物等级、采暖期天数、能源消耗量和运行费用等因素，经技术经济比较后确定采暖方式，一般宜设置集中热水供暖系统。

6）公共建筑的投资项目还应说明暖通空调系统所采用的分室或分区环境温湿度调节、控制措施以提高采暖质量和空调质量，为暖通空调系统的节能运行提供前提条件，并保证人们的安全性和舒适性要求。

7）公共建筑的投资项目应说明所采用锅炉、制冷机等冷热源设备的性能指标和效率等主要技术参数。设置集中供暖、集中空调系统的公共建筑，应合理确定供暖系统和空调水系统的服务半径，尽可能地减少空调冷热水的输送能耗。同时，还应说明采暖供热系统热水循环水泵的耗电输热比和空调冷热水系统循环水泵的输送能效比，并使之满足国家和地方节能标准的要求。

8）对于公共建筑内的高大空间，由于室内温度梯度的关系等，宜采用置换通风、分层空调等系统方式。

9）公共建筑的投资项目应说明是否采用了热回收系统。要结合当地的实际情况，明确在技术条件许可时优先考虑此方案。

10）公共建筑投资项目所在当地市政电力供应非常充足，且市政电力能源有可再生能源组成成分时，应优先选择市政提供的电力资源。其中配电系统应对配电网进行无功补偿，通常采取集中、分散或就地相结合的方式设置电容器，设置就地电容器补偿以提高设备的运行功率因数，以减低线路的运行电流；三相电容自动补偿适用于三相负载平衡的供配电系统，对于三相不平衡及单相配电系统要采用分相电容自动补偿或自动分相无功补偿；电容器自动投切的方式可按母线电压的高低、无功功率的方向、功率因数大小、负载电流的大小、昼夜时间划分进行，具体选择要根据负荷用电特征来确定。

11）大中型电气设备应选择节电型产品，减少开启次数。电气照明等设备也应选择节电效果良好的产品，灯具数量和负荷参数应满足国家建筑照明设计标准等的要求；同时，配合建筑内装修可采用浅色调，增加二次反射光线，通过这些手段保证获得足够的室内光线，并达到一定的均匀度，节省能耗。

12）应根据公共建筑的性质、楼层、服务对象和功能要求，进行电梯客流分析，复核电梯、扶梯、自动人行道的运送能力，优化设备型号、台数、配置方案、运行速度、信号控制和管理方案，提高运行效率。

（2）住宅建筑：

1）住宅建筑应合理选定变配电中心，设置在负荷集中处。住宅用电指标可根据不同户型平均每户按 3～8kW 估算；当户数不确定时可按建筑面积每平方米 15～50W 估算。

2）住宅建筑应说明冬季供暖或夏季空调和主要系统形式。一般住宅建筑建议室内设定的温湿度：夏季为 26℃左右，湿度小于 60%；冬季为 16℃以上，湿度大于 35%。住宅室内温湿度环境标准的确定还应满足国家和地方节能标准的要求。

3）住宅建筑应具备采用自然通风的条件，在室外空气参数适宜的情况下，应优先采用通风的方式消除建筑的余热、余湿，减少空调系统的运行。

4）住宅投资项目要正确选择节能的供暖锅炉、电梯等大中型设备及电气照明等小型设备，提高额定效率，减少各种热损失；不得采用电锅炉作为集中空调和集中采暖的热源。

5）住宅投资项目采用集中供暖、空调系统的住宅，应按照分户计量的系统设计，并设置室温调节的设施。散热器设温控阀，空调末端设温度控制面板。

3. 太阳能、地热等可再生能源利用系统

对于利用太阳能技术的建筑，特别是住宅建筑（群）可用于室内的洗浴、餐饮洗涤用水等，应尽可能利用太阳能系统。

评价投资项目节能方案如有使用地源热泵、热源井方案等，需要有初勘资料、设计方案及技术经济分析，以保障方案可行、安全。

4. 分析评价项目能耗水平与国内外先进水平差距

对于公共建筑、住宅建筑的投资项目，根据项目的规模大小和重要程度分析评价项目国内所处的能耗水平或在国际上所处的能耗水平，以确定投资项目先进性程度或差距，提出节能的最终目标或分阶段建设目标。

（四）投资项目节能效果分析

1. 综合分析评价投资项目情况

按照节能方案和能耗计算，把项目的各项能耗（电力、天然气、热力、煤、油等）折算成标准煤和单位建筑面积标准煤耗量，同时对项目的用能管理、用能系统运营所采取的节能措施进行描述。

2. 节能效果评价结论

对项目的节能方案和措施应做出合格或不合格的结论性意见。

（五）建筑投资项目节能优化建议

1. 建筑物围护结构

（1）选用适宜的外保温体系或夹芯保温体系，确保达到外墙和屋面传热系数要求。

（2）采用措施加强屋面保温隔热性能。

（3）采取措施阻止热桥，避免结露。

（4）采用措施减少外窗热工损耗。

（5）采用遮阳措施。

（6）采取措施加强自然采光通风。

（7）有条件的咨询（设计）单位，应采用计算机模拟技术辅助建筑节能设计。

2. 电气、设备系统

（1）条件许可情况下，暖通空调系统的能源宜优先选用可再生能源（直接或间接），如风能、太阳能等。邻近河流、湖泊的建筑，可考虑采用水源热泵（地表水）作为建筑的集中冷源。当公共建筑内区较大，冬季内区有稳定和足够的余热量时，宜采用水环热泵空调系统。通过定性计算或计算机模拟的手段，优化冷、热源的容量、数量配制，并确定冷、热源的运行模式。

（2）推荐运用模拟软件对建筑室内风环境进行模拟以获得理想的自然通风效果。在自然通风的基础上，采取适当的改进措施，如合理布置自然进风口（排风口）位置；自然进风的进风口设过滤措施；自然进风的进、出风口设调节及关断措施，以提高自然通风可控性能及效果。

（3）公共建筑的内区过热，在室外温度适宜时，应优先利用室外空气的通风消除。

（4）酒店、餐饮、医院等生活热水耗量较大的场所，在经济技术合理时，宜采用风冷冷凝器热回收型冷水机组，或采用其他有效的节能方式。燃气锅炉宜充分利用烟气的余热，采用余热回收装置或冷凝式炉型，并宜选用配置比例调节燃烧机的炉型。

（5）全年需要供冷和供热的变制冷剂流量多联分体空调系统应采用热泵式机组。在建筑中同时有供冷和供热要求的，当其冷、热需求基本匹配时，宜并为同一系统并采用热回收型机组。

（6）公共建筑投资项目应根据建筑物的性质、楼层、服务对象和功能要求，进行电梯客流分析，合理确定电梯的型号、台数、配置方案、运行速度、信号控制和管理方案，提高运行效率。

（7）应选用高效照明光源、高效灯具及其节能附件，在符合标准的前提下，尽可能降低能耗。

3．可再生能源利用系统

（1）建筑物（群）应尽可能使用太阳能。

（2）有条件的单位可以利用太阳能实现天然可调节采光，以节省背阴用房的电器照明等。

（3）建筑物（群）在有技术保证的前提下可使用地下水地源热泵热源井方案，用于调节室内温湿度等。重点是必须采用可靠的措施，防止回灌水的污染。

（4）冰蓄冷系统对于峰谷电价差别大的地区有应用价值，建议根据实际情况选择使用。

（5）太阳能光伏电源系统可用于公共建筑内的指示照明、调节温度等，室外的景观照明、交通指示等多种场合。

（6）在有条件的地方可以使用风力发电系统、海水源热泵系统等可再生能源利用系统，达到公共建筑室内外功能区内的有效节电、节能之目的。

附录 B 《节能评估技术导则》❶（GB/T 31341—2014）

1 范　　围

本标准规定了节能评估的基本原则、通用方法、一般程序、主要内容和技术要求。

本标准适用于新建和改、扩建固定资产投资项目，其他技术改造项目可参照执行。

2 规范性引用文件

下列文件对于本文件的应用是必不可少的。凡是注日期的引用文件，仅注日期的版本适用于本文件。凡是不注日期的引用文件，其最新版本（包括所有的修改单）适用于本文件。

GB/T 2589　综合能耗计算通则

GB/T 3434　企业能量平衡通则

GB/T 15587　工业企业能源管理导则

GB 17167　用能单位能源计量器具配备和管理通则

GB/T 23331　能源管理体系要求

GB/T 28749　企业能量平衡网络图绘制方法

GB/T 28751　企业能量平衡表编制方法

3 术 语 和 定 义

下列术语和定义适用于本文件。

3.1 节能评估　energy conservation assessment

根据节能法规、标准等，对拟建固定资产投资项目（以下简称"项目"）能源利用的科学合理性进行测算、分析和评价，以及提出能源优化利用的对策和措施的过程。

4 总　　则

4.1 节能评估的基本原则

4.1.1 专业性

承担节能评估的机构与人员应具备相关的专业、能力以及必要的资质和经验。

4.1.2 真实性

节能评估应依据真实可靠的资料、文件和数据，提出符合项目客观实际的评估结果。

4.1.3 完整性

节能评估的内容、程序、范围应充分完整，覆盖项目能源利用全过程。

4.1.4 可追溯性

节能评估应采用科学的计算方法，保持数据来源明确、计算过程清晰，便于计算结果的复查、核验。

---

❶ 《节能评估技术导则》（GB/T 31341—2014）是节能评价的重要技术导则，供实际工作参考使用。

4.1.5 可操作性

节能评估应根据项目特点提出科学、合理、可行的调整建议，为项目建设提供依据。

4.2　节能评估的通用方法

4.2.1 标准对照法

对照相关节能法律法规、产业政策、标准和规范等，评估项目能源利用的科学合理性。

4.2.2 类比分析法

与同行业领先能效水平对比，评估项目能源利用的科学合理性。

4.2.3 专家判断法

利用专家经验、知识和技能，评估项目能源利用的科学合理性。

4.3　节能评估的程序

节能评估一般分为三个阶段，即前期准备、分析评估和报告编制阶段。

5　节能评估内容及技术要求

5.1　前期准备阶段

5.1.1 确定节能评估范围

节能评估范围应与项目投资建设范围一致，并体现项目的完整性，涵盖能源购入存储、加工转换、输送分配、终端使用的整个过程。

改、扩建项目依托原项目建设时，相关既有设施用能情况也应纳入评估范围。

5.1.2 收集基础资料

收集项目基本情况及用能方面的相关资料，主要涉及项目建设单位基本情况、项目基本情况、项目咨询设计资料、项目用能情况、项目外部条件等方面：

a）项目建设单位基本情况：

- 建设单位名称；
- 所属行业类型；
- 建设单位性质；
- 建设单位地址；
- 建设单位法人代表；
- 建设单位生产规模与经营概况等。

b）项目基本情况：

- 项目名称；
- 项目建设地点、场地现状及周边环境（区域位置图）；
- 项目性质；
- 投资规模及建设内容；
- 项目工艺方案、主要产品方案、主要经济技术指标；
- 项目进度计划及建设进展情况等；
- 扩建项目需收集原项目的基本情况。

c）项目咨询设计资料：

- 项目可行性研究报告；
- 项目所在区域总体规划及相关专项规划；

215

- 其他相关支持性文件。

d）项目用能情况：

- 项目能源消耗种类 数量及来源；
- 项目年综合能耗、综合能源消费量及主要能效指标；
- 项目主要供、用能系统与设备及其能效指标情况等；
- 改、扩建项目需收集原项目用能情况、存在的问题、利用既有系统与设备的可行性等。

e）项目外部条件：

- 项目所在地的气候、地域区属及其主要特征；
- 项目所在地的经济、社会发展现状及发展目标；
- 项目所在地的能源、水资源供应、消费现状、特点及运输条件；
- 项目所在地的全社会综合能源消费总量及节能目标；
- 项目所在地的相关环境保护要求等。

5.1.3 确定评估依据

根据项目实际情况，按照全面、真实、准确、适用的原则收集并确定评估依据，主要包括下列方面：

a）法律、法规、部门规章；

b）规划、产业政策；

c）标准及规范；

d）节能工艺、技术、装备、产品等推荐目录以及国家明令淘汰的生产工艺、用能产品和设备目录；

e）类比工程及其用能资料等。

5.1.4 开展现场调研

根据项目特点与资料收集情况，确定现场调研的工作任务并开展相应的踏勘、调查和测试，现场调研可重点关注下列内容：

a）项目进展情况；

b）项目计划使用的能源资源情况；

c）周边可利用的余能情况；

d）改扩建项目原项目的用能状况、问题；

e）类比工程实际情况等。

5.2 分析评估阶段

5.2.1 项目建设方案节能评估

5.2.1.1 概述

项目建设方案节能评估内容应根据项目实际情况确定。通常，应从工艺方案、总平面布置、用能工序（系统）及设备、能源计量器具配备方案、能源管理方案等方面分别展开。

工艺方案较为简单的项目可将工艺方案、总平面布置、用能工序（系统）及设备合并评估，工艺方案较为复杂的项目可将用能工序（系统）及设备进一步划分为主要用能工序（系统）及设备、辅助用能工序（系统）及设备、附属用能工序（系统）及设备。

5.2.1.2 工艺方案节能评估

明确项目工艺流程和技术方案，重点说明项目所选择的生产规模、工艺路线、主要工艺参数等。在此基础上，从下列方面进行节能评估：

a）分析项目推荐选择的工艺方案是否符合行业规划、准入条件、节能设计规范等相关要求；

b）从节能角度评价该工艺方案，与当前行业内先进的工艺方案进行对比分析；

c）提出完善工艺方案的建议。

5.2.1.3　总平面布置节能评估

项目总平面布置节能评估应重点说明下列方面：

a）从节能角度分析项目总平面布置是否有利于过程节能、方便作业、提高生产效率；

b）提出优化总平面布置的建议。

5.2.1.4　用能工序（系统）及设备节能评估

根据项目选定的工艺方案，划分用能工序（系统），从下列方面进行节能评估：

a）说明各用能工序（系统）的工艺流程、用能设备选型及配置方案，判断是否采用国家命令淘汰的生产工艺、用能产品和设备，判断是否采用国家推荐的节能工艺、技术、产品和设备，如选用有新技术、新产品、新设备还应说明其用能特点；

b）从节能角度评价各用能工序（系统）及设备选用的能源品种是否科学合理，能源使用是否做到整体统筹、充分利用；

c）核算分析主要用能设备参数、裕量、容量，评价设备选型及配置的合理性；

d）计算主要用能设备的能效指标，评价能效水平，判断是否满足相关标准要求；

e）计算主要用能工序（系统）的能耗指标，评价能效水平，判断是否满足相关标准要求；

f）改、扩建项目应分析评估是否能充分利用既有设施和设备，避免重复建设；

g）分析存在问题并提出完善建议。

5.2.1.5　能源计量器具配备方案评估

结合行业特点和项目实际情况，从下列方面进行评估：

a）说明项目能源计量器具配备方案，按照能源品种编制能源计量器具一览表，明确计量器具的名称、准确度等级、用途、安装部位、数量等；

b）依据 GB 17167 等相关标准要求，分析评价项目能源计量器具配备方案设置是否科学合理；

c）分析存在问题并提出完善建议。

5.2.1.6　能源管理方案评估

结合行业特点和项目实际情况，从下列方面进行评估：

a）说明项目能源管理方案，重点说明项目针对能源管理制度建设、体系构建、机构设置、人员配备，以及能源统计、监测、控制措施等制定的具体计划；

b）依据 GB/T 15587、GB/T 23331 等相关标准要求，分析评价项目能源管理方案的合理性、先进性和可行性；

c）分析存在问题并提出完善建议。

5.2.2　节能措施效果评估

对节能评估过程中提出的优化、调整和完善建议进行全面梳理，依据相关标准要求测算项目节能措施的预期节能量，分析评价项目节能措施的合理性、适用性、可行性及节能效果。

5.2.3 项目能源利用状况评估

5.2 3.1 项目主要能效指标确定

依据行业特点和项目实际情况，明确项目能效指标。

5.2.3.2 项目能源利用指标核算

参照 GB/T 3484、GB/T 2589 等相关标准要求，进行项目能量平衡分析并核算能源利用指标。

a）核算项目消耗的各种能源的实物量；

b）测算项目综合能耗、综合能源消费量；

c）测算项目各用能环节、用能单元的能量利用率；

d）测算项目主要能效指标。

对于能源消耗量较大、生产环节较多的项目可参照 GB/T 28751、GB/T 28749 采用能量平衡表和网络图进行用能分析。

5.2.3.3 项目能效水平评估

根据项目能源利用指标核算结果、能量平衡分析计算结果，说明项目能源消费结构，评价项目能效水平，分析存在问题并提出改进建议。

5.2.4 能源消费影响评估

5.2.4.1 对项目所在地能源消费增量的影响预测

根据项目所在地能源消费总量控制目标或根据节能目标、能源消费水平、国民经济发展预测等，计算在指定经济规划时期内的项目所在地能源消费增量控制数，对比同时期内项目综合能源消费量，分析项目对所在地能源消费增量的影响。

改、扩建项目应以项目新增能源消费量进行对比，即改、扩建项目综合能源消费量扣除原项目综合能源消费量。

5.2.4.2 对项目所在地完成节能目标的影响预测

根据项目所在地节能目标要求，对比项目综合能源消费量、综合能耗指标核算结果，分析项目对所在地完成节能目标的影响。

5.3 报告编制阶段

5.3.1 报告编制要求

节能评估报告是完整记录项目节能评估过程与结果的文件，体现项目投入正常运行后能源利用情况的预见性评定，其编制应符合下列要求：

a）概括反映节能评估工作全貌，文字简洁，重点突出，结论明确，调整建议合理可行；

b）文本规范，计量单位标准化，资料翔实，尽可能采用有助于理解的图表和照片，资料引用表述清晰，利于阅读和审查；

c）分析评价全面、深入，数据真实可靠，计算过程完善。

5.3.2 报告结构与内容

节能评估报告一般可分为评估机构和人员信息 评估概要、正文和附录 4 部分，各部分涉及的主要内容如下：

a）评估机构和人员信息一般包括：

· 承担节能评估的机构名称；

· 承担节能评估的人员姓名、专业、职称、分工等。

b）评估概要一般包括：

- 项目情况简要说明；
- 节能评估工作过程；
- 节能评估主要结论。

c）正文是节能评估报告主体，一般包括：

- 项目基本情况；
- 评估依据；
- 建设方案节能评估；
- 节能措施效果评估；
- 能源利用状况评估；
- 能源消费影响评估；
- 结论。

d）附录应列出相关图表、原始数据等必要的支持性文件，一般包括：

- 项目工程资料；
- 项目总平面图、主厂房平面布置图、物料流程图、总工艺流程图等重要图纸；
- 项目现场照片；
- 项目主要用能设备一览表、主要能源计量器具一览表等重要统计表格；
- 项目能源消费、能量平衡及能耗统计的计算书及相关图表；
- 其他支持性文件。

参 考 文 献

［1］陶长琪，陈伟，郭毅．新中国成立 70 年中国工业化进程与经济发展［J］．数量经济技术经济研究，2019（8）：3-24.

［2］王文举，陈真玲．改革开放 40 年能源产业发展的阶段性特征及其战略选择［J］．改革，2018（9）：55-65.

［3］方圆，张万益，曹佳文，朱龙伟．我国能源资源现状与发展趋势［J］．矿产保护与利用，2018（04）：34-42+47.

［4］李瑞忠，陈铮，苏宏田．2018 年我国能源消费形势分析［J］．煤炭经济研究，2019，39（07）：4-9.

［5］许萍，杨晶．2018 年中国能源产业回顾及 2019 年展望［J］．石油科技论坛，2019，38（01）：8-19.

［6］谢和平，吴立新，郑德志．2025 年中国能源消费及煤炭需求预测［J］．煤炭学报，2019，44（07）：1949-1960.

［7］余美玲．新形势下我国能源发展的特点及趋势分析［J］．河南科技，2019（17）：128-130.

［8］曹永利．我国能源经济效率及国际比较［J］．时代金融，2018，684（1）：52.

［9］张辉，闫强明，黄昊．国际视野下中国结构转型的问题、影响与应对［J］．中国工业经济，2019（06）：41-59.

［10］冯梅，李文华．新中国 70 年一次能源消费结构变迁与经济高质量发展［J］．经济问题，2019（07）：9-15.

［11］李立增．制度、制度创新及中国的改革［J］．云南社会科学，2002（2）：5－7.

［12］文魁，徐则荣．制度创新理论的生成与发展［J］．当代经济研究，2013（7）：52－56.

［13］徐成彬．美国节能环保产业发展经验及其对我国启示［J］．中国能源，2015，37（01）：37-42.

［14］孙璞．日本新能源开发利用研究［D］．长春：吉林大学，2019.

［15］吴丹红．日本节约能源法规研究［J］．中国市场，2014（40）：98-102.

［16］刘金，康海霞，张安琪．城市高质量发展之既有建筑节能改造——基于德国经验借鉴［J］．城市，2019（12）：67-73.

［17］林绿，吴亚男，董战峰，耿海清．德国和美国能源转型政策创新及对我国的启示［J］．环境保护，2017，45（19）：64-70.

［18］岳佩萱．中国节能政策变迁研究［D］．太原：山西大学，2016.

［19］卢延国．从理念创新、动力变革、体系建设入手，推动能源高质量发展［N］．人民日报，2018-12-28（07）.

［20］徐成彬，车璐，李文倩．低碳产业选择与政策导向——基于北京产业发展数据［J］．技术经济，2018（6）：57.

［21］马建堂．迎接全球能源转型　实现中国能源高质量发展［N］．中国经济时报，2019-12-10（001）.

［22］葛新石，王义方．热力学第二定律效率和节能［J］．中国科学技术大学学报，1981（01）：74-83.

［23］周少祥，刘玉梅，孔维盈，刘浩．节能量计算的第二定律方法及其应用［J］．热能动力工程，2016，31（04）：12-16+140.

［24］房玉娜．节能评估方法研究及（㶲）分析在节能评估中的应用［D］．杭州：浙江大学，2012.

［25］韦媚媚，刘德权，项定先．固定资产投资项目节能评估技术难点及建议［J］．中国工程咨询，2015（02）：34-36.

［26］李庆东．浅析节能审查对工程施工管理的积极意义［J］．经贸实践，2017（18）：263.

［27］马雯婷．固定资产投资项目节能报告审查方法的研究——以兰州中川机场分布式清洁能源站建设项目为例［J］．工程技术研究，2018（07）：255-256．

［28］李水明．固定资产投资项目节能评估现状及问题探讨［J］．有色金属设计，2013，40（04）：22-25．

［29］汪绍锋．对节能评估与可行性研究之间关系的思考［J］．中国工程咨询，2014（03）：35-36．

［30］蒋鸣谦．上海市能评制度分析和评估［J］．上海节能，2019（01）：13-19．

［31］徐成彬．深化投融资体制改革的十大变革［J］．中国工程咨询，2018（03）：24-31．

［32］梁秀英，朱春雁．《节能评估技术导则》国家标准介绍［J］．标准科学，2016（S1）：95-98．

［33］钱进．我国节能国家标准总量达到339项［J］．工程建设标准化，2017（06）：29．

［34］高在峰．节能评审中常见问题［J］．设备管理与维修，2018（10）：189-190．

［35］王颖婕，李学锋．工业节能评价体系研究——以镇江市为例［J］．经济论坛，2017（12）：59-62．

［36］张英健．固定资产投资项目能评报告编制难点解析［J］．中国投资，2012（05）：76-77，2012（06）：64-65．

［37］佟立志．固定资产投资项目节能评估［J］．中国工程咨询，2011（04）：77-78，2011（05）：73-74．

［38］毕竞超．当前节能评估中存在的问题及对策［J］．中国工程咨询，2012（04）：24-25．

［39］霍震．项目节能评估报告编制存在的问题与建议［J］．四川建筑科学研究，2013，39（03）：354-356．

［40］徐成彬．投资项目节能评价研究［J］．中国工程咨询，2009（08）：15-17．

［41］Hu Changqing，Chen Liyun，Zhang Chunxia，et al．Emission Mitigation of CO_2 in Steel Industry：Current Status and Future Scenarios．Journal of Iron and Steel Research，2006，13（6）：38-42．

［42］Yeonbae K，Worrell E．International comparison of CO_2 emission trends in the iron and steel industry．Energy Policy，2002，30（10），827–838．

［43］周朋燕．节能评估过程中几个问题的探讨［J］．能源与节能，2012（12）：48-50．

［44］陆淞敏．重视节能评估　熟悉评估方法［J］．宁波节能，2011（04）：22-24．

［45］余虹．鱼骨图分析法在节能评估中的应用［D］．武汉：华中科技大学，2011．

［46］佟立志．固定资产投资项目节能评估（三）［J］．中国工程咨询，2011（03）：70-71．

［47］姜过水．浅论对固定资产投资项目的节能评估［J］．能源与节能，2015（12）：81-82．

［48］Ali Hasanbeigi，Agnes B Lobscheid，Yue Dai，Hongyou Lu，Lynn K Price．Quantifying the Co-benefits of Energy-Efficiency Programs：A Case Study of the Cement Industry in Shandong Province，China［R］．https：//china.lbl.gov/publications/quantifying-co-benefits-energy，2012．

［49］吕丽汀，王龙，赵建莉．温室气体排放量化换算系数的研究［J］．山东建筑大学学报，2013，28（03）：244-249．

［50］国家发展改革委资源节约和环境保护司，国家节能中心．固定资产投资项目节能审查系列工作指南（2018年本）［M］．北京：中国市场出版社，2018．

［51］张旭栋，耿俊峰．能量平衡在工业项目节能评估中的应用解析［J］．节能，2014，33（10）：10-12．

［52］陈善同．能源平衡表是能源研究的基础工作［J］．能源，1982（02）：15-16．

［53］甄梁．高速公路节能评估理论与方法［D］．西安：长安大学，2012．

［54］陈敏．工业节能减排技术推广政策及潜力研究［D］．北京：清华大学，2012．

［55］梁思伟．火电项目节能评估要点探讨［J］．南方能源建设，2016，3（04）：26-31．

［56］中国国际工程咨询公司．交流特高压系列课题成果的咨询评估报告［R］．2017．

［57］王新华．钢铁冶金：炼钢学［M］．北京：高等教育出版社，2007：5-15

［58］ZHANG Q，XU J，WANG Y J，et al. Comprehensive assessment of energy conservation and CO_2 emissions mitigation in China's iron and steel industry based on dynamic material flows ［J］. Applied Energy，2018，209：251.

［59］张琦，张薇，王玉洁，徐进，曹先常. 中国钢铁工业节能减排潜力及能效提升途径［J］. 钢铁，2019，54（02）：7-14.

［60］温宗国. 工业节能技术进展及应用效果［N］. 中国工业报，2017-06-16（002）.

［61］王晓丹，许泓，逄锦福，张英魁. 工业节能先进适用技术推广的政策障碍和建议［J］. 中国能源，2013，35（02）：41-42+17.

［62］覃梓盛. 工业企业节能效果评价指标体系理论研究与实证分析［D］. 广州：广州大学，2010.

［63］王海风，郦秀萍，周继程，张春霞，上官方钦. 钢铁工业节能技术发展现状及趋势［J］. 冶金能源，2018，37（04）：3-8.

［64］陈秉文. 化工行业固定资产投资项目节能评估方法总结［J］. 橡塑资源利用，2014（03）：26-28.

［65］李民，赵小转. 浅谈化工项目的节能评估［J］. 中氮肥，2018（01）：67-69+80.

［66］中国建筑材料联合会，中国水泥协会，中国建筑玻璃与工业玻璃协会，中国建筑卫生陶瓷协会. 举行业之力，全面推进水泥、平板玻璃、建筑卫生陶瓷产业节能减排"十三五"末全面达标［J］. 中国建材，2016（10）：42-52.

［67］中国建筑节能协会能耗统计专委会. 2018中国建筑能耗研究报告［J］. 建筑，2019（02）：26-31.

［68］王金鹏. 浅谈节能评估和审查中的实施对策［J］. 资源节约与环保，2014（07）：103.

［69］邹瑜，郎四维，徐伟，李正，汤亚军，张婧，王东旭. 中国建筑节能标准发展历程及展望［J］. 建筑科学，2016，32（12）：1-5+12.

［70］黄文，黄盛，贾晶. 建筑节能政策的比较分析及启示［J］. 中外建筑，2017（12）：143-144.

［71］沈丹丹. LEED与《绿色建筑评价标准》认证体系的比较［J］. 建设科技，2018（06）：40-43.

［72］甘云，顾睿. 英国BREEAM评价标准、美国LEED评价标准以及绿色建筑评价标准（GBL）比较研究［J］. 中国住宅设施，2016（05）：120-122.

［73］钟滨. 基于BIM的建筑能耗分析与节能评估研究［D］. 北京：北京建筑大学，2016.

［74］陈圆，秦孟昊，ZHANGJianshun，等. "绿色建筑设计工作室"——基于多学科协作的绿色建筑集成设计平台［J］. 建筑科学，2014，30（8）：22～29.

［75］王勇，曾浩，王红. 固定资产投资项目节能评估方法研究［J］. 贵州大学学报（自然科学版），2014，31（04）：94-98.

［76］吕小明. 基于产业层次的中国能源效率研究［D］. 重庆：重庆大学，2012.

［77］付祥钊. 中国夏热冬冷地区建筑节能技术［J］. 新型建筑材料，2000，（6）：13-17.

［78］住房和城乡建设部工程质量安全监管司，中国建筑标准设计研究院. 全国民用建筑工程设计技术措施·节能专篇：电气（2003版）［M］. 北京：中国计划出版社，2003.

［79］张旭栋，刘沙沙. 民用建筑项目节能评估要点分析［J］. 建筑节能，2014，42（04）：81-84+90.

［80］何创. 民用建筑项目电气节能评估要点分析［J］. 建筑电气，2017，36（01）：56-59.

［81］刘燕灵，王屾. 国内交通运输行业能耗现状统计分析［J］. 交通世界，2018（26）：22-24.

［82］刘欢，李洁，沈毅，邵社刚. 交通运输行业环保与节能标准体系制定的思路与结构［J］. 综合运输，2017，39（02）：31-34.

［83］韩娟，王伟. 绿色交通标准体系建设现状与发展趋势探析［J］. 交通世界，2018（35）：17-18+21.

[84] 伊文婧，朱跃中，田智宇．交通节能对我国能源可持续发展的贡献［J］．中国能源，2017，39（05）：29-33.

[85] 朱晓艳，叶瑞云．高速公路建设项目节能评价探讨［J］．公路，2014，59（08）：6-10.

[86] 朱宁．综合能源发展脉络、技术特点和未来趋势［EB/OL］．中咨研究，https://mp.weixin.qq.com/s/Ud72-JEPmTEzFVwvIbB53w ，2019-09-25.

[87] 黄子硕，何桂雄，闫华光，唐艳梅．园区级综合能源系统优化模型功能综述及展望［J］．电力自动化设备，2020，40（01）：10-18.

[88] 苏波，柳玉英．"一带一路"沿线发展中国家和地区能源服务业的现状研究［J］．华北电力大学学报（社会科学版），2019（06）：27-38.

[89] 王淦露，曾婷．智慧能源综合服务平台在客户用能优化中的应用［J］．大众用电，2020，35（01）：9-10.

[90] 韩峰，张衍国，严矫平，丛堃林．综合能源服务业务和合作模式［J］．华电技术，2019，41（11）：1-4.

[91] 周伏秋，邓良辰，冯升波，王娟，费吟昕．综合能源服务发展前景与趋势［J］．中国能源，2019，41（01）：4-7+14.

[92] 陈熙，付威，季青川，李斯吾，周小兵．综合能源服务项目综合效益测算体系研究［J］．湖南电力，2019，39（06）：5-8+19.

[93] 李伟阳．"综合能源服务"践行国家战略价值任重道远［N］．中国能源报，2019-12-30（025）.

[94] 王国涛．公共机构能源审计与节能分析［J］．节能，2018，37（11）：117-119.

[95] 王晓．我国合同能源管理发展政策导向存在的问题及其对策［J］．纳税，2018，12（24）：130-131+133.

[96] 谢家意．广州市公共机构合同能源管理项目风险性研究［D］．广州：华南理工大学，2018.

[97] 刘刚，叶倩，魏庆芃，等．公共建筑能耗指标值确定方法研究［J］．建设科技，2015（14）：41-45.

[98] 冯晓梅，邹瑜，魏峥，等．居住建筑供暖系统节能量测量和验证方法的探讨［J］．建筑科学，2014（8）：68-74.

[99] 韦奉青，郭婧娟．合同能源管理项目节能量测量基础方法研究［J］．工程管理学报，2018，32（02）：35-40.

[100] 于涛．S市节能监察管理的现状分析与对策措施［D］．保定：河北大学，2018.

[101] 工业和信息化部．国家重大工业节能专项监察工作手册（2016年版）［M］．2016.